AF358419

VIE ET TRAVAUX

DE

BURGAUD DES MARETS

Philologue, bibliophile et poète Saintongeais
(1806-1873)

PAR

Camille BEAULIEU

PORTRAIT DE BURGAUD DES MARETS, PAR A. DEVÉRIA

ÉDITIONS RUPELLA
CHARLES MILLON, LA ROCHELLE

MCMXXVIII

VIE ET TRAVAUX

DE

BURGAUD DES MARETS

Pour paraître en 1929 :

Œuvres patoises de Burgaud des Marets,

réunies pour la première fois d'après les manuscrits et les éditions originales, avec notice, notes, traduction, variantes et glossaire, par Camille Beaulieu.

*Cet ouvrage a été tiré à 65o exemplaires :
1oo sur pur fil teinté de Lafuma, numérotés
de 1 à 1oo, et 55o sur alfa, dont 5o hors
commerce.*

Burgaud des Marets en 1856.
par A. Devéria.

VIE ET TRAVAUX

DE

BURGAUD DES MARETS

Philologue, bibliophile et poète Saintongeais

(1806 - 1873)

PAR

Camille BEAULIEU

ÉDITIONS RUPELLA

CHARLES MILLON, LA ROCHELLE

MCMXXVIII

A LA MÉMOIRE

DE

MAURICE TOURNEUX

(1849 - 1917)

Au Lecteur, Salut.

C'est grâce aux encouragements qui me sont venus de toutes parts que ce livre, après bien des vicissitudes, arrive au jour. Voici donc le moment d'accomplir le plus agréable des devoirs : celui d'exprimer publiquement toute ma gratitude aux personnes qui ont ouvert pour moi les coffrets intimes où dorment les souvenirs. Famille, amis et admirateurs de Burgaud des Marets sauront ainsi vers qui doit aller leur reconnaissance.

*
* *

De tous les coins du vieux Paris, il n'en est aucun qui me rappelle de plus beaux jours que le quai de Béthune, dans l'île Saint-Louis, où tout près se profile, à travers les frondaisons du square de l'Archevêché, l'admirable architecture de Notre-Dame. C'est dans ce quartier paisible qu'habita longtemps le savant écrivain d'art et bibliographe Maurice Tourneux.

Une brochure que je lui adressai me valut la joie d'entrer en relation avec lui. Je reçus, dès la première fois, l'accueil le plus bienveillant et, après quelques instants d'entretien, Maurice Tourneux m'offrit spontanément d'utiliser ses livres, en m'invitant à le venir voir aussi souvent qu'il me plairait. Je crains d'avoir abusé de cette permission et fait perdre ainsi à cet homme charmant bien des heures précieuses.

C'était de préférence dans la matinée, entre huit heures et demie et neuf heures, que j'allais, plusieurs fois par semaine, rendre visite à Maurice Tourneux, toujours seul à cette heure matinale et déjà au travail.

J'entrais dans son cabinet avec le respect et la gravité du fidèle franchissant la porte d'un sanctuaire. Les livres tapissaient les murs de haut en bas, et le chatoiement des reliures, la bonne odeur du maroquin, ô La Bruyère, ravissaient d'aise le jeune bibliophile que j'étais alors.

La table de travail disparaissait sous un amoncellement de papiers, de brochures, de fiches, de gravures, désordre harmonieux d'où le maître tirait toujours du premier coup la note ou le document dont il avait besoin.

Sur la cheminée, le buste en bronze de Diderot rappelait tout le XVIII° siècle, et la part prise par le savant à la publication des œuvres et de la correspondance de l'auteur du Neveu de Rameau, dont il assuma la charge entière après la mort de Jules Assézat.

Aux seuls endroits de la muraille restés libres, autrement dit les portes, étaient accrochés quelques curieux dessins romantiques, parmi lesquels un cadre d'arabesques et d'animaux fantastiques dessinés par Mérimée, au cours d'une séance académique qui sans doute ne l'intéressait guère.

Au milieu d'un divan ronronnait la chatte favorite.

C'est dans ce temple des livres que j'ai fait mon apprentissage de bibliographe et de bibliophile ; c'est là que j'ai entendu les plus *belles causeries d'art et d'érudition. Lié avec les Goncourt, Maurice Tourneux hérita d'eux non seulement la passion du xviiie siècle, mais aussi le goût si sûr, le flair si délicat de ces historiens des petits maîtres, de ces dénicheurs d'estampes et de bibelots.*

Sa conversation fourmillait de mille traits pimentés sur tous les personnages, petits et grands, de ce siècle remarquable à tant de points de vue.

Puis Philippe Burty, Charles Asselineau, Spoelberch de Loven-joul, l'enrôlèrent à leur tour sous la bannière romantique. De là des travaux nombreux sur Mérimée, Delacroix, Gérard de Nerval, Théophile Gautier, Baudelaire, Victor Hugo, Sainte-Beuve.

L'un des premiers présidents de la Société de l'histoire de Paris, Maurice Tourneux paya son tribut à sa ville natale avec l'admirable Bibliographie de l'Histoire de Paris pendant la Révolution fran-çaise, *qui lui valut plusieurs prix de l'Institut. Cet immense travail qu'on peut, sans emphase, appeler un chef-d'œuvre de bibliographie, est tout autre chose qu'une sèche nomenclature de titres : on y trouve des introductions, des notes et des commentaires, mines inépuisables de renseignements.*

Cet ouvrage donna l'occasion à son auteur de fouiller jusque dans les bibliothèques les plus inaccessibles. Il les connaissait toutes — de New-York à Saint-Pétersbourg — et sa moisson de matériaux, recueillie sur les sujets les plus variés, promettait maints livres curieux.

Il avait le respect de ses devanciers et, parmi ceux-ci, la belle figure de Mercier de Saint-Léger était une de celles qu'il aimait à évoquer. Des notes, des lectures, des anecdotes nombreuses sur ce grand bibliographe et ses amis, nourissaient sa conversation et l'on bénéficiait ainsi d'un curieux supplément oral au Merceriana [1].

Maurice Tourneux possédait une mémoire remarquable, dans laquelle tout s'emmagasinait et se classait en un ordre précis et

---

(1) *Merceriana ou Notes inédites de Mercier de Saint-Léger*, publiées par Maurice Tourneux. — Paris, Téchener. 1893. gr. in-12.

*jamais personne n'y fit appel en vain. Cette mémoire ne cachait
pas du tout un cœur sec, ainsi qu'on se plaît à dire quelquefois de
ceux qui détiennent ce don si indispensable aux érudits. Elle
n'excluait pas chez lui les sentiments les plus délicats et les plus généreux. Celui qui ne l'a pas connu dans l'intimité — en pantoufles
— ne peut se faire une idée exacte de la bienveillance et de l'érudition de ce modeste et grand savant.*

*Un tableau de travail dressé avec soin, et auquel l'homme le plus
avare de son temps n'eût rien trouvé à reprendre, réglait ses journées : travail de cabinet le matin ; l'après-midi visites et recherches
dans les bibliothèques ; le soir, réunions familiales où étaient
admis deux ou trois intimes et souvent aussi : travail.*

*Je suis certain que pendant de longues années, le savant ne déro-
gea guère à ces habitudes méthodiques. Les quelques jours passés
de temps à autre dans sa petite maison de Morsang-sur-Orge
étaient employés moins à se reposer qu'à dépouiller et classer la
volumineuse correspondance de son beau-père, M. Gustave Vape-
reau, ou à mettre au point quelque nouvelle édition du Dictionnaire des Contemporains.*

*Le lecteur pourra se convaincre du labeur accompli en parcou-
rant les 413 numéros qui composent la bibliographie des travaux
de Maurice Tourneux de 1869 à 1910 [1], auxquels il faut ajouter
tous ceux qui ont vu le jour à partir de cette dernière date jusqu'à
sa mort, survenue en 1917.*

*C'est à mon bon maître que je dois d'avoir entrepris ce livre
sur Burgaud des Marets. Un jour que nous parlions des érudits
tombés dans un injuste oubli, Maurice Tourneux me dit tout-à-
coup : « Pourquoi ne feriez-vous pas la biographie de votre
compatriote Burgaud des Marets, figure curieuse et trop oubliée,
comme celle si intéressante de Benjamin Fillon, et qui mériterait
vraiment d'être mise en lumière ? »*

---

(1) Henri Maïstre. *Bibliographie des travaux de Maurice Tourneux.*
Paris. Aux dépens de M. René Paquet, 1910, in-8° (Portr.). — Tirée à
126 exempl. non mis dans le commerce.

— *Ma foi, lui dis-je, Burgaud des Marets ne saurait être indifférent au bon Saintongeais que je suis, mais je ne prévois pas encore le moment où je commencerai ce travail, j'ai si peu de notes sur lui...*

— *Je n'ignore pas combien il est difficile d'écrire la vie d'un quasi-contemporain. Les papiers sont éparpillés dans les mains de parents, d'amis, d'étrangers, mais vous n'en aurez que plus de mérite. Cherchez, et donnez-nous le portrait en pied de cet original savant.* »

C'était en 1910. Peu après, je me plongeai dans les recherches les plus laborieuses, et il n'est pas une seule de mes petites trouvailles qui n'ait été payée d'un mot flatteur de Maurice Tourneux. Il me prodiguait sans cesse les encouragements les plus amicaux, stimulant mon zèle, piquant ma curiosité, en un mot s'intéressant à ce livre comme à l'un des siens.

Je commençais à mettre en ordre mes matériaux, à écrire même quelques pages, lorsque la guerre éclata. Adieu, paix austère mais charmante de ce cabinet de travail où j'ai passé tant d'heures inoubliables.

Je ne devais plus revoir le savant que sur son lit de douleur, un mois avant sa mort, au cours d'une de mes permissions.

En lui serrant la main pour la dernière fois, je n'ai pu lui donner qu'une bien faible marque, hélas ! de la reconnaissance que je lui devais.

Puisse ce livre ne pas faire trop injure à sa mémoire !

*
* *

Je retourne de temps en temps dans ce cabinet qu'anime la noble figure de Mme Tourneux. Il est toujours dans le même état : les livres, les fiches, la table de travail, semblent attendre le retour du maître...

Mme Tourneux a entrepris le catalogue de la collection de son mari ; elle a eu en outre l'excellente et touchante pensée de conserver une image de cette belle bibliothèque de travail. Dans ce but elle a fait appel au talent d'un ancien ami de son mari, M. Frédéric Régamey.

Cet artiste a composé avec le plus grand soin, la plus scrupuleuse exactitude, un charmant pastel représentant une partie importante de la bibliothèque, avec le maître faisant le geste de sortir un livre de son rayon.

Jamais le mot bibliophile n'a pu mieux s'appliquer qu'à Maurice Tourneux, car il fut vraiment l'homme qui aima les livres pour eux-mêmes. Si l'on ne trouve pas dans sa bibliothèque ces volumes aux reliures somptueuses accessibles seulement aux collectionneurs millionnaires, on y rencontre du moins, en exemplaires impeccables, les beaux ouvrages d'art, d'érudition et de bibliographie, indispensables à tout travailleur.

Mais Maurice Tourneux n'avait rien de ce qu'on appelle un peu irrévérencieusement « un rat de bibliothèque ». Le culte des beaux-arts tempérait chez lui ce que l'érudition peut avoir de trop rébarbatif. On entrait dans son cabinet avec la certitude que ce ne serait pas la muse revêche et bougonne qui vous accueillerait, les bras chargés d'in-folios indigestes, mais bien une femme jeune et belle, entourée d'estampes, de pinceaux et de crayons, souriant à un amour en terre cuite de Clodion, campé sur les volumes de l'Encyclopédie.

En terminant les souvenirs placés en tête de la bibliographie de ses travaux, dédiée à ses amis Henri Maïstre [1] et René Paquet, Maurice Tourneux écrivait : « Par vos soins je puis du moins me croire à l'abri d'un naufrage complet et vous me donnez envie de m'appliquer, en l'abrégeant un peu, la belle devise de dom Calmet :

... Legi, scripsi. Utinam bene ! »

---

(1) Mort à la suite de blessures de guerre.

Sur le livre de pierre que Maurice Tourneux désirait qu'on plaçât sur sa tombe, on pourra graver ces deux mots qui achèveveront de le peindre : Dilexi libros. *J'ai aimé les livres.*

*
* *

Il est une autre maison, toute parfumée du souvenir de l'illustre Pasteur, où j'ai été reçu avec la plus charmante et la plus franche cordialité : c'est celle de M. René Vallery-Radot dont le père, bibliothécaire à la regrettable bibliothèque du Louvre, fut l'ami intime de Burgaud des Marets.

M. René Vallery-Radot n'a cessé, lui aussi, de me prodiguer le plus chaleureux appui pour m'aider à sortir de l'ombre une belle figure qu'il a connue et aimée. Ses souvenirs ont apporté une précieuse contribution à plus d'un chapitre de ce livre.

Combien de fois n'ai-je pas parcouru sa demeure, musée intime aux reliques glorieuses, où la science est si étroitement unie aux lettres ? En guide bienveillant, nourri des belles traditions françaises, M. Vallery-Radot commentait avec émotion les souvenirs du passé : travaux, livres et portraits de famille : Eugène Süe, E. Legouvé, V.-F. Vallery-Radot, Louis Pasteur, et les amis, parmi lesquels... Burgaud des Marets.

L'unique portrait du savant saintongeais appartient en effet à M. R. Vallery-Radot, qui a bien voulu le laisser reproduire au frontispice de ce livre. Je le prie de recevoir ici la vive expression de ma reconnaissance.

Hélas ! depuis que cet ouvrage est commencé, la mort a fauché les plus nobles existences, et la famille Vallery-Radot est une de celles qui ont été le plus cruellement frappées : une fille lui a été ravie qui était l'âme de la maison.

Fort instruite, douce, amie de bon conseil, d'une charité inépuisable, Mlle Vallery-Radot laisse derrière elle des parents inconsolables et des amis qui la regretteront toujours. Elle avait bien *voulu s'intéresser à mes modestes travaux et s'entremettre pour moi auprès de nombreuses personnalités polonaises.*

Mlle Vallery-Radot disparait en me laissant le regret amer de n'avoir pu lui donner toute la mesure de ma reconnaissance et celle de ma respectueuse amitié.

*
* *

Les difficultés de la partie bibliographique de mon travail ont été aplanies grâce au concours amical de M. Maurice Martineau, de Saintes, qui a mis à ma disposition, avec la plus grande libéralité, ses connaissances et les trésors — ce n'est pas trop dire — de sa riche collection saintongeaise. Une correspondance de plusieurs centaines de lettres témoigne du zèle et de l'activité déployés par ce passionné bibliophile, afin que cette partie de l'ouvrage se rapprochât le plus possible de la perfection.

M. A. Favraud, ancien inspecteur primaire à Angoulême, a recueilli à mon intention un grand nombre de notes et d'articles, épars dans les périodiques de la région.

Je me suis vu dans l'obligation de rectifier un ou deux passages d'un livre de M. A. Favraud, où se trouvent deux erreurs concernant Burgaud des Marets. Mais M. Favraud est trop galant homme pour se formaliser d'une critique anodine qui me laisse toujours son reconnaissant débiteur.

A Jarnac, la famille Burgaud, représentée par Mme Faure-Chemineau, aujourd'hui décédée, et par son fils : M. Faure, m'a communiqué généreusement tout ce qui restait des papiers du savant.

M. Eutrope Lambert, ami de Burgaud des Marets, m'avait promis son aide ; il est mort malheureusement avant d'avoir pu me prêter son obligeant concours. M. P. Templéraud, son gendre, a bien voulu continuer l'aide promise par son beau-père. Il s'est chargé de nombreuses et ingrates démarches et a tiré à mon intention plusieurs clichés des vues de Jarnac.

Je dois un souvenir à la mémoire de M. Louis Comandon, admirateur de Burgaud des Marets, et des remerciements à M. l'abbé L. Brouillet, curé de la paroisse, ainsi qu'à la municipalité de Jarnac.

A M. Ladislas Mickiewicz, fils de l'illustre poète polonais, est dû, en partie, un des chapitres les plus curieux de la vie de Burgaud des Marets. Ce savant polonais m'a fourni les moyens de compulser utilement les collections de la bibliothèque qu'il dirigeait avec autant de compétence que d'amour. Les souvenirs de sa longue carrière de lettré ne m'ont pas été moins précieux.

J'ai dû réfuter plusieurs passages d'un des beaux livres que M. L. Mickiewicz a consacrés à la gloire de son père ; des documents retrouvés depuis en sont la cause. Il le savait, car je lui avais lu ces pages de critique qu'il approuvait : « je me suis trompé, disait-il, tant pis pour moi. »

Le gouvernement polonais s'est honoré en faisant à M. Ladislas Mickiewicz des funérailles officielles, car nul n'a mieux aimé ni mieux servi sa patrie. Je salue ici sa mémoire.

Les documents possédés par Mme E. Bégin et par sa nièce, Mme Moreau, attachée à la Bibliothèque nationale, ont eu la plus grande part à la composition du chapitre relatif à la Bibliothèque du Louvre.

Mme E. Vivier, amie de Burgaud des Marets, MM. F. Fertiault, P.-P. Plan, F. Porché, André Rathery, Frédéric Masson, A. Firmin-Didot, ont également des droits à ma reconnaissance.

Il me faut aussi remercier MM. l'abbé Marsalkiewicz à Rome ; A. Lewak, bibliothécaire au Musée de Rapperswill ; G.-T. Warner, *conservateur des Mss. au British Museum ; le comte Zamoïsky, à Zacopane ; George B. Utley, bibliothécaire à la Newberry à Chicago ; Verschaffel, directeur de l'Observatoire d'Abbadia, à Hendaye ; Loys Delteil, graveur et expert, qui m'ont fourni des renseignements ou des copies de documents.*

Enfin, maîtres et collègues ont enrichi mes dossiers d'une masse de petits détails qui me furent des plus utiles, et je tiens à inscrire leurs noms ici : MM. Henry Martin, administrateur honoraire de la Bibliothèque de l'Arsenal ; Mortreuil, conservateur-trésorier de la Bibliothèque nationale ; Charles Beaulieux, de la Bibliothèque de l'Université [1] *; Boucher, de la Bibliothèque des avocats ; Bouteron, de la Bibliothèque de l'Institut ; Gébelin*[1] *et Jean de Maupassant, de la Bibliothèque de Bordeaux ; Bierck, de celle de Cognac ; Farault, de Niort ; G. Musset, de La Rochelle ; Ch. Dangibeaud, de Saintes ; Saudau, de Saint-Jean-d'Angély ; Sauvage, de Caen ; E. Martin, d'Epinal ; E. Fleur, de Metz ; Oursel, de Dijon ; Porée, d'Auxerre ; et les libraires Chambeau, L. Gougy, G. Lehec et Margraff, de Paris ; G. Clouzot, de Niort ; R. Lacaud, de Cognac ; Ducourtieux, de Limoges ; Quaritch, de Londres, et Wilder, de Varsovie. Que tous reçoivent mes très vifs remerciements.*

*
* *

Je dois donc à mon héros la joie d'être entré en relations avec de nombreuses personnalités, dont les hautes qualités de cœur et d'esprit ont facilité toutes les recherches et encouragé mon travail. Je ne pouvais ambitionner une plus belle récompense.

Pour ceux qui trouveraient ce livre trop farci de notes et de correspondance qui l'alourdissent, je ne puis que citer les lignes

---

(1) Depuis, MM. Charles Beaulieux et Gébelin ont été nommés, le premier bibliothécaire en chef de la Faculté de pharmacie ; le second bibliothécaire de la Cour de Cassation.

suivantes qui s'appliquent on ne peut mieux à mon cas : « Si quelqu'un me reproche de faire trop de citations, mon excuse est toute prête : je n'ai pas d'autorité par moi-même, et l'on ne gagne la confiance des lecteurs qu'à l'aide d'une masse de citations de temps divers et de divers lieux. [1] »

Quant à mon éditeur, M. Charles Millon, il a fait tout son possible pour que l'exécution du volume soit digne des bibliophiles à qui il est destiné.

Maintenant, ami lecteur, je te souhaite à lire ce livre le même plaisir que j'ai pris à l'écrire. Adieu.

C. B.

(1) Louis Vian. *La particule nobiliaire.* Paris, s. d., p. III.

PREMIÈRE PARTIE

CHAPITRE PREMIER

**L'enfance et la jeunesse (1806-1840). — Les études.
L'émigration polonaise. — Bogdan Janski.
« Konrad Wallenrod » et les « Dziady », poèmes
d'Adam Mickiewicz.**

L'ANCIENNE et jolie petite ville de Jarnac se trouve aux confins de la Saintonge, sur la rive droite de la Charente, dont les eaux limpides roulent à travers des prairies magnifiques et des vignobles renommés. En amont de la ville, le fleuve, qu'un de nos rois surnommait le plus beau ruisseau de son royaume, se divise en plusieurs petits bras qui forment des îlots charmants et couverts de verdure. Un pont suspendu [1] reliait autrefois les deux rives ; on le remplaça, en 1876, par un pont de pierre d'un effet moins pittoresque, mais d'une solidité plus rassurante.

On aime à s'arrêter sur ce pont d'où le regard embrasse une perspective délicieuse. Devant soi, la ville, nonchalamment assise, aligne ses maisons régulières et proprettes ; à droite, des moulins, mus par le courant de la rivière, babillent harmonieuse-

(1) *La Revue de Saintonge et d'Aunis*, n° du 1er sept. 1902, p. 320-321, donne quelques détails sur la construction de ce pont commencée en 1826.

ment au milieu de gros bouquets d'arbres, véritables oasis d'ombre et de fraîcheur aux jours chauds de l'été. A gauche, s'étendent les quais où se fait le commerce principal de la ville.

De vastes chais renferment ces eaux-de-vie célèbres que des gabarres transportent jusqu'à Tonnay-Charente et Rochefort, où de grands vapeurs les chargent pour aller ensuite les répandre en cent endroits du globe.

Les guerres de religion, la Révolution et ses suites ont causé la destruction des anciens monuments, en particulier le château, propriété des Rohan-Chabot, seigneurs de Jarnac, dont aujourd'hui il ne reste plus rien. L'église porte encore la trace des combats qui ensanglantèrent toute la région. C'est dans cette ville commerçante, théâtre de tant d'événements tragiques, que vinrent s'établir, à la fin du xviii⁰ siècle, quelques membres de la famille Burgaud.

Les Burgaud, originaires d'Aujac [1], en pleine Saintonge, figuraient avec leurs alliés : les Chotard, les Rivière, les Gaudin et les Rappet, parmi les principaux notables de ce village. Les registres de la paroisse [2], complétés par d'autres documents, permettent de faire remonter leur généalogie au début du xvii⁰ siècle. (Voir ci-après le tableau généalogique).

Afin d'éviter des confusions de personnes, il était d'usage autrefois, entre frères ou cousins portant le même nom patronymique, d'ajouter à celui-ci le nom d'une terre, d'une ferme, ou même quelquefois un simple sobriquet. Cette coutume subsiste encore dans plusieurs de nos provinces. C'est ainsi que, dès le commencement du xviii⁰ siècle, un arrière grand-père de Burgaud ajoute à son nom l'épithète *des Marais* ou *des Marets*, pour se distinguer de son frère ou cousin Burgaud, *sieur du Bruslis* ou *du Brulie*.

On lit en effet dans les registres paroissiaux d'Aujac, cités plus haut : 1° « *31 janvier 1693. Ont esté espouzé, les sérémonies de l'Eglise préalablement observées, Louis Burgaud, sieur du Bruslis,*

(1) Aujac fait partie du canton de Saint-Hilaire, arrondissement de Saint-Jean-d'Angély (Charente-Inférieure).

(2) Publiés par la Société des Archives historiques de la Saintonge et de l'Aunis, T. XLII, Paris et Saintes, 1911, in-8°. Voy. aussi E. Egreteaud, *Monographie de la commune d'Aujac*, Saintes, A. Hus, 1897. in-8° de 48 pp. Cette intéressante brochure contient quelques légères erreurs de lecture dans les noms propres cités par les pièces d'archives.

*et Marie Rivière, fille de Jean Rivière, instructeur de la jeunesse,
et de Marie Prusnier, sans aucun empeschement canonic ès présence de Denys Burgaud praticien, et de maistre Pierre Prusnier,
advocat, par moy, curé. (pas de signature) » ; 2° « Le 29 août
1729, a esté baptisée sur les fonds baptismaux de l'Eglise de Saint-
Martin-d'Aujac, Marie-Anne, aagée de quatre jours, du village
des Perrins, fille naturelle et légitime de Michel Gaudin et de
Catherine Burgaud, ses père et mère ; a esté parrein Jean Burgaud, sieur des Marais et marreine Marie-Anne Renard de Beauvais, en présence de plusieurs personnes dont les uns ont signé.
Par Moy. Madame de Beauvais, Besson, Yvon, curé d'Aujac. »*

Un autre Burgaud des Marais, prénommé Denys et qualifié
bourgeois, est mentionné sur un acte de la même paroisse en
1718. Dans l'acte de baptême de Burgaud (des Marets) que l'on
trouvera plus loin, son oncle et parrain est dénommé Burgaud
des Marets. C'est vers 1830 que Burgaud reprit cette tradition
et porta désormais en littérature le nom composé : *Henri Burgaud des Marets*. Mais sur les registres de l'état-civil, sur ceux
de la Faculté de droit, au Palais, en un mot sur toutes les pièces
officielles, il est dénommé : Jean Burgaud. On est étonné que
Quérard n'ait pas découvert cette « supercherie » d'un contemporain.

La qualification de *bourgeois*, attribuée à Denys Burgaud des
Marais dans l'acte de 1718, indique chez celui-ci une certaine
aisance que ses descendants devaient faire progresser jusqu'à la
fortune. Il est certain que pendant plus de cent cinquante ans
les Burgaud ont été commerçants de père en fils. Il leur a fallu
un certain génie des affaires pour se maintenir si longtemps, et
dans des époques continuellement troublées, à la tête de leur
commerce.

Après les guerres de la Révolution, deux frères Burgaud, Jean
et François, vinrent s'établir à Jarnac, centre assez important
alors pour le commerce du vin, des eaux-de-vie, des toiles, des
étoffes, des faïences, etc. L'aîné, Jean Burgaud, était négociant
en vins ; son frère, François, le père de Burgaud des Marets, marchand de toile et de draperies. L'entreprise de ce dernier prospéra
si bien qu'il acquit, dans Jarnac et aux environs, de nombreuses
terres et propriétés.

Les deux frères se marièrent le même jour avec les deux sœurs

Barthelemy Chantraud,
marié à Suzanne Burgaud.

Jacques Burgaud (décédé en 1690) marié [...]

Pierre Chantraud, baptisé
le 8 janvier 1647,
Marraine : Louise Burgaud.

Jeanne Burgaud
baptisée
le 26 janvier 1648.

Louise Burgaud
baptisée
le 23 juin 1649.

[...]ud
[...]

Louis Burgaud, sieur du Bruslis,
épouse Marie Rivière (1) le 31
janvier 1693.
Témoins : Denys Burgaud, praticien,
et Me Pierre Prusnier, advocat. —
Devenue veuve, Marie épouse Nicolas Prévost, garçon chirurgien,
le 4 février 1698.

Denis Burgaud, sieur des [...]han

Catherine, née
le 16 août 1699 ;
se marie
le 13 février 1719
à
Michel Gaudin.

Marie, née
le 18 août 170[...]

Jean, né
le 27 mars 1725
1er officier muni-
cipal
le 20 sept. 1793.

Marie-Anne, née
le 25 août 1729,
mariée
le 27 février 1759
à Nicolas Chotard,
clerc, décédé
le 24 janvier 1777.
(2)

Pierre, né
le 22 avril 1739.

Marie-Thérèse
née
le 19 février 17[...]
décédée
le 13 sept. 174[...]

Jean Burgaud, marié le 16 aoû[...]
Henriette Chemineau, fille de Je[...]
Françoise Jeanneau, de Jarnac.

Françoise-Félicité,
23 août 1805
+ 23 juin 1820.

Jean-Henri [...]
(2 nov. 18[...]bre

(1) Jean Rivière, père de Marie, est notaire royal en 1675.

(2) Un Jean Chotard, probablement frère de Nicolas, est sergent
royal en 1774. Il épousa Marie-Elizabeth Robert.

Tableau Généalogiq

Barthelemy Chantraud,
marié à Suzanne Burgaud.

Pierre Chantraud, baptisé
le 8 janvier 1647,
Marraine : Louise Burgaud.

Jacques Burgaud (décédé en 1690) ma

Jeanne Burgaud
baptisée
le 26 janvier 1648.

Louise Burgaud
baptisée
le 23 juin 1649.

Louis Burgaud, sieur du Bruslis,
épouse Marie Rivière (1) le 31
janvier 1693.
Témoins : Denys Burgaud, praticien,
et Me Pierre Prusnier, advocat —
Devenue veuve, Marie épouse Nicolas Prévost, garçon chirurgien,
le 4 février 1698.

Denis Burgaud, sieur d

Catherine, née
le 16 août 1699 ;
se marie
le 13 février 1719
à
Michel Gaudin.

Marie, né
le 18 août 1

Jean, né
le 27 mars 1725
1er officier muni-
cipal
le 20 sept. 1793.

Marie-Anne, née
le 25 août 1729,
mariée
le 27 février 1759
à Nicolas Chotard,
clerc, décédé
le 24 janvier 1777.
(2)

Pierre, né
le 22 avril 1739.

Marie-Thér
née
le 19 février
décédée
le 13 sept. 1

Jean Burgaud, marié le 16
Henriette Chemineau, fille de
Françoise Jeanneau, de Jarn

Françoise-Félicité,
23 août 1805
+ 23 juin 1820.

Jean-Hen
(2 nov.

(1) Jean Rivière, père de Marie, est notaire royal en 1675.

(2) Un Jean Chotard, probablement frère de Nicolas, est sergent
royal en 1774. Il épousa Marie-Elizabeth Robert.

le la Famille Burgaud

Amy.

Louis Burgaud (décédé en 1685) marié à Claire Vitet.

Jean Burgaud, marié à Renée Clément décédée le 18 mai 1680.

urgaud ée 1663.

Marguerite, baptisée le 5 août 1663. Par. : Léon de Lyvene.

Jacques, baptisé le 21 février 1675, décédé le 14 sept. 1686.

Jean, né en 1676, décédé le 23 juillet 1692.

marchand, bourgeois (1656+12 avril 1722), marié à Catherine Duret.

Marie (?) née 25 février 1714, épouse ierre Gaudin.

Jeanne, née le 11 juin 1715.

Mathieu du Brulie baptisé le 17 déc. 1718. Epouse Marie-Thérèse Chotard.

Jean Burgaud, sieur des Marais, marié à Marie Chotard.

arie, baptisée 22 mars 1742.

Jacques, né en 1756, décédé 11 sept 1771.

Marie, née vers 1763, décédée le 16 juillet 1785.

Jean, décédé le 30 sept. 1771.

Jacques, le 20 juin 1749, marié le janvier 1778, Marie-Anne Gervais,

Jean, 1755 décédé le 17 juin 1765.

François (?)

Marie, épouse Pierre Rapet le 31 janvier 1785.

à e

François Burgaud, né vers 1780+le 24 août 1862, marié le même jour que son frère Jean, à Mathurine-Félicité Chemineau, sœur de Henriette ci-contre.

(des Marets)

ctobre 1873).

Marie-Emilie, née le 14 mars 1809 +1834, mariée à Léopold Caboche, le 28 août 1832.

François - Charles, 29 mai 1811 +15 mars 1819.

Henriette-Félicité, née le 8 janv. 1813, épouse Antoine-Emile Durand, le 19 juin 1834.

Marie-Louise, bapt. le 14 juin 1834, épouse le Dr Philippe Paulet.

Henriette-Amélie, baptisée le 16 août 1838.

Henriette-Louise, baptisée le 3 avril 1840.

la Famille Burgaud

Louis Burgaud (décédé en 1685) marié à Claire Vitet.

Jean Burgaud, marié à Renée Clément décédée le 18 mai 1680.

Marguerite, baptisée le 5 août 1663. Par. : Léon de Lyvene.

Jacques, baptisé le 21 février 1675, décédé le 14 sept 1686.

Jean, né en 1676, décédé le 23 juillet 1692.

...nd, bourgeois (1656 + 12 avril 1722), marié à Catherine Duret.

...?) née ...er 1714, ...use ...Gaudin.

Jeanne, née le 11 juin 1715.

Mathieu du Brulie baptisé le 17 déc. 1718. Epouse Marie-Thérèse Chotard.

Jean Burgaud, sieur des Marais, marié à Marie Chotard.

...aptisée ...s 1742.

...ues, ...1756, ...dé ...t 1771.

Marie, née vers 1763, décédée le 16 juillet 1785.

Jean, décédé le 30 sept. 1771.

...ues, ...in 1749, ...é le ...r 1778, ...-Anne ...ais,

Jean, 1755 décédé le 17 juin 1765.

François (?)

Marie, épouse Pierre Rapet le 31 janvier 1785.

François Burgaud, né vers 1780 + le 24 août 1862, marié le même jour que son frère Jean, à Mathurine-Félicité Chemineau, sœur de Henriette ci-contre.

...Marets) ...1873).

Marie-Emilie, née le 14 mars 1809 + 1834, mariée à Léopold Caboche, le 28 août 1832.

François-Charles, 29 mai 1811 + 15 mars 1819.

Henriette-Félicité, née le 8 janv. 1813, épouse Antoine-Emile Durand, le 19 juin 1834.

Marie-Louise, bapt. le 14 juin 1834, épouse le Dr Philippe Paulet.

Henriette-Amélie, baptisée le 16 août 1838.

Henriette-Louise, baptisée le 3 avril 1840.

Chemineau, d'une famille de Jarnac honorable et aisée [1]. Jean Burgaud ne paraît pas avoir eu d'enfants ; par contre, son frère François en eut cinq : deux fils et trois filles.

François Burgaud avait son magasin et sa maison d'habitation dans l'ancienne rue Basse (aujourd'hui rue Bisquit) au bout de la place du Marché. Cette maison n'existe plus. Une construction bourgeoise à deux étages, qui porte actuellement le numéro 15, a été édifiée sur son emplacement.

C'est dans la rue Basse que Jean-Henri Burgaud (des Marets) vint au monde le 2 novembre 1806, et non 1816, comme l'ont avancé plusieurs auteurs, entre autres Otto Lorenz [2] et P. Larousse [3]. Voici du reste la copie *in extenso* de son acte de naissance, suivi de l'acte de baptême :

« *Aujourd'hui trois novembre mil huit cent six, sur les neuf*
» *heures et demie du matin, devant nous, Charles Ranson, maire*
» *de Jarnac, faisant fonctions d'officier public de l'état-civil, est*
» *comparu le sieur François Burgaud, marchand, âgé de vingt-*
» *six ans, domicilié au chef-lieu de cette commune, lequel assisté*
» *du sieur Fançois - Charles Ballet, instituteur, âgé de trente-*
» *quatre ans et Paul Paulay, perruquier, âgé de trente-trois ans,*
» *tous deux habitant cette dite commune, nous a déclaré que*
» *demoiselle Mathurine-Félicité Chemineau, sa femme, âgée de*
» *vingt-trois ans, née à Jarnac, fille légitime de feu sieur Jean*
» *Chemineau, négociant, et de vivante dame Françoise Jeanneau,*
» *est accouchée le jour d'hier, sur les dix heures du matin, d'un*
» *enfant qu'il nous a présenté, que nous avons reconnu être du*
» *sexe masculin et auquel il a donné le prénom de* JEAN, *de quoi*

(1) « Année 1804. Aujourd'hui 16 août = 28 thermidor, ont reçu la bénédiction nuptiale Jean Burgaud, marchand, fils majeur de Jacques Burgaud, marchand, et de Marie-Anne Garvais, [Gervais], sa femme, et Henriette Chemineau, fille majeure de feu Jean Chemineau et de vivante Françoise Jeanneau, sa veuve. Le mariage était contracté civilement et légalement depuis..... [date omise]. Le même jour ont également reçu la bénédiction nuptiale François Burgaud, frère du précédent, et Mathurine-Félicité Chemineau, sœur de la précédente, mariés ce même jour à la municipalité. » (*Registres de la paroisse de Jarnac*).

(2) Otto Lorenz. *Catalogue général de la Librarie française...* (1840-1865). T. 1er, p. 400. Paris. Nilsson, 1892, 8°.

(3) P. Larousse, *Grand dict. universel...* 2e supplément, T. 17. V° Burgaud des Marets.

» *avons dressé le présent acte que le déclarant et les témoins ont*
» *signé après lecture faite conformément à la loi. Le registre est*
» *signé : Ballet, Burgaud, Paulay, Ranson.* »[1]

Acte de baptême :

« *Année 1806. Aujourd'hui 4 novembre a été baptisé* JEAN-
» HENRI *né d'avant-hier, fils de François Burgaud, négotiant* (sic)
» *à Jarnac, et de Félicité Chemineau, sa femme ; parrain Jean*
» *Burgaud Desmarêts, oncle de l'enfant ; marraine Henriette*
» *Chemineau, femme Burgot* (sic) *des Marets, tante de l'enfant.*»[2]

Burgaud des Marets était le deuxième enfant né du mariage
de François et de Mathurine-Félicité Chemineau. Le premier fut
une fille : Françoise-Félicité, née le 23 août 1805, morte à quinze
ans le 21 juin 1820 ; le troisième : Marie-Emilie, née le 14 mars
1809, morte à vingt-cinq ans le 8 août 1834 ; le quatrième :
François-Charles, né le 29 mai 1811, mort le 14 mars 1819 ; et
enfin le cinquième : Henriette-Félicité, née le 8 janvier 1813.
Sauf cette dernière, mariée en 1834, mais dont nous ignorons
la date de décès, Burgaud aura vu mourir tous ses frère et sœurs.

*
* *

L'enfance de Burgaud s'écoula paisiblement au milieu d'une
famille aimée et respectée de tous. Il joua sans doute bien souvent
sur cette place du Marché, alors plantée d'arbres, qui devait être
plus tard le théâtre de ses études patoises. Aucun de ces faits
curieux dont les biographes aiment à orner les premières années
de leur héros n'est parvenu à notre connaissance.

Lorsqu'il eut atteint l'âge où l'on commence les études, le
jeune Burgaud fut confié au collège de Bordeaux. Homme d'une
haute probité et d'une intelligence bien supérieure à celle qu'on
a coutume de rencontrer chez un modeste négociant, son père
souhaitait lui voir prendre la suite de son commerce, ainsi que
cela se pratiquait dans la famille depuis fort longtemps. Mais,
en père avisé, il voulut pour son fils l'éducation et l'instruction
que sa situation de fortune lui permettait d'ambitionner.

L'enfant justifia les espérances de ses parents. Il fit d'excellentes

(1) Archives municipales de Jarnac.
(2) Registres de la paroisse de Jarnac.

études et remporta tous les premiers prix. Nous manquons malheureusement de détails, les archives actuelles du Lycée de Bordeaux ne remontant pas jusqu'à l'époque où Burgaud s'y trouvait et pour cause : l'ancien collège, avec toutes ses archives, ayant été incendié le 30 mai 1871. Seul, un vieux palmarès échappé au désastre nous apprend que « M. Burgaud, de Jarnac, a mérité le prix d'honneur de rhétorique (vétérans) en 1823. » Il fut reçu bachelier ès lettres le 16 octobre 1824.

Ici, pour ne rien omettre de ce qui peut intéresser notre sujet, nous devons citer l'anecdote suivante, conservée précieusement dans la mémoire de la famille et des amis de Burgaud [1].

Pendant son séjour à Bordeaux, en avril 1823, la duchesse d'Angoulême visita le collège. A cette occasion, plusieurs des meilleurs élèves, parmi lesquels se trouvait Burgaud, lui furent présentés. La duchesse questionna les uns et les autres et fut, paraît-il, si satisfaite des réponses de notre Jarnacais qu'elle lui offrit une de ses bagues. Burgaud, dit-on, aimait à rappeler cette petite aventure de sa vie de collège et à montrer la bague princière qu'il porta longtemps.

L'*Indicateur* et le *Mémorial Bordelais* ne donnent aucun détail sur cette visite, mais le *Moniteur Universel* du jeudi 17 avril 1823 (n° 107) contient la note suivante :

« Bordeaux, le 12 avril. Dans sa visite au Collège royal, Madame
» a parcouru les différentes parties de cet établissement et a porté
» sur chacune d'elles, des regards attentifs et pleins de bien-
» veillance. Plusieurs élèves ont eu l'honneur de réciter devant
» S. A. R. des fragments de prose ou de poésie de leur composi-
» tion. L'un d'eux a fixé plus particulièrement l'attention de
» Madame qui, après l'avoir entendu, lui a dit avec bonté : C'est
» très bien ; je veux garder ces vers, donnez-les moi. »

Sans attacher à ces lignes une importance exagérée, il est permis de croire à l'histoire de la bague, et il est même vraisemblable que Burgaud récita ce jour-là sa première œuvre littéraire. Il revint à Jarnac dès qu'il eut obtenu son baccalauréat. Passionné pour l'étude, il caressait certains de ces projets que forment souvent les jeunes gens instruits ; mais son père, malheureuse-

----

(1) Renseignement fourni par Mme Faure-Chemineau, cousine de Burgaud des Marets, et par Mme E. Vivier et Louis Comandon, ses amis.

ment, ne l'entendait pas ainsi. L'ardeur qu'il montra pour le travail, le désir sérieux de poursuivre ses études lui firent pourtant obtenir la faveur d'aller à Paris faire son droit. On verra qu'il ne perdit pas de temps car sa première inscription au secrétariat de la Faculté est du 15 novembre 1824. Burgaud éprouva la joie si souvent convoitée par les collégiens de province : une chambre d'étudiant à Paris ! Il trouva celle-ci rue Saint-Jacques, 48, Passage du Commissaire n° 7. Son répondant était un M. Dupuy, demeurant 24, rue Saint-Roch. [1]

Une fois installé, Burgaud donna libre cours à ses goûts. Avide de savoir, il se jeta à corps perdu dans l'étude des langues pour laquelle il était supérieurement doué. L'étudiant ne fut pas inférieur au collégien. Travaillant avec ardeur, plutôt que de courir comme beaucoup d'autres les plaisirs faciles qui ne laissent au cœur qu'amertume et regrets, il apprit plusieurs langues tout en préparant assidûment ses examens.

Les vacances le ramenaient chaque année à Jarnac, au milieu de sa famille et de ses amis, tous fiers du « cher Henri » qui déjà portait en lui cette attirance, cette bonté, cette gracieuse bonne humeur dont il ne s'est jamais départi par la suite.

Burgaud des Marets obtint sa licence en droit le 16 mai 1829. Une fois son diplôme en poche il retourna dans sa famille, à Jarnac, et la lutte recommença entre le négoce et les lettres. Son père, fier du succès obtenu, songeait plus que jamais à l'associer à ses affaires. Le caractère doux et l'attitude respectueuse de son fils paraissaient d'ailleurs devoir fléchir devant la volonté paternelle, mais au fond Burgaud des Marets demeurait inébranlable.

Après une lutte morale qui devait, jusqu'en 1832, se renouveler plusieurs fois, il obtint encore la permission de poursuivre son goût pour l'étude, à cette condition toutefois qu'il se ferait inscrire au barreau. Bien que peu porté vers la profession des « chicanous » il promit à son père de déférer à son désir, et repartit tout joyeux pour Paris.

Il prêta serment en 1830, (admission au stage est du 7 mai)

---

(1) Archives de la Faculté de droit de Paris. Années 1824 à 1829. — Il n'y avait pas, à notre connaissance, de passage du Commissaire au 48 de la rue Saint-Jacques. Par contre, il existait à cette époque un passage ou cul-de-sac du Commissaire dans la rue Montmartre, en face la rue Paul-Lelong actuelle.

et figura sur le tableau des avocats à la Cour de 1833 à 1873, année de sa mort. Il nous a été impossible de savoir si Burgaud avait plaidé des affaires importantes devant la Cour de Paris. Les dossiers individuels concernant les avocats n'ayant été institués qu'en 1886, on ne possède pour les années antérieures que les renseignements portés sur les tableaux annuels, autrement dit peu de chose. Un fait certain, c'est que Burgaud mit ses connaissances juridiques au service de ses amis et surtout des petites gens. Non content de conseiller ceux-ci amicalement, il les aidait encore à sortir, sans frais et sans ennuis, de ces mille petits procès que se font les paysans. Les prétoires de Jarnac et de Cognac doivent avoir conservé plus d'un écho de ces plaidoiries bénévoles.

Puis, sans délaisser la toge, il se replongea dans l'étude des langues. Possédant à fond le grec et le latin, il y ajouta l'anglais, l'espagnol et l'italien, puis l'allemand et le polonais. Il apprit ces langues non pas d'une façon superficielle, mais jusque dans leurs sources, ne négligeant ni leur histoire, ni leurs dialectes, ni leurs patois. Et là, Burgaud aurait pu se mesurer avec son contemporain Mezzofanti.

Il avait, on ne sait pourquoi, une préférence marquée pour la langue polonaise qui le passionna longtemps. Pressentait-il l'orage politique et la rénovation littéraire qui déjà grondaient en Pologne ? Quoi qu'il en soit, il se mit à traduire le plus grand de ses poètes, Adam Mickiewicz [1], dont il devait deux ans plus tard devenir l'ami.

Burgaud eut aussi un faible pour la langue portugaise ; les *Lusiades* furent au nombre de ses livres de chevet. Peut-être était-il de ces lettrés qui sentent « plus volontiers le chef-d'œuvre étranger que le chef-d'œuvre national. » [2] Il ne prit aucune part aux mouvements politique et littéraire de 1830. Il se lia, dans la suite, avec des écrivains et des artistes qui applaudirent la nouvelle école, mais son nom n'est cité dans aucun des nombreux ouvrages des hommes de cette époque. Confiné dans les études sévères, admirateur sans réserves des xviᵉ et xviiᵉ siècles, il atten-

---

(1) Prononcez : Mitzkiévitch.

(2) « Il [Théophile Gautier] sent plus volontiers le chef-d'œuvre étranger que le chef-d'œuvre national. » Sainte-Beuve. *Nouveaux Lundis.* T. VI, p. 328.

dait un peu plus de recul pour juger, sans passion, ces novateurs qui brûlaient beaucoup de ce qu'il adorait.

Ennemi farouche de toute pose littéraire, de toute publicité tapageuse, Burgaud réprouvait cette vanité sans borne qui fut une des erreurs des cénacles, où la littérature voisinait souvent avec la politique. « Il n'était pas un homme de lettres qui ne se crût l'étoffe et ne se sentît l'ambition d'un homme d'Etat. Jusqu'à ce grand enfant d'Alexandre Dumas qui rêva de jouer son rôle. On le vit tout à coup, après 1830, se poser en démocrate et en républicain, exalter Robespierre et la Terreur, et quitter avec fracas, en février 1831, une petite place qu'il avait obtenue sous la Restauration, dans l'administration des forêts du duc d'Orléans... » [1]

Ces palinodies, ces éclats pleins de vulgarité, répugnaient au bon sens que Burgaud avait hérité de ses ancêtres. Sourd aux bruits de l'émeute, il entreprit la traduction de *Konrad Wallenrod* [2], cet admirable poème où le Wejdelote [3] chante la patrie d'une façon si mélancolique et si forte à la fois. L'ouvrage parut en 1830, l'année même où les révolutions politiques et littéraires surgirent de toutes parts comme les fusées d'un feu d'artifices.

Aimant sa patrie avec une ardeur juvénile, Burgaud savait que la France était assez forte pour sortir plus grande de quelques dissenssions intestines. Ses regards se portèrent au loin, vers la malheureuse Pologne, que les grandes puissances laissèrent égorger sans avoir même essayé d'intervenir [4].

Il n'est pas inutile de citer à ce sujet les paroles d'un de nos plus célèbres ministres, Colbert, qui, dans un mémoire au roi, (1666) disait : « Je déclare à Votre Majesté, en mon particulier, qu'un repas inutile de mille écus me fait une peine incroyable ; et lorsqu'il est question de millions d'or pour la Pologne, je

---

(1) P. Thureau-Dangin. *Histoire de la Monarchie de juillet.* Paris, 1884, in-8°. T. 1er, p. 288.

(2) *Konrad Wallenrod*, commencé à Odessa, puis achevé à Moscou en 1826-1827, fut imprimé à Saint-Pétersbourg en 1828 (Cl. Ladislas Mickiewicz, *Mélanges posthumes d'Adam Mickiewicz.* Paris, 1879, gr. in-18, p. xcviii).

(3) Sorte de troubadour.

(4) « Tout le monde s'est servi de la Pologne ; personne ne l'a jamais servie. » Guizot, *Mémoires pour servir à l'histoire de mon temps.* Paris, 1858-1867. 8 vol. 8°. T. II, p. 274.

vendrois tous mes biens, j'engagerois ma femme et mes enfants, et j'irois à pied toute ma vie pour y fournir s'il estoit nécessaire. »[1]

C'est pour n'avoir pas assez médité ce passage du mémoire de Colbert que nos hommes politiques ont laissé les nations rapaces se partager la Pologne. Nous avons vu le résultat de cette négligence.

Bien que tous les yeux fussent tournés vers la Pologne, la traduction de Burgaud passa inaperçue. Les journées de juillet qui suivirent, et les premiers succès romantiques occupaient trop les esprits pour que ceux-ci s'attachassent aux travaux du chevaleresque traducteur.

Konrad Wallenrod parut sous le voile de l'anonymat, procédé qui devint habitude chez Burgaud des Marets. Pour comble d'infortune, celui-ci, déjà grand bibliophile, ne l'avait fait tirer qu'à un petit nombre d'exemplaires. Le traducteur s'exprime ainsi dans la préface de cet ouvrage : « Il y a donc une sorte de témérité à lancer cet essai dans le public, il n'est protégé ni par le nom de l'auteur que quelques journaux ont à peine prononcé, ni par le nom du traducteur. Qu'importe que celui-ci soit connu ? ne s'est-il pas complètement effacé ! si les lecteurs impartiaux trouvent dans ce petit poème des beautés nouvelles, la gloire en sera toute à Mickiewicz, dont il est un des derniers ouvrages et l'un de ceux où son talent brille d'un si vif éclat... »

La traduction de Burgaud a été très longtemps attribuée à Miaskowski et, chose curieuse, l'exemplaire de la Bibliothèque polonaise, relié très simplement, porte au dos : *Konrad Wallenrod, trad. Burgaud des Marets*, tandis que sur le titre une note au crayon, relativement récente, la donnait comme étant de Miaskowski. [2]

Quérard ni Barbier ne mentionnent cette traduction. Larousse la donne aussi comme étant de Miaskowski ; elle figure aux anonymes dans le *Journal de la librairie* (1830. n° 3068). Seul,

---

(1) *Lettres, Instructions et Mémoires de Colbert*, publiés par Pierre Clément. Paris, Impr. Impériale-nationale. 1861-1882, 7 tomes en 9 vol. gr. in-8° et une table par Pierre de Brotonne. T. II. Ire Partie. p. CCXVIII.

(2) Bibl. polonaise, à Paris ; cote 487. Dès qu'il eût pris connaissance de nos documents, le conservateur, M. Ladislas Mickiewicz, fit enlever cette note.

Karol Estreicher, mieux informé, la cite sous le nom de Bourgaud
de Maret (*sic*).

L'erreur provient de ce que Miaskowski avait traduit, en collaboration avec G. Fulgence, *Konrad Wallenrod, le Faris et Sonnets
de Crimée* [1], le tout en un volume in-8°, (*Journal de la Librairie*,
1830, n° 3487) paru quelque temps après la traduction de Burgaud. Mais il est impossible de confondre ces deux traductions
dont l'une est anonyme et de format in-18, et l'autre de format
in-8° avec deux noms de traducteurs.

Le fils du poète, M. Ladislas Mickiewicz, qui connut Burgaud
des Marets en 1873, ne sut que fort longtemps après que celui-ci
était l'auteur de la première traduction française de *Konrad*. Ce
n'est qu'en lisant la lettre de Burgaud à Janski [2] (du 23 nov.
1832) citée plus loin, qu'il se rendit à l'évidence en regrettant
amèrement d'apprendre si tard le nom véritable du traducteur.

Les événements se précipitaient ; le czar, favorisé par nos
troubles politiques, s'apprêtait à marcher contre la France,
lorsque la révolution éclata en Pologne (29 nov. 1830). La Fayette
et Lamarque demandèrent l'intervention des armées françaises,
mais la Chambre repoussa ce noble projet. Un député, Dupin
l'aîné, s'écria : « La Pologne est trop loin, chacun pour soi,
chacun chez soi. » Et la Pologne fut étranglée, mais non sans
s'être courageusement défendue.

Cette guerre suscita des enthousiasmes jusque dans la plus
haute société polonaise. Une jeune fille noble, Emilie Plater,
véritable Jeanne d'Arc moderne, leva une compagnie de soldats
et se mit à leur tête. Elle voulait, disait-elle, mourir en regardant
ses armes [3]. Malgré quelques succès dus à des prodiges de bra-
voure et d'audace, Varsovie fut prise le 8 septembre 1831. La
Pologne était vaincue.

Dans son cours du Collège de France, Mickiewicz a glorifié le
nom d'Emilie Plater en lui associant le nom d'une autre héroïne,

---

(1) La traduction du *Faris* et des *Sonnets de Crimée* est de Mickiewicz lui-même qui offrit la dédicace de ces derniers à David d'An-
gers.

(2) Prononcez : ianski.

(3) *Emilie Plater, sa vie et sa mort*, par J. Straszewicz, préface de
Ballanche. Paris, 1835, in-8°. Orné de cinq portraits hors texte litho-
graphiés et coloriés. Cet ouvrage est assez rare.

Claudine Potocka, qui se dévoua pendant toute la campagne à soigner les blessés [1].

Le gouvernement prussien livra au czar les soldats polonais qui s'étaient réfugiés en Prusse ; quant aux officiers, ils furent laissés libres de gagner la France. Alors commença la grande émigration. De nombreux Polonais se rendirent à Paris où ils reçurent l'accueil le plus bienveillant ; parmi eux se trouvait Bogdan Janski.

On peut penser avec quel intérêt, avec quelle émotion, Burgaud des Marets suivait le cours des événements. Versé dans la langue polonaise, traducteur d'une œuvre importante d'Adam Mickiewicz, il n'avait qu'un seul désir, celui de soulager, par tous les moyens possibles, les malheureux exilés. Il leur ouvrit sa maison et sa bourse, et se lia d'une étroite amitié avec Janski, auquel il dut la joie de connaître Adam Mickiewicz.

Près d'un siècle nous sépare de l'année 1830, et la Pologne vient de subir une fois de plus les horreurs d'une guerre atroce. Une fois de plus, Français et Polonais ont combattu côte à côte pour le salut de la liberté, pour un idéal qui ennoblit les individus et grandit les nations. La victoire a couronné nos armes fraternelles. La Pologne va renaître de ses cendres héroïques pour vivre désormais dans la gloire de son passé, dans la paix d'un avenir meilleur. Et cette prédiction de M. Ladislas Mickiewicz se trouve ainsi réalisée : « Qui sait si un jour Polonais et Français ne communieront point, dans une même pensée de revendication, sur le tombeau du poète-martyr [2] qui mourut en France parce que les Prussiens lui avaient dérobé sa patrie ? »

Il n'est pas sans intérêt de s'arrêter ici sur Bogdan Janski. Ce curieux personnage était de trois ans plus jeune que Burgaud, étant né vers 1809, à Ciéchanowiec, dans le Palatinat de Plock. Il avait été chargé, avant la révolution, d'une mission à l'étranger aux frais de l'Etat. A son retour, il obtint une chaire à l'Ecole polytechnique de Varsovie. Dans le courant de l'année 1831, il émigra et vint à Paris, n'ayant pour toute subsistance que le maigre salaire de ses articles littéraires et de quelques leçons.

---

(1) *Slaves.* III. p. 317.

(2) Le poète polonais Etienne Garczynski, né dans le duché de Posen en 1806, mort en exil à Avignon, où il est inhumé, le 20 sept. 1833. [Cf. L. Mickiewicz, *Mélanges,* op. cit. p. 207].

Peu après, il se lança dans le Saint-Simonisme avec Pierre Leroux, Jean Raynaud et L.-H. Carnot, et prit parti pour Bazard contre Enfantin. En 1833, Janski, A. Mickiewicz et J. Domejko allèrent habiter rue Cassini, près de l'Observatoire. Ces trois fervents patriotes firent alors paraître le *Pèlerin polonais*, rédigé presque en entier par Mickiewicz. Tous les articles de ce journal ont été traduits dans *La Politique du xixe siècle*.

Le caractère de Janski se ressentit bientôt d'une maladie de poitrine dont il souffrait depuis longtemps. Il devint mélancolique et de plus en plus solitaire. En 1836, il loua, au n° 11 de la rue Notre-Dame-des-Champs, une petite maison, pour y vivre en Polonais « d'une vie tout à la fois nationale et religieuse. » Cette sorte de phalanstère cessa en 1840, faute de ressources, mais Janski continua seul son apostolat, jusqu'au moment où sa maladie, devenue plus grave, l'obligea de se rendre à Rome où il mourut le 2 juillet 1843.

Durant son séjour à Paris, Janski ayant appris que la fille d'un de ses amis se trouvait dans une maison publique, il résolut de l'épouser pour l'arracher à sa vie honteuse, mais cette femme incorrigible retourna peu après au lupanar [1].

Bogdan Janski repose à Rome, au *Campo Verano*. Une longue inscription rappelle les pricipaux épisodes de la vie de cet apôtre de la vertu et de la liberté, qui méritait vraiment les lettres enthousiastes que lui adressait, du fond de la Saintonge, son ami Burgaud des Marets.

Ce dernier profita de ses relations avec les Polonais pour se perfectionner dans la connaissance de leur langue. Il vibrait à l'unisson des malheureux proscrits qui se réunissaient souvent pour réciter les poèmes de leur compatriote Mickiewicz. Il fut obligé toutefois d'abandonner ces réunions, pleines pour lui de charme et d'enseignement, afin de se rendre à Jarnac où l'appelait son père. Celui-ci n'alla-t-il pas jusqu'à reprocher à son fils

---

(1) Renseignements verbaux fournis par M. Ladislas Mickiewicz, et *Mémorial de la Légion polonaise de 1848, créée en Italie par Adam Mickiewicz*. Publication faite d'après les papiers de son père, avec préface et notes par Ladislas Mickiewicz. Paris, Librairie du Luxembourg, 1877, in-16. Un 2e volume a paru chez l'auteur, 7, rue Guénégaud, Paris, 1909 (fig.) in-16, et un 3e en 1910 (fig.) in-16. Cet ouvrage est du plus grand intérêt.

de dépenser trop largement sans rien produire ! — et le duel recommença entre Mercure et Apollon.

Notre héros, qui s'était créé de nombreuses et bonnes relations, ne voulut pas céder, mais, en fils soumis, il resta quelques temps dans sa famille, pour essayer de gagner peu à peu son père.

Il n'oubliait pas ses anciens amis, et c'est de Jarnac qu'il écrivit à Janski les quatre lettres suivantes, dont les originaux se trouvent dans les Archives des P.P. de la Résurrection de N. S. J.-C., à Rome [1]. Nous devons déplorer la perte des lettres de Janski qui eussent éclairé bien des lacunes de la vie de Burgaud à cette époque.

La première lettre, non datée, a dû être écrite dans le courant du mois d'août 1832, puisqu'il y est fait allusion à la présence de Mickiewicz à Paris, où celui-ci arriva le 1ᵉʳ août 1832.

*
* *

« Mon cher Janski,

Je croyais avoir en vous un ami. Votre éternel silence me donne à penser que je me suis trompé ; permettez-moi de ne pas vous oublier et par obligeance, si ce n'est par amitié, apprenez-moi ce que vous faites. Que vous devez être fier d'être Polonais : si nous avions un gouvernement qui eût le sentiment de la France, vous auriez bientôt votre patrie libre ou nous serions esclaves ensemble.

Il n'est pas dans cette contrée une simple chaumière où la nouvelle d'une de vos victoires ne soit une fête, où la crainte d'une défaite ne fasse couler des larmes. Le peuple qui paie la guerre de son or et de son sang la voudrait pour vous sauver, et quelques intrigants veulent la paix pour rester ministres. Aurez-vous une patrie ? ou bien redirez-vous :

> tu tylko w sercu, tu sie ochroniło, etc.[2]

J'ai lu dans un journal que M. Mickiewicz était arrivé à Paris.

---

(1) C'est à l'obligeance de M. l'abbé P. Ladislas Marszalkiewicz, consultore della sacra Congregazione dei Religiosi, à Rome, que nous devons la copie de ces quatre lettres.

(2) « Ce n'est qu'ici, dans le cœur, que s'est réfugié... » *Konrad Wallenrod*, épisode du banquet. Trad. verbale de M. L. Mickiewicz.

Est-ce bien vrai ?... Pour le voir, je sacrifierais bien des considérations qui me retiennent ici ; je ne l'admire plus, je l'idolâtre. Il n'y a que lui qui puisse chanter la Pologne libre. Mais la verra-t-il libre ? Mon cher ami, je ne vous écris que deux mots pour voir si vous me répondrez. Je ne sais encore point l'époque de mon départ pour Paris. Donnez-moi, si vous en avez, des nouvelles de MM. Bibicki, Zubelewicz, et de tous les braves Polonais que j'ai connus.

Tout à vous.

H. Burgaud des Marets,

à Jarnac, départ. de la Charente. »

*
* *

« Votre lettre, mon cher Janski, m'a fait du bien. J'avais besoin de vous savoir vivant et toujours mon ami. Oh ! que vous m'avez mal jugé, en supposant que je me vengeais de votre indifférence par l'oubli. Souvent j'ai besoin d'indulgence, j'en ai toujours pour les autres. Allons, laissons-là le passé, mon cœur vous est ouvert ; je vous tends la main, pressez-la et ne me donnez plus le sujet de douter de votre attachement. Je vous parlerai franchement. Je suis coupable aussi : j'ai eu un cruel soupçon. Un soir, dans mes tristes rêveries :

Obiegłszy myslą całe zycia koło ;[1]

j'ai été tourmenté d'une affreuse idée. Janski se serait-il fait Russe ? Oh ! non, vous aviez lu, dévoré Mickiewicz. Je me suis dit : un Polonais qui saurait par cœur le chant du *Wejdelote*[2] mourrait de remords dès l'instant qu'il y aurait pour lui un nom plus doux que le nom de patrie.

Il est donc à Paris mon ange, mon dieu, mon poète à moi ! Baisez-lui les deux mains et demandez-lui grâce. Dans mon zèle inconsidéré, je me suis trop pressé de publier ma mauvaise traduction. Vous savez pourquoi et comment cela s'est fait. Il me reste une triste consolation ; j'ai brisé les bras à la Vénus de Praxitèle, mais ses traits sont encore divins.

---

(1) « Ayant parcouru par la pensée tout le cercle de la vie... » *Konrad*, *ibid*.

(2) Episode de *Konrad Wallenrod*.

Vous serez mon avocat, n'est-ce pas ? Je mérite un pardon en faveur de mes projets. Savez-vous que j'ai souvent eu l'idée de courir après Mickiewicz. Je serais allé le trouver en Crimée, en Sibérie, s'il eût fallu. Je voulais l'étudier, m'inspirer à son souffle, et puis quand je me serais senti assez poète, j'aurais pris la plume.

Mon cher Janski, mon excellent ami, M. Menière [1] a dû remettre à Mickiewicz un exemplaire de *Konrad*. Je vous remets un billet pour M. Denain [2]. Usez-en, si c'est utile.

Adieu, écrivez moi, parlez-moi de vous. Offrez à Mickiewicz mon admiration, mon dévouement, mon âme.

Votre dévoué,

H. Burgaud des Marets.

Jarnac, 23 novembre 1832. »

*
* *

Grâce à cette lettre, aucun doute ne doit plus subsister maintenant sur la paternité de la première traduction de *Konrad Wallenrod*. Il est regrettable que M. Ladislas Mickiewicz n'ait pas connu plus tôt ces lettres viriles et charmantes ; cela lui aurait évité de rudoyer dans un de ses ouvrages le traducteur enthousiaste et l'ami intime de l'illustre poète.

*
* *

« Jarnac, 7 décembre 1832.

Mon ami, je vous ai retrouvé : je m'en réjouis. Laissons-là le passé. Pourquoi me parlez-vous de mon indulgence et de ma bonté ? Je suis juste et sincère, voilà tout. Moi, je reconnais que vous n'êtes pas coupable, moi je ne vous reproche rien. Je vous plains, je vous aime, je souffre avec vous. Oh ! je connais le

---

(1) Prosper Menière, médecin de la duchesse de Berry, auteur d'un ouvrage sur la captivité de la duchesse à Blaye (1833). Dans son *Journal* (Paris, Plon, 1903, in-8°, portr.), le Dr Menière ne dit pas un mot de Burgaud des Marets.

(2) A.-J. Denain, libraire, rue Vivienne, 16 ; éditeur avec Gagnard, quai Voltaire, 15, de la traduction de *Konrad Wallenrod*, 1830.

supplice d'un cœur sensible, je suis né sous la même étoile que vous. Je comprends tout ce que vous me dites : dans votre lettre il y a l'histoire de toute une vie... de deux plutôt. Car moi aussi j'ai eu mes luttes à soutenir, le combat dure encore, et je sens que mon âme se brise. Les malheurs domestiques ne sont pas tous pour vous, j'en ai ma part aussi. Mais, c'est égal, j'ai encore des larmes pour mes amis, et pour les souffrants. Devinez d'où j'arrive à l'instant, mon cher Janski ? Je viens d'accompagner une colonne de frères, de braves, de Polonais. Nous les avons reçus avec enthousiasme. J'ai vu de vos anciens camarades. Quelles âmes ! on dirait que Mickiewicz les a trempées en les lançant *w jedno ognisko* [1].

Vous me parlez bien peu de mon poète. Lui avez-vous baisé la main ? m'avez-vous mis à ses genoux ? dites-moi, est-ce bien vrai qu'il n'a pas paru mécontent de ma traduction ? J'attends le volume que vous m'annoncez avec tant d'impatience que je n'en dors pas. Priez Mr. Mickiewicz d'y inscrire son nom. Je veux le baiser, le couvrir de mes larmes. Dans peu, je l'espère du moins, je vous reverrai ; mais je ne puis encore vous fixer le jour.

Adieu, croyez à l'attachement de votre dévoué.

H. Burgaud des Marets.

P. S. Vous savez qu'au grand bureau des postes, on affranchit les livres pour la province. Le volume dont vous me parlez coûterait peut-être dix sous de port. Voudriez-vous avoir la bonté d'employer ce moyen. Ce sera le plus sûr et le plus expéditif. Je vous tiendrai compte de vos déboursés. Adieu. »

« Jarnac, 5 mars 1833.

Demandez-moi pardon, mon ami, vous êtes bien coupable : vous m'accablez d'un honneur peu mérité et que le sentiment de ma faiblesse ne m'eût pas permis de solliciter de vous. J'accueille votre proposition avec enthousiasme ; mon regret est de ne pouvoir, à défaut de talent, offrir à la Pologne que ma vie et mon âme. Si vous saviez tous mes rêves, si vous saviez tout ce qui m'attache

---

(1) « réunies en un seul faisceau... », *ibid.*

à votre patrie, vous ne me feriez pas l'injure de douter de mon acceptation. Je ne risque rien, dites-vous : et que m'importe le danger ? en compagnie de Mickiewicz et de vous, je traverserais l'enfer sans sourciller et sans me plaindre. Mon dévouement à la Pologne ne date pas d'un jour. Soyez sûr qu'il augmenterait encore dès l'instant où il y aurait du courage à le manifester.

Je n'ai point reçu le tout petit livre que vous m'annoncez : s'est-il égaré ou perdu ? Je le crains ; c'est une grande contrariété, car je suis sûr que ce livre est beau.

Je vous aime plus encore, depuis que vous m'avez approuvé dans mon projet de traduire tout Mickiewicz. Je suis déjà fort avancé. Votre idée est excellente ; on peut dire que l'ouvrage est sous presse. Je vous demande seulement de ne pas dire mon nom véritable. Celui que je veux prendre, le voici : I. Gap. Le motif est tout entier dans l'intérêt du poète : je veux qu'on l'admire. Pas autant qu'il le mérite, c'est impossible, mais assez du moins pour que son nom se popularise en France. J'emploierai mes amis. Je ne négligerai rien d'honorable et d'utile. Vous concevez que je ne voudrais point faire de démarches pour une œuvre où mon nom serait accolé. On croirait que c'est prétention ridicule de ma part ; mes amis pourraient m'accuser de vouloir partager la gloire de Mickiewicz, lorsque je ne songe qu'à ce dernier.

Peut-être comprendrez-vous difficilement le motif qui m'empêche de voler vers Paris ? C'est une contradiction avec les sentiments que vous me connaissez... mais vous le savez, la vie *d'un homme* est pleine de bizarreries et de drame. Quand on l'accuse de loin, on se trompe presque toujours. Moi, je vous le jure, quand vous paraissiez m'avoir oublié, je n'avais pas désespéré de vous... J'avais pressenti le combat affreux que soutenait votre âme... Je vais enfin tâcher de tout surmonter... J'ai grand espoir que dans quinze ou vingt jours, je pourrai vous presser la main. S'il survenait quelque obstacle infernal, je vous enverrai [*sic*] une partie de ma traduction... Je veux que Mickiewicz soit mon ami : je le verrai dans un mois, je puis presque le jurer.

Adieu, votre dévoué

H. Burgaud des Marets.

P. S. Ne tardez pas trop à me répondre. »

Jamais poète n'eut de plus fervent admirateur. Jamais poète ne suscita un tel enthousiasme. Quelle fière compréhension de la liberté ; quel culte de la patrie, quels sentiments délicats et poétiques ! Burgaud des Marets vénère le génie dans une de ses plus splendides incarnations, il oublie ses propres ennuis pour ne songer qu'à sonner la gloire du poète exilé.

« Lorsqu'il naît dans une nation un individu capable de produire une grande pensée, a dit Joubert, il en naît un autre capable de la comprendre et de l'admirer. »

Cet enthousiasme, dira-t-on, est le fait de la jeunesse ; ces lettres se ressentent de l'époque où elles furent écrites. Il n'en est rien. Burgaud des Marets a servi toute sa vie la cause du beau et du bien en conservant l'enthousiasme d'une pure jeunesse. Quarante ans plus tard il parlera de ses admirations avec la même chaleur d'âme.

Tour à tour avocat, traducteur, bibliophile, poète, éditeur, philologue, Burgaud aborda tous les genres. Mais il excelle dans le genre épistolaire. Nous sommes convaincu que les quelques lettres publiées dans ce volume révèleront un côté curieux de sa personnalité.

Enthousiastes ou simplement enjouées, érudites ou satiriques, amicales ou affectueuses jusqu'à l'attendrissement, ses lettres sont magnifiques. On sent vraiment qu'elles émanent d'un esprit viril mis au service d'une belle âme et d'un noble cœur.

Le volume dont il est question dans les deux dernières lettres que nous avons reproduites est sans aucun doute une œuvre de Mickiewicz, un exemplaire des *Dziady*, peut-être, puisque l'auteur de la lettre désire que le poète [Mickiewicz] y inscrive son nom. Il a été malheureusement impossible de retrouver la correspondance de Janski, qui seule aurait pu nous éclairer sur la nature de cet ouvrage et sur bien d'autres points.

On voit aussi dans la dernière lettre que, l'un des premiers, Burgaud eut l'idée de traduire l'œuvre entier de Mickiewicz, sous le pseudonyme de I. Gap. Le généreux Saintongeais poussa plus loin encore la modestie. Ses deux principales traductions : *Konrad Wallenrod* et les *Dziady*, parurent d'une façon tout à fait anonyme. Au reste, nous n'avons rencontré dans aucune bibliographie, dans aucun dictionnaire, le pseudonyme qu'il s'était choisi, et la traduction des autres œuvres de Mickiewicz fut abandonnée, hélas, comme beaucoup d'autres projets.

Nous connaissons les motifs qui l'empêchaient de se rendre à Paris : la lutte, toujours la lutte entre le commerce et les lettres. Usant d'un moyen radical, son père lui avait « coupé les vivres. »

Quant à l'honneur « peu mérité » dont on « l'accable » c'est sa nomination de membre de la Société historique et littéraire de la Pologne qui venait d'être fondée, et dont le président était le comte Louis Plater, cousin de l'héroïque Emilie dont nous avons parlé plus haut [1].

Des notabilités de toutes les nations tinrent à honneur de faire partie de la jeune et déjà renommée société. Il suffit de citer au hasard : Thomas Campbell, Chalmers, Fenimore Cooper, C.-R. Fergusson, Alphonse d'Herbelot, Charles de Montalembert, Toulouzan, Wiedmann, Edouard Bignon, Hippolyte Carnot, Odilon Barrot, Henri Reeve, Charles Barbieri, etc., pour comprendre que Burgaud des Marets serait là en bonne compagnie.

Flatté de cette marque d'estime qu'il méritait plus qu'aucun autre, il remercia la société par la lettre suivante, adressée à son président :

« Monsieur le Comte,

Vous m'offrez une distinction que je ne crois point avoir méritée par quelques travaux littéraires sans importance. Je l'accepte de tout cœur ; mais je sens que je ne la dois qu'à mon dévouement à votre noble cause. Veuillez témoigner à la Société mes sincères remerciements et lui donner l'assurance que si je ne réussis pas à me rendre digne de l'honneur qu'elle me fait, du moins je

(1) Nous engageons vivement le lecteur à visiter, s'il ne les connaît déjà, la Bibliothèque et le Musée polonais, 6, quai d'Orléans, à Paris. Il y verra une grande quantité de souvenirs de la Pologne, de nombreux portraits de ses héros, d'Adam Mickiewicz, de ses amis, et des notabilités de tous les pays qui ont contribué à faire connaître et aimer cette malheureuse nation.

Un autre Musée-Bibliothèque polonais très important, et non moins intéressant, a été édifié à Rapperswill, près Zurich (Suisse) ; il a été ouvert au public pour la première fois le 23 octobre 1870.

Nous sommes heureux d'avoir enrichi ces deux musées du portrait de Burgaud des Marets qui méritait bien cet honneur.

n'épargnerai aucun effort pour y parvenir. J'aime la Pologne comme ma mère : je suis fier de ses illustrations comme s'il en tombait un reflet sur moi. J'ai déjà quelques travaux achevés, et j'espère avec le concours de la Société réaliser des projets importants.

Agréez, Monsieur le comte, l'assurance de ma haute considération.

Henri Burgaud des Marets,
né le 2 novembre 1806. » [1]

*
* *

Burgaud était à Paris au moment où il écrivait cette lettre, car celle-ci, simplement pliée, fut sans aucun doute portée à son destinataire par un exprès. La suscription suivante figure au verso de la deuxième page :

« Monsieur le comte Louis Plater,

11, rue de la Pépinière,

Paris. »

*
* *

François Burgaud avait enfin cédé aux supplications de son fils, et abandonné pour toujours l'idée de l'associer à son commerce. Il le laissa libre d'aller désormais habiter la grande ville pour y poursuivre la réalisation de ses goûts littéraires.

Ravi de la détermination paternelle, confiant dans l'avenir, mis en possession d'une part de fortune assez considérable pour l'époque, Burgaud des Marets va pouvoir, en toute liberté, se mêler aux savants et aux artistes. Il aura bientôt ses entrées partout, car sa personne est des plus séduisantes.

(1) L'original se trouve à la Bibliothèque polonaise, à Paris : *Registre des Actes de la Société littéraire, in-folio III.* 295-425. 1833. Cette lettre, non datée, doit être du milieu d'avril 1833. En effet, les pièces contenues dans ce registre sont généralement classées dans l'ordre chronologique, et la lettre de Burgaud se trouve insérée entre deux documents respectivement datés des 12 et 14 avril 1833, date qui correspond d'ailleurs avec la lettre à Janski du 5 mars 1833. La lettre est de format petit in-4°, sur papier rose, et d'une très belle écriture.

Burgaud était de taille moyenne, avec beaucoup d'élégance dans les formes. Il avait le visage beau, d'un ovale un peu allongé, et toujours soigneusement rasé ; le teint mat, le nez bien dessiné, la bouche fine et spirituelle, les yeux noirs, les cheveux également très noirs et bouclés. D'un goût raffiné, soigneux de sa personne, Burgaud s'habillait avec une certaine recherche et à la mode du jour. C'était un gentleman accompli au dire de ses contemporains.

Chez lui, le moral ne le cédait en rien au physique : discret, modeste, un peu timide, gai sans exubérance, avec une pointe de malice rachetée par une exquise bonté. Il avait une âme d'artiste et un cœur de philanthrope. Aimant par dessus tout l'indépendance, il fuyait les réunions tapageuses et les camarades qui gaspillent le temps en niaiseries. D'une fidélité à toute épreuve en amitié, il était par contre ombrageux à l'excès et très susceptible sur le point d'honneur.

Sa distinction naturelle suggéra à son ami Antoine d'Abbadie [1] l'idée baroque de faire courir plus tard dans les salons le bruit que Burgaud des Marets était un bâtard de Napoléon. Il est inutile de chercher à réfuter une telle « blague ». Coutumier de ces sortes de plaisanteries, A. d'Abbadie avait en outre la réputation d'un causeur intrépide et légèrement mystificateur. Nous reviendrons plus loin sur ce personnage.

*
* *

Bien qu'adorant l'étude, notre savant ne se croyait pas du tout obligé de s'enfermer dans sa tour d'ivoire. Il aimait au contraire aller au spectacle, dans les ateliers d'artistes, dans les salons. Il eut, comme tout lion à la mode, plusieurs aventures galantes, une entre autres avec une artiste des *Italiens*, dont nous n'avons pu retrouver la trace ni le nom. Personne ne lui a jamais connu d'autre liaison. Il recherchait cependant la société des femmes auprès desquelles il était d'une politesse et d'une galanterie exquises. Il aimait leur conversation et la beauté de leurs traits. Malgré tout, son célibat donna prise à bien des médisances : on fit courir sur

---

(1) Antoine-Thomson d'Abbadie, savant voyageur, membre de l'Académie des sciences, né à Dublin en 1810, mort à Paris le 19 mars 1897. Il a publié une foule d'ouvrages dont plusieurs sont remarquables.

lui des bruits aussi ridicules que malveillants. Louis Lacour racontait un jour à Maurice Tourneux que Burgaud aimait à s'entourer de jolies servantes, qu'il ne craignait point de courtiser, et que ces amours ancillaires auraient eu des suites. Nous n'avons nulle part trouvé confirmation de cette assertion, et nous en laissons toute la responsabilité à son auteur.

Cette anecdote est d'autant plus sujette à caution que Burgaud eut à son service, pendant fort longtemps, un couple d'excellents serviteurs. Le mari mourut chez lui, tandis que sa veuve continua de le servir jusqu'à ses derniers jours ; c'est du reste cette brave femme qui lui ferma les yeux.

Dès son retour définitif à Paris, au mois d'avril 1833, Burgaud fit la connaissance d'Adam Mickiewicz, par l'entremise de Janski, leur ami commun. A partir de cet instant, une indissoluble amitié se noua entre ces deux hommes éminents. Burgaud marqua d'une pierre blanche ce jour mémorable et appartint désormais, corps et âme, au poète polonais.

Auréolé par le génie et par les malheurs de l'exil, tel un Dante moderne, Mickiewicz fut sollicité par les plus grands noms de la littérature, des arts et des salons. Ses œuvres projetaient un éclat romantique qui venait à point renforcer le foyer de la légion parisienne. On s'empara de lui comme on s'empare de tout grand homme, et nous soupçonnons l'âme délicate de Burgaud d'avoir souffert du partage intéressé de son poète favori.

De nombreux articles furent consacrés à celui-ci par les sommités littéraires. George Sand écrivit une étude importante dans la *Revue des Deux-Mondes* [1], dans laquelle elle fit le plus grand éloge de Mickiewicz, qu'elle place même au-dessus de Gœthe et de Byron. Son article eut le succès qu'elle en attendait, car il contribua à faire obtenir à Mickiewicz, l'année suivante, la chaire de langue et de littérature slaves au Collège de France.

Le seul qui eût pu parler en connaissance de cause gardait un silence vraiment trop modeste. Il faut bien dire aussi que ce genre de réclame répugnait au caractère de Burgaud. Se contentant

____

(1) Essai sur le drame fantastique, .Gœthe, Byron, Mickiewicz. *Revue des Deux-Mondes* du 1er décembre 1839, p. 625-645.

d'étudier à fond son poète, jusqu'à en posséder par cœur le moindre vers, il oubliait que la plus belle œuvre ne peut se passer de publicité : Dieu même a besoin qu'on le sonne, a dit Lamartine.

Parmi les œuvres de Mickiewicz, il en est une pour laquelle Burgaud se passionna davantage : *Dziady* [1]. Deux parties de ce poème avaient été publiées à Wilna en 1823 ; une troisième vit le jour à Paris en 1832. Il se mit à les traduire, et les premières pages de son travail parurent dans *le Polonais* en septembre 1833, sous le titre suivant : *Fragmens des Dziady*, poème d'Adam Mickiewicz, traduits en français par Burgaud des Marets.

Dans le curieux ouvrage consacré à la mémoire de son père [2], M. Ladislas Mickiewicz discute longuement la préface et la traduction des *Dziady*. Quelques erreurs s'étant glissées dans cette critique, il est de notre devoir d'en dégager la vérité. Voici ce qu'écrivait M. L. Mickiewicz :

« *Le manuscrit du Coup d'œil sur les Dziady, qui paraît ici, avait été relié en tête d'une traduction de ce poème, et le traducteur avait cédé, par voie d'échange, l'exemplaire ainsi enrichi d'un autographe d'Adam Mickiewicz à la Bibliothèque du Louvre, où il était placé sous la cote D. 1334 J. B. Ayant eu l'occasion de travailler dans la Bibliothèque du Louvre, ces quelques pages d'Adam Mickiewicz me tombèrent sous la main, et j'en pris aussitôt copie. On sait qu'en mai 1871 pas un volume de cette magnifique collection n'a échappé aux flammes. L'origine du Coup d'œil saute aux yeux. M. Burgaud des Marets, après avoir traduit une partie des Dziady, s'est trouvé fort embarrassé d'avoir à parler de ce poème dans sa préface. Il alla confier ses transes à l'auteur et le pria de jeter à son intention quelques lignes sur le papier. Il devait être si effaré de la singularité de l'œuvre qu'il avait interprété que l'auteur, jugeant du public d'après M. Burgaud des Marets, le considéra lui-même comme plus difficilement perceptible aux étrangers qu'elle ne l'est en réalité. Nous renvoyons le lecteur, curieux de voir comment les quelques pages d'Adam Mickiewicz ont été refondues par M. Burgaud des Marets, à la*

---

(1) *Dziady*, ce mot signifie : les aïeux ; il s'applique également aux cérémonies faites en l'honneur des ancêtres, des morts.

(2) *Mélanges posthumes d'Adam Mickiewicz*, publiés avec introduction, préfaces et notes par Ladislas Mickiewicz, 2e série. Paris, Librairie du Luxembourg, 1879, gr. in-18 (voy. p. 215-216 et 261 à 266).

préface de cet écrivain (ci-dessous, notes). Il chercha avant tout à donner au style plus d'élégance, sans succès la plupart du temps[1].»

Dans sa préface (p. III), Burgaud dit tout le contraire : « Dans l'impossibilité de reproduire en prose cette variété infinie de tons, j'ai pensé qu'il était bien de conserver toutes les tournures de l'original aux dépens de l'élégance et d'une scrupuleuse correction ; pour éviter aussi de longs commentaires, j'ai fait de nombreuses coupures. Si la traduction toute imparfaite de ces fragments excite quelque intérêt, je me propose de la compléter. »

« Ne nous étonnons pas, continue M. Ladislas Mickiewicz, si le sentiment qui domine en lui, c'est la crainte d'être incompréhensible, s'il répète, dans une de ses notes, qu'il préfère tronquer le poème plutôt que d'ajouter de longues explications. Il n'est pas permis de supposer que le rôle de commentateur l'eût sensiblement gêné, assuré qu'il était de l'aide précieuse de l'auteur. Mais il recula devant la tâche ingrate de commentaires qui auraient dû parfois être plus étendus que le texte. Cette nécessité de ne rien laisser d'obscur dans l'esprit du lecteur étranger, que sentait si vivement M. Burgaud des Marets, est une justification du système de notes étendues que nous avons nous-même adopté. Plus la littérature polonaise sera appréciée en France, et moins de pareils commentaires seront utiles, mais en attendant, ils nous ont paru indispensables [2]. M. Burgaud des Marets commença la publication de sa traduction dans Le Polonais, journal des intérêts de la Pologne. *Un fragment de la deuxième partie parut dans le n° de septembre 1833, avec un avant-propos de la réduction. Un fragment de la 4ᵉ partie (non compris dans la réimpression en volume) parut dans le n° de février 1834. En revanche, le volume contient des fragments de la 3ᵉ partie qui n'avaient pas parus dans*

---

(1) Longtemps après ce jugement sévère, M. Ladislas Mickiewicz, corrigé de ses préventions, écrivait cette phrase dans l'Introduction à un ouvrage de son père : « Burgaud des Marets donna en 1834 une traduction élégante des *Aïeux*. » [Cl. *Les Slaves*. Cours professé au Collège de France, 1842-1844. Paris, au Musée Mickiewicz MCMXIV [1914], in 8ᵒ fig. *Introd.* p. XV.]

(2) En effet, les ouvrages de M. Ladislas Mickiewicz sont bourrés de notes et de commentaires qui noient le texte. Burgaud ne pouvait adopter ce système qui lui aurait donné une sorte de prédominance sur l'auteur, ce qu'il ne voulait à aucun prix.

Le Polonais, *et la traduction des pages précédemment publiées
porte la trace de nombreuses corrections. Ces corrections émanées
de l'auteur, qui refit également le fragment de la 3ᵉ partie qui lui
avait été soumis, furent si notables, que M. Burgaud des Marets
ne considéra plus la traduction comme sienne et que, tandis que
dans* Le Polonais *son nom avait figuré, le volume parut anonyme.* »

M. Ladislas Mickiewicz parle un peu sévèrement du traducteur
dont le zèle et le savoir ne peuvent être mis en doute d'une façon
aussi péremptoire. Le but de celui-ci était de faire connaître les
Dziady aux lecteurs français, et de leur communiquer l'enthousiasme qu'il ressentait lui-même pour ce poème dantesque. Y
est-il parvenu ? nous le saurons bientôt.

Tout d'abord la critique générale de M. L. Mickiewicz est en
contradiction formelle avec les lettres à Janski que nous avons
lues plus haut.

Le volume de la traduction avec l'autographe d'Adam Mickiewicz « cédé par voie d'échange à la Bibliothèque du Louvre » fait
d'ailleurs l'objet d'une autre version à la page 263 de l'ouvrage
de M. Ladislas Mickiewicz : « pour qu'elle ne se perdît pas [la
préface] il la fit relier en tête de son exemplaire qu'il offrit ainsi
à la Bibliothèque du Louvre ». C'est cette dernière version qui
est la bonne. Burgaud des Marets avait offert deux autres ouvrages
précieux à la même Bibliothèque qu'il fréquentait assidûment et
où il comptait de nombreux amis [1].

---

(1) *Les Manuscrits de la Bibliothèque du Louvre brûlés dans la nuit
du 23 au 24 mai 1871, sous le règne de la Commune*, par Louis Paris,
directeur du Cabinet historique. Paris, au Bureau du Cabinet historique,
5, rue des Grands-Augustins, 1872, in-8°.

Nº 317. Les OEuvres de Rabelais, édit. de 1711. Cet imprimé interfo-
lié contenait un commentaire des quatre premiers livres, par l'abbé Mo-
rellet. La perte de cet ouvrage est infiniment regrettable.

Nº 318. Notes et remarques de l'abbé Lenglet du Fresnoy sur le livre
de Rabelais. Un vol. pet. 4°, assez fort. Nous n'avons pas la cote de ces
deux numéros, relatifs à Rabelais, que nous ne connaissons que par une
note officieuse de M. Burgaud Desmarets (*sic*) qui en avait enrichi la
Bibliothèque du Louvre.

Nº 323. A. Mickiewicz. Manuscrit du grand poète polonais d'un haut
intérêt pour les admirateurs de son génie : « Le Poète, nous écrit M.
Burgaud Desmarets, a laissé inachevée une œuvre intitulée : *Les Dgiady*
(*sic*). Ce qui est bizarre : c'est que le 2ᵉ, le 3ᵉ et 4ᵉ chants étaient publiés

En écrivant que Burgaud des Marets « devait être si effaré de la singularité de l'œuvre... » M. L. Mickiewicz fait une supposition toute gratuite. En effet, comment admettre qu'un auteur ayant déjà traduit *Konrad Wallenrod* et d'autres poésies polonaises put *s'effarer* d'une œuvre qu'il jugeait finement et beaucoup mieux certainement que ne l'a fait George Sand, quoiqu'en dise l'éditeur des *Mélanges*. Mais l'auteur d'*Indiana* avait déjà à cette époque une certaine notoriété, et son étude de la *Revue des Deux-Mondes* fit plus pour la renommée du poète que toutes les traductions du modeste et savant Burgaud des Marets.

Un critique des plus qualifiés, T. de Wyzewa, vient renforcer notre opinion : « Et c'est le sentiment chrétien qui, joint à l'exaltation passionnée de son patriotisme, lui inspira [à Mickiewicz] en 1832, ce *Troisième chant des Aïeux* que George Sand, ici même, plaçait jadis au-dessus de *Faust* et de *Manfred* [1]. En réalité, pourtant, George Sand n'avait pas compris le sens et la portée de cette œuvre singulière [2] ».

Si le lecteur veut bien se reporter à la lettre, citée plus haut, (du 7 déc. 1832) de Burgaud à Janski, il y verra qu'Adam Mickiewicz lui-même n'avait pas paru *mécontent* de la traduction de *Konrad*, et l'on sait ce que vaut une telle expression sous la plume d'un homme modeste : celui-ci reçoit les conpliments chaleureux d'un grand poète, et il écrit à une tierce personne : « est-ce bien vrai que le poète n'a pas été mécontent de mon travail. » Tel est, selon nous, le sens du terme employé par Burgaud.

Dans sa lettre du 5 mars 1833 au même, le traducteur remercie Janski d'approuver son projet de traduire tout Mickiewicz. Or, il est impossible de supposer que ces deux notoires Polonais : Mickiewicz et Janski, intéressés pour plusieurs raisons au succès de cette traduction, eussent été assez naïfs pour encourager un écrivain dont la compétence leur eût paru douteuse.

En outre, au moment où le volume allait paraître, peu après la

et le premier point. » Dans le manuscrit brûlé, Mickiewicz donnait précisément le plan de son poème. On nous assure, et nous sommes heureux de le consigner ici, que Mickiewicz fils a pu prendre copie, à la Bibliothèque du Louvre de ce qui s'y trouvait du manuscrit de son père.

(1) Voyez la *Revue* [des Deux-Mondes] du 1er déc. 1839 (Note de T. de Wyzewa).

(2) L'œuvre poétique d'Adam Mickiewicz (*Rev. des Deux-Mondes* du 15 mai 1901, p. 467).

publication des trois fragments dans *Le Polonais*, en 1833-1834, un article de ce même journal (n° 12. Juin 1834, p. 257-261), signé : J. M. [1], disait après un éloge du poème des *Dziady* : « Nous regrettons que M. Burgaud des Marets ne nous ait pas donné une traduction complète. Cependant, que de beautés dans ces quelques pages ! quelle poésie ! quelles pensées ! quelle n'aurait pas écrit ces lignes élogieuses dans un journal consacre force !... » Si la traduction eût été mauvaise, l'auteur de l'article spécialement à la littérature polonaise et lu par une élite. Les corrections qu'aurait pu faire ensuite Mickiewicz, pour la publication en volume, ne donnent que plus de valeur à cet éloge.

C'est d'après la traduction de Burgaud des Marets que George Sand[2] fit son article de la *Revue des Deux-Mondes*, mais sans dire un mot du traducteur. Or, celui-ci n'avait fait tirer les *Dziady* qu'à 60 exemplaires qui furent distribués à des amis. George Sand ne pouvait donc ignorer le nom de Burgaud, car le volume lui fut remis soit par celui-ci, soit par Mickiewicz. Ce qui ne fait aucun doute, c'est qu'elle trouva cette traduction suffisamment bonne et exacte, puisqu'elle jugea d'après elle le talent du poète polonais : « Je m'arrête, dit-elle. car je citerais tout le poème, et, ne voulant pas retirer au lecteur le plaisir de le lire en entier, je me bornerai aux deux scènes que j'ai annoncées, et qui sont indispensables pour lui faire connaître le génie de Mickiewicz[3]. »

Il y a là une part de compliments qui revient au traducteur. Mais il serait vain de prolonger ce débat. Toutes les erreurs de M. Ladislas Mickiewicz viennent de ce qu'il ignorait les lettres à Janski, la paternité de la traduction de *Konrad*, et surtout l'amitié intime qui liait Burgaud à l'auteur des *Dziady*.

Le traducteur fit aussi bien de ne pas noyer sa traduction dans de longs commentaires qui n'eussent fait qu'obscurcir davantage cette poésie slave peu accessible aux cerveaux latins. Il voulait répandre les poèmes de Mickiewicz parce qu'ils étaient beaux, mais d'une manière discrète, pour qu'on ne l'accusât pas, ainsi qu'il l'écrit dans ses lettres et dans ses préfaces, de vouloir partager la

---

(1) M. Justin Maurice.

(2) L'exemplaire des *Dziady* (Traduction Burgaud) sur papier jonquille, ayant appartenu à George Sand, se trouve aujourd'hui à la Bibliothèque polonaise, à Paris. Cote : 364.

(3) *Revue des Deux-Mondes*, *op. cit.* p. 633. Les deux scènes citées sont extraites en entier de la traduction Burgaud des Marets.

gloire du poète. C'était pousser à leurs dernières limites la modestie et le désintéressement.

S'il ne mit pas son nom sur le volume, ce n'est pas parce qu'il ne considérait plus la traduction comme sienne, mais bien par une habitude pratiquée, à peu d'exceptions près, jusqu'à sa mort. De plus, sur les trois fragments des *Dziady* parus dans *Le Polonais*, deux sont signés, le troisième ne l'est pas. Burgaud ne signa pas non plus *Konrad Walllenrod* ; aucun motif cependant ne l'empêchait d'y inscrire son nom, puisqu'il ne connaissait personnellement aucun Polonais à cette époque. La traduction de *Konrad* a paru au début de l'année 1830, et les premiers émigrés n'arrivèrent à Paris qu'au commencement de 1831.

Quant aux corrections, il est facile de les expliquer. Burgaud retouchait sans cesse les moindres productions de sa plume. Il n'est pas une seule de ses fables patoises qui n'en offre des traces ; il apportait même des modifications au cours de l'impression, ce qui fait que deux exemplaires d'un même tirage offrent des variantes ; le lecteur s'en rendra compte par la suite.

M. Ladislas Mickiewicz parle encore de Burgaud des Marets aux pp. 261 et suivantes de son intéressant volume, que nous ne saurions trop citer, car il éclaire, malgré son injustice, une époque de la vie de notre Saintongeais.

« *Pour savoir, dit-il, dans quelles circonstances avait été composée la notice autographe de mon père que j'avais retrouvée en tête de l'exemplaire de la traduction d'une portion des* Dziady, *cédé à la Bibliothèque du Louvre par M. Burgaud des Marets ; je me suis adressé à celui-ci :*

« *Votre lettre, me répondit-il le 24 mars 1873, a réveillé en moi de bien doux souvenirs. Ce ne sont pas des raports de circonstances que j'ai eus avec votre père : mon sublime Adam et moi nous avons fait une paire d'amis. Je serais heureux de parler de lui avec vous, de vous fournir une foule de petits détails qui doivent avoir de l'intérêt pour vous. Mais vous savez sans doute que, par suite d'une attaque d'apoplexie, je ne puis ni marcher ni sortir. Si vous voulez prendre la peine de passer chez moi, vous me trouverez toujours fier de vous serrer la main.* »

« *J'ai donc vu M. Burgaud des Marets, paralysé de la moitié du corps, mais ayant gardé toute la lucidité de son esprit et toute sa chaleur d'âme.*

Né en 1808 [1], et, par conséquent, tout jeune encore lorsque se réfugia en France notre Emigration de 1830, M. Burgaud des Marets se lia particulièrement avec Bogdan Janski, et rencontra chez lui Adam Mickiewicz. L'impression qu'il en ressentit fut très forte : « Je compris, me dit M. Burgaud des Marets, ce que c'est qu'un grand homme. Sa conversation me donna un tel désir de connaître ses œuvres que je me mis à l'étude du polonais. Les Dziady m'enthousiasmèrent plus que je ne saurais le dire : Je résolus de les faire connaître en France. Mais, en les traduisant, je me sentis arrêté par bien des difficultés. Je n'osai soumettre tout d'abord le poème en son entier au jugement du public : Adam Mickiewicz voulut bien faire lui-même les coupures. Il corrigea mon manuscrit. Je fus frappé de sa manière de traduire, je vis que dans les mots français le même ordre peut être gardé que dans les mots polonais. Emporté par le désir de faciliter ma tâche, Adam Mickiewicz écrivit de sa propre main un tiers de la traduction et la préface, et il révisa le reste. C'est un des motifs que j'eus de garder l'anonyme, considérant cette traduction comme plus sienne que mienne. J'en lus sur épreuves, des fragments à des littérateurs français ; je fus si choqué de leur incompréhension des beautés des Dziady, que je me bornai à tirer de ce travail 60 exemplaires : il me semblait qu'en le répandant à grand nombre j'aurais profané les merveilles qu'il contient. Adam Mickiewicz était à cette époque d'une sérénité rare ; un rien provoquait chez lui des accès de la gaieté la plus communicative [2]. Un jour que je lui parlais du temps que peut prendre la composition d'un chef d'œuvre : « le temps, me répondit-il, n'a aucune importance. Tout dépend de l'intensité d'inspiration. J'ai écrit le monologue de Conrad en une seule nuit. »

(1) Burgaud des Marets est né le 2 nov. 1806. M. L. Mickiewicz commet une autre erreur, p. 264, en le faisant mourir en 1874 : c'est en 1873, le 6 octobre, six mois après la visite dont il est question ici.

(2) Lacaussade parlant à M. Ladislas Mickiewicz de son père, disait : « Il avait un grand fond de gaieté, une étonnante sérénité d'âme, des comparaisons imprévues et originales ». *La Tribune des peuples,* par Adam Mickiewicz. Paris, E. Flammarion, 1907, in-8°. Préface, p. 35.— Curieuse coïncidence d'appréciation avec celle de Burgaud des Marets! M. Ladislas Mickiewicz n'aurait-il pas mêlé dans sa mémoire le jugement de Lacaussade avec celui de Burgaud des Marets ?

Nous avons le plus grand respect pour la mémoire de M. Ladislas Mickiewicz qui a rejoint dernièrement ses ancêtres, après une longue vie de travail. Il dort à Montmorency, dans la terre même où a dormi son père, auprès de Niemcewicz, autre grand Polonais. Lié d'amitié avec M. Mickiewicz, nous l'avons tenu au courant de nos petites découvertes. Il a reçu chaque fois copie des documents retrouvés, et son opinion sur Burgaud des Marets se modifia si bien par la suite que, lorsqu'il eut à parler des *Dziady*, en 1914, trente-cinq ans après sa critique, il écrivit cette ligne que nous avons déjà citée plus haut : « Burgaud des Marets donna en 1834 une élégante traduction des *Aïeux*. »

Cette ligne, malheureusement, n'efface pas la longue critique des *Aïeux* publiée en 1879, et dans laquelle Burgaud des Marets est si méconnu. M. L. Mickiewicz glorifia toute sa vie son illustre père. Mais celui-ci a-t-il vraiment besoin qu'on ajoute à sa gloire? Les œuvres sont là, toujours belles, et de trop longs commentaires ne peuvent qu'obscurcir leur rayonnement.

Il n'en est pas de même pour Burgaud des Marets, savant remarquable dont le nom oublié mérite d'être remis en lumière et à sa vraie place. Humble avocat d'une si belle cause, nous ne pouvons laisser passer cette page sans en discuter les termes.

*
* *

L'erreur est humaine, et M. L. Mickiewicz, bien qu'animé des meilleurs sentiments, a été trahi par sa mémoire, ou bien Burgaud des Marets ne lui aurait pas dit la vérité. Dans quel but ?

Voyons, celui-ci n'a pu raconter à M. L. Mickiewicz « qu'à sa première rencontre avec le poète, il fut si frappé de son caractère et de son génie, qu'il se mit de suite à l'étude du polonais ! »

Nous ne saurions trop répéter que Burgaud connaissait la langue et les œuvres du poète bien avant leur première rencontre, puisque la traduction de *Konrad* est de 1830, et que dès 1832 il écrivait à Janski son projet de traduire tout Mickiewicz. A cette époque il traduisait les *Dziady* dont plusieurs fragments parurent dans *Le Polonais* de septembre 1833, et c'est seulement au mois d'avril de cette même année 1833 que Mickiewicz et Burgaud des Marets se rencontrèrent pour la première fois !

En supposant même que Burgaud n'eût pas connu un mot de polonais en avril 1833, comment aurait-il pu apprendre cette langue assez à fond pour traduire une œuvre poétique importante dans le court délai de quatre mois ? Cela ne se discute pas.

Les corrections du poète peuvent s'admettre dans une certaine mesure. Lorsqu'un écrivain est assez heureux d'avoir pour ami l'auteur dont il traduit l'œuvre, il n'est pas douteux que celle-ci bénéficie de cette amitié.

Tout le reste de la conversation rapportée par M. L. Mickiewicz n'est que politesse et modestie de la part d'un galant homme qui s'efface discrètement et s'enlève tout mérite, pour jeter plus d'éclat sur le poète dont le fils est devant lui. Cet « effacement » est d'ailleurs tout à fait dans le caractère de Burgaud.

Il est vraiment regrettable que M. L. Mickiewicz, trop absorbé — aveuglé pourrait-on dire — par le sujet des *Dziady*, n'ait pas eu l'idée de questionner plus longuement Burgaud des Marets sur ses autres travaux. Il aurait appris, à ce moment, le nom du traducteur de *Konrad Wallenrod* et peut-être aussi la paternité d'autres nombreuses traductions anonymes de cette époque.

« *Quand André Towianski vint à Paris, en 1841*, écrit plus bas M. L. Mickiewicz, *et que les colères que soulevait son action religieuse l'exposèrent à des tracasseries de police, M. Burgaud des Marets, sur la demande d'Adam Mickiewicz, mit à sa disposition une partie du vaste appartement qu'il occupait rue de La Bruyère n° 21, le même où je le vis en 1873. André Towianski y passa quelques mois, au bout desquels il se retira à Nanterre.* »

Nous reconnaissons bien là le généreux Burgaud qui eut d'autant plus de mérite à donner cette hospitalité qu'il ne partageait pas du tout le messianisme de Towianski. Son amitié pour la Pologne et le respect de la liberté individuelle furent les seuls motifs qui le poussèrent à agir ainsi.

Nous ne suivrons pas plus loin M. L. Mickiewicz qui discute presque ligne par ligne la Préface des *Dziady*. Ces « différences entre le texte de mon père et celui de son traducteur, dit-il, sont l'indice de l'état spirituel des Français catholiques-libéraux d'alors ». Critique un peu mordante à l'endroit de Burgaud qui ne la méritait point.

On éprouve une véritable tristesse à lire de telles paroles à l'adresse d'un homme bien connu pour son savoir et pour sa modestie. Il est vrai qu'ici bas on s'attache toujours plus aux apparences qu'au mérite réel. George Sand ne sait pas un mot de polonais ; elle lit la traduction d'une œuvre de Mickiewicz, brode là-dessus quelques pages, discutables au point de vue critique, mais charmantes quant au style, et tout le monde crie au merveilleux[1].

De nos jours encore, de graves erreurs s'insinuent, çà et là, dans les livres : En 1911, une étudiante polonaise, Mlle Christine Beresniewicz, publia dans la *Revue des Bibliothèques*, une bibliographie — pleine d'erreurs — des traductions françaises de la littérature polonaise, dans laquelle George Sand figure comme traducteur (?) des fragments des *Dziady* cités dans la *Revue des Deux-Mondes*, et parus ensuite dans le volume *Autour de la table*. (Voy. le n° 5, à la Bibliographie des ouvrages de Burgaud).

Il en est de même de Montalembert, comte et pair de France, qui *traduisit* le *Livre des pèlerins polonais*. Dans sa biographie de Montalembert, le R. P. Lecanuet[2] nous apporte fort heureusement la vérité sur ce travail.

Séduit par le brillant ultramontain, Mickiewicz lui demanda de traduire le *Livre des pèlerins*. Montalembert avoua son ignorance de la langue polonaise. « Qu'à cela ne tienne, lui répondit le poète, je vous l'apprendrai ». Par délicatesse, le grand seigneur refusa cette offre pour ne pas faire perdre à des « niaiseries » le temps précieux du poète, et c'est Bogdan Janski qui fut choisi pour professeur. Montalembert reconnut que plus il allait dans l'étude du polonais, moins ses progrès devenaient sensibles, si bien que la traduction fut faite par Janski. Montalembert revit seulement le travail de son professeur et y ajouta une préface véhémente que sa jeunesse excusait.

Très étonné que Mickiewicz eût demandé à une personne ignorant le polonais de traduire les *Pèlerins*, alors qu'il avait auprès de lui des amis versés dans cette langue, au premier rang desquels se trouvait Burgaud des Marets, nous interrogeâmes M. L. Mic-

---

(1) Il est juste d'ajouter que M. Ladislas Mickiewicz a reconnu lui-même, (*Mélanges*, op. cit., p. 267), que « George Sand avait plus étudié et mieux compris Gœthe et Byron que leur émule polonais. »

(2) R. P. Lecanuet. Montalembert, Paris, Ch. Poussielgue, 1895-1898, 2 vol. in-8° (Portraits). Vol. I, p. 363.

kiewicz qui nous répondit ceci : « Montalembert, désirant apprendre le polonais, s'adressa à Mickiewicz qui lui désigna Janski comme professeur. Le reste de l'anecdote rapportée par le R. P. Lecanuet est exact. »

On s'explique maintenant le zèle employé par Montalembert pour retirer de la circulation un livre qui n'était pas entièrement de lui et dont le pape s'était montré mécontent. Ce n'est pas tout, la préface contenait des passages sur l'Autriche qui ne s'accordaient plus avec les idées nouvelles de son auteur. Il préféra donc détruire — pour ne pas être accusé de palinodie — tous les exemplaires qu'il put retrouver.

Le livre de M. Ladislas Mickiewicz est émaillé des noms illustres de Montalembert [1] et de George Sand, l'un pour une traduction dont il n'est pas l'auteur, l'autre pour un simple article de revue. Plusieurs critiques [2] ont été plus loin encore en taisant ou en feignant d'ignorer les noms de Burgaud des Marets et de Janski. Telle est la justice des hommes.

Disons, pour conclure, que les Polonais eurent en Burgaud des Marets l'ami le plus fidèle, le plus dévoué et le *plus savant*. Le premier il fit connaître en France les poésies de Mickiewicz. Il aida de ses conseils et de sa bourse une foule de Polonais qui, sans cette aide bienveillante, eussent été réduits sinon à la misère, du moins à l'abandon le plus complet.

---

(1) M. L. Mickiewicz est reconnaissant à Montalembert d'avoir contribué à faire connaître le *Livre des pèlerins polonais*, mais il lui reproche d'avoir déserté la cause polonaise en 1848. [Cf. *Mélanges, op. cit.* Préface, p. VII].

(2) Sainte-Beuve entre autres. *Premiers Lundis*, 1894, T. II. p. 234-235, et le *Grand dictionnaire* de P. Larousse. T. 11, V° Montalembert, p. 485, col. 3. « Comme traducteur, il a enrichi notre langue (*sic*) d'un livre célèbre du poète Mickiewicz, les *Pélerins polonais...* » Par contre, M. Louis Léger, dans la *Revue des Deux-Mondes* du 1er mai 1903, *La jeunesse de deux idéalistes, Sigismond Krasinski et Henry Reeve*, p. 197, confirme ce que dit le R. P. Lecanuet : « Dans ma jeunesse, on me racontait que M. de Montalembert avait appris le polonais et traduit le *Livre des Pélerins* de Mickiewicz ; j'ai cru à cette légende : vérification faite, il semble que l'illustre écrivain catholique se soit contenté de raccommoder le français douteux d'un traducteur polonais, feu Jasinski. » (*sic*) M. L. Léger dit vrai, mais il a confondu l'acteur et auteur dramatique Jasinski avec B. Janski, ami de Mickiewicz. *Fata sua libelli.* Souvent un amer destin.

Burgaud a gardé jusqu'au tombeau son amour pour la Pologne. Il ne prononçait le nom de Mickiewicz qu'avec émotion, et sa mémoire, aussi fidèle que son cœur, lui permettait de réciter, à plus de soixante ans, des pages entières du grand poète.

Qu'a-t-il reçu en échange de ce long dévouement à la cause polonaise ? Rien.

Le nom de Burgaud des Marets n'est cité nulle part et, sauf les pages de M. Ladislas Mickiewicz où il est souvent malmené, nul ne s'est plus souvenu de cet ami de la grande nation meurtrie. Nous n'osons prononcer le gros mot d'ingratitude, et cependant...!

L'année 1834 fut pour Burgaud des Marets féconde en évènements. Tout d'abord, pour être agréable à son père, il résolut de couronner ses études de droit par le grade de docteur. Il prit sa première inscription le 14 janvier. Quelques mois plus tard il se rendait à Jarnac pour assister, comme témoin, au mariage de sa plus jeune sœur, Henriette-Félicité, avec Antoine-Emile Durand ; le mariage eut lieu le 19 juin. Le 8 août suivant, un troisième deuil fraternel venait le frapper. Sa sœur cadette, Marie-Emilie, mariée en 1832, à Léopold Caboche, mourait à la fleur de l'âge, laissant une fille, Marie-Louise, qui devait plus tard épouser le docteur Philippe Paulet.

C'est au milieu de ces diverses circonstances que parut en volume, chez Clétienne, 33 *bis*, rue du Faubourg Poissonnière, la traduction des fameux *Dziady*. Le traducteur habitait précisément à cette époque dans le même immeuble que son éditeur. Ainsi qu'on l'a vu plus haut, ce livre ne fut tiré qu'à soixante exemplaires, distribués à des amis et admirateurs du poète polonais.

Peu après Burgaud revint à Paris, où il reprit le cours interrompu de ses études. La philologie le passionnait chaque jour davantage. Les traductions, les commentaires et les notes de tout genre s'amoncelaient devant lui. Quelques-uns de ces travaux parurent dans les périodiques de l'époque, sous le voile d'un impénétrable anonymat. C'est à partir de ce moment que date sa prédilection pour nos vieux auteurs, notamment ceux de cet admirable seizième siècle qui devait devenir le pivot de sa vie d'érudit.

Au mois de juillet de cette même année 1834, Burgaud fit

paraître, dans *Le Polonais*, la traduction d'une charmante ballade de Mickiewicz : *La Switezianka*. Si les travaux de Burgaud parus dans ce journal ne sont pas plus nombreux, il faut en imputer la cause à un incident qui survint entre Ladislas Plater [1], rédacteur en chef du *Polonais*, Mickiewicz et Burgaud des Marets.

C'est grâce à l'obligeance de M. A. Lewak, bibliothécaire au Musée-Bibliothèque de Rapperswill, où sont conservés les papiers de la rédaction du *Polonais*, que nous connaissons ce malentendu.

En adressant à Ladislas Plater sa traduction de la IVe partie des *Dziady*, Burgaud des Marets le priait de vouloir bien, avant l'impression, la soumettre à l'appréciation de Mickiewicz. Ladislas Plater ne tint aucun compte de ce désir. Mickiewicz et surtout Burgaud se sentirent blessés par ce sans-gêne autoritaire, et c'est pourquoi notre traducteur ne collabora pas aussi assidûment qu'il l'aurait voulu au journal *Le Polonais*.

Peut-être est-ce à la suite de ce malencontreux incident que Burgaud fit défense à Ladislas Plater de continuer la publication de sa traduction ? Le lecteur trouvera à l'Appendice (n° 1) la partie des *Dziady* non parue dans le *Polonais*.

Toute cette première période de la vie de Burgaud des Marets est restée inconnue à ses rares biographes, ainsi qu'à sa famille et à ses amis de l'âge mûr. En ce qui concerne sa biographie, nous ne connaissons que les quelques pages de M. Ladislas Mickiewicz que nous avons citées, et qui sont plutôt de la critique que de la biographie. Le deuxième supplément du *Grand Dictionnaire universel* de P. Larousse, contient une notice pleine d'omissions, avec deux erreurs dans les dates de sa naissance et de sa mort. Désiré Nisard a publié dans ses *Souvenirs* une anecdote très intéressante, que le lecteur trouvera ci-après.

Dans son Anthologie des *Poètes du terroir* [2], M. A. Van Bever a inséré une notice sommaire sur Burgaud des Marets. Cet écri-

______

(1) Il ne faut pas confondre Ladislas Plater avec Louis Plater, président de la Société littéraire polonaise. Ces deux personnages étaient cousins.

(2) *Les Poètes du terroir du* xve *siècle au* xxe *siècle*. Textes choisis... Paris, C. Delagrave ; in-16. T. IV. s. d. [1914] p. 238.

vain cite comme source : Marc Marchadier, *Œuvres*. 1903. Or, ce dernier ouvrage ne contient aucune biographie de Burgaud, mais seulement une bibliographie, fort incomplète du reste. M. Van Bever n'a pu puiser ses renseignements que dans l'*Annuaire de Cognac* , 1866, p. 188 ; dans l'*Almanach de Cognac*, 1909, pp. 76-89 ; ou dans *Le Pays d'Ouest* du 25 sept. 1911 ; mais il ne cite aucun de ces documents.

Les recueils de M. Van Bever sont composés avec beaucoup de soin et d'érudition, mais nous devons faire quelques réserves en ce qui concerne la Saintonge. Du seul Burgaud des Marets, il ne donne parmi tant d'œuvres importantes que *La femme et la poule ;* de Léonce Depont : *La mort du bœuf*. Quant à Pierre Jônain, il ne cite que son *Dictionnaire saintongeais*, oubliant cette charmante légende santone : *Le Remarin* (Le romarin) que Michelet mentionne dans son beau livre *La Mer*, écrit, comme l'on sait, à Saint-Georges-de-Didonne [1].

Enfin, M. Eutrope Lambert [2], de Jarnac, qui seul avait reçu quelques confidences de Burgaud des Marets, a écrit sur le poète

[1] J. Michelet. *La Mer*. 1882. p. 76-77. Michelet ne donne pas le nom de Jônain, qu'il connaissait pourtant.

[2] Eutrope Lambert, né à Jarnac le 1er juillet 1842, mort subitement dans la même ville le 2 juin 1910. Attaché à une grande maison de commerce, M. Lambert consacra à la littérature les loisirs que lui laissait son emploi. Il se lia d'amitié avec Burgaud des Marets durant les différents séjours que celui-ci fit à Jarnac.

L'étude qu'il a consacrée à son grand ami saintongeais a paru d'abord dans la *Gazette des Bains de mer de Royan* (nos des 3, 10 et 17 sept. 1882). Elle a été reproduite dans l'*Almanach de Cognac*, 1909, 8°, fig. (pp. 76 à 89), augmentée d'une scène de *Molichou et Garçounière*, et du facsimilé d'une lettre à lui adressée par Burgaud des Marets.

Voici la liste, à peu près complète, des autres travaux de M. Lambert : *Feuilles de Rose*, poésie, 1864, *Marie de Valsayre*, biographie, 1865 ; *Les Etapes du cœur*, poésies, 1866 ; *Les Enfantines*, poésies, 1876 ; *Dernière jonchée*, poésies, 1880.

Il fonda le journal *Jean qui pleure et Jean qui rit*, (1866) qui ne vécut qu'un an et auquel collabora Burgaud.

M. Lambert écrivit aussi de nombreux articles pour les journaux de la région et en particulier pour l'*Echo de Jarnac* (fondé en 1881), dont il était le rédacteur en chef. Enfin, plusieurs chœurs dus à sa plume poétique, ont été chantés dans différents concours orphéoniques, entre autres *La Patrie*, musique de A. Saintis ; *Le départ des matelots*, musique de M. de Buissy.

une charmante notice. L'étude de M. E. Lambert a été composée loin de Paris, dans le calme du pays natal, et pour l'instruction des seuls Saintongeais. Nous ne pouvons résister au plaisir d'en citer un passage (p. 81 de l'*Almanach de Cognac*, 1909) qui montrera, une fois de plus, la grande amitié qui liait Mickiewicz et Burgaud des Marets :

« Il faut avoir approché M. Burgaud des Marets pour comprendre toute la grandeur de l'affection qu'il avait vouée à l'auteur de *Konrad Wallenrod*. Un jour, après m'avoir longuement parlé de cette affection brisée, en soulignant par des larmes chacune de ses paroles, il voulut me faire entendre dans leur langue originale quelques vers de Mickiewicz ; il commença avec émotion, mais bientôt sa voix se raffermit et prit une intonation grave et douce ; les strophes du poète, tantôt puissantes et tantôt légères, empreintes de ce charme délicat de la musique des vers, s'envolèrent de ses lèvres, et, malgré mon ignorance de la langue polonaise, j'écoutais avec ravissement ; je sentais que cette poésie était d'une beauté imposante et qu'elle commandait l'admiration ! mon pauvre vieil ami, lui, était tout transfiguré ; il souriait à travers ses larmes et ne pensait plus à sa douleur. C'est ainsi que font les grandes âmes : elles puisent dans les élans du cœur une sensibilité qui ne diminue en rien les forces dont elles disposent pour les combats de la vie. L'âme de Mickiewicz avait passé tout entière dans l'âme de Burgaud des Marets, et celle-ci se relevait, réagissant contre le chagrin et contre les regrets... »

*
* *

De retour à Paris, Burgaud fit pour sa préparation au doctorat ce qu'il avait fait jadis pour sa licence, autrement dit en conciliant le droit et l'érudition. Il employait ses loisirs à visiter les bibliothèques et les magasins de librairie, d'où il revenait souvent avec quelques bouquins rares dans les poches.

Trois années se passèrent ainsi jusqu'au 2 mai 1837, jour où il soutint sa thèse (n° 42), et obtint le certificat d'aptitude, (5 mai, n° 5). Il habitait encore à cette époque au n° 33 *bis* de la rue du Faubourg Poissonnière.

Malgré les recherches laborieuses auxquelles nous nous sommes livré, il nous a été impossible de retrouver la thèse de Burgaud, et nous pouvons affirmer qu'elle n'a pas été imprimée. Le sujet

même de la thèse ne figure pas dans l'ouvrage de Fontaine de
Resbecq ; on y lit seulement : « Burgaud, Jean, de Jarnac (Charente), admis le 5 mai 1837. » [1] Les archives de la Faculté de
droit ne nous ont pas mieux renseigné. Il est bon d'ajouter qu'à
cette époque les thèses étaient loin d'avoir l'importance qu'on
leur a donnée de nos jours. Ainsi, la première thèse qui ouvre
l'année 1843 (première année de la collection de la Bibliothèque
de la Faculté de droit) est celle de Colmet de Santerre ; elle ne
comporte que sept ou huit pages.

*
* *

Malgré tout ce qu'il y a de puéril dans un parallèle littéraire,
nous croyons intéressant de faire ici la remarque que bon nombre
de patoisants, et non des moindres, ont débuté par des études de
droit. Il suffit de citer Pierre Goudelin, Oihenart, Bernard de
La Monnoye, Frédéric Mistral, Pierre Jônain, Le Brigand et, de
nos jours, A. Esmein, Saintongeais, membre de l'Institut et professeur à la Faculté de droit.

Il est non moins piquant de constater plusieurs autres points
de ressemblance entre B. de La Monnoye et Burgaud des Marets.

D'abord, leurs noms s'adornent de la particule et d'un complément sonore. Tous les deux sont nés de parents commerçants
et riches. Leur enfance s'écoule au milieu de deux provinces au
langage savoureux ; des circonstances semblables les dirigent à
leurs débuts vers l'étude du droit et loin de leur pays natal :
Burgaud à Paris et La Monnoye à Orléans.

Animés tous les deux de cette curiosité qui est le don des
érudits, ils eurent la même sérénité d'âme, la même noblesse de
caractère, la même modestie, et surtout cette même aptitude à
l'étude des langues, qui les place à un rang estimable parmi les
polyglottes et les philologues. Et, chose curieuse, de tous les
idiomes connus d'eux, c'est le plus humble, celui de leur pays
natal, qui transmet leurs noms à la postérité.

---

(1) *Notice sur le Doctorat en droit avec un tableau de l'enseignement
et des études dans les Facultés de droit... suivie de la liste générale des
Docteurs...*, par A. de Fontaine de Resbecq. Paris. Aug. Durand, 1875,8°.
Dans cet ouvrage, l'auteur, qui, déjà à cette époque, avait trouvé les
mêmes lacunes que nous, ne donne le sujet des thèses qu'à partir de
1851.

Si Burgaud échappe un instant au parallèle en ce qui concerne
les concours académiques et le mariage où s'engagea La Monnoye, il y revient aussitôt. En effet, la pauvreté s'acharna sur eux
dans les dernières années de leur vie. Enfin, l'un et l'autre furent
réfractaires à la reproduction de leurs traits. Ce n'est qu'à plus de
quatre-vingts ans, et sur les instances réitérées de sa famille, que
La Monnoye voulut bien se laisser portraicturer. Une seule fois,
Burgaud consentit à ce qu'un artiste ami fit son portrait au
crayon. C'est celui que nous avons fait reproduire au frontispice
de ce livre et dont nous parlerons plus au long dans un autre
chapitre.

CHAPITRE II

(1840-1860)

**Les œuvres patoises. — Mickiewicz et la légion
polonaise de 1848.
Rabelais. — Les amis de Burgaud des Marets.**

Nous possédons très peu de renseignements sur la vie de
Burgaud des Marets pour la période qui s'étend entre
1838 et 1848. Quelques souvenirs de sa famille et de ses
amis nous autorisent à dire que notre érudit ne resta pas inactif
pendant ces dix années : il fit paraître dans les revues de l'époque
un certain nombre d'études, mais d'une façon si discrète, qu'il
est impossible de les retrouver avec certitude [1].

Nous savons aussi que, vers 1840, Burgaud quitta son domicile
du Faubourg Poissonnière, pour venir habiter un très bel appartement au premier étage du n° 21 de la rue La Bruyère, celui-là
même où, pendant quelques mois, il donna l'hospitalité à André
Towianski.

Burgaud passait la plus grande partie de son temps dans les
bibliothèques, n'en sortant que pour aller au Collège de France
écouter une leçon d'Ampère ou de Mickiewicz, ou pour visiter
les librairies, rapportant presque toujours, de cette chasse aux
livres, quelques raretés qui venaient enrichir sa collection patoise.

Les soirées s'écoulaient en compagnie d'intimes : l'érudition,
la poésie et surtout la musique en faisaient les frais. Dilettante
passionné, Burgaud prenait part lui-même à des séances de mu-

---

(1) « M. Burgaud des Marets s'est beaucoup occupé de linguistique et
des différents patois de la France ; il a publié anonymement une foule
d'articles dans les Revues... » [Cl. *Mélanges d'Adam Mickiewicz... op.
cit.* p. 263].

sique de chambre où ses connaissances musicales et son talent de
flûtiste lui réservaient une première place. C'est vers cette époque
(1845) qu'il fit la connaissance de Léon Kreutzer, plus jeune que
lui d'une dizaine d'années.

Ce charmant musicien, doublé d'un fin lettré, était le neveu du
grand Rodolphe Kreutzer qui garda pour lui toute la gloire, ne
laissant à son jeune parent qu'une maigre notoriété. Léon Kreutzer est aujourd'hui presque oublié ; on ne cite guère son nom
qu'à côté de celui de Berlioz, dont il fut l'un des meilleurs amis.
Il méritait mieux cependant et, parmi ses nombreuses productions, il en est beaucoup qui ne perdraient rien à revoir le jour.

Léon Kreutzer composa en l'honneur de son ami Burgaud un
Madrigal pour quatre flûtes. Cette œuvre, dont nous possédons le
manuscrit, est inédite [1]. Nous avons eu le plaisir de l'entendre au
Conservatoire, où le regrettable A. Hennebains voulut bien la
faire exécuter à notre intention par quatre de ses meilleurs élèves.

C'est une page légère, ravissante et délicatement harmonisée.
Ce quatuor de flûtes a cela de particulier qu'on en trouve peu
d'exemples dans les annales de la musique ; nous ne connaissons
d'analogue que le quatuor de Boismortier et celui de Fr. Kulau
(*op.* 103).

*
* *

Dans ses immenses lectures, Burgaud réserva une large place
à nos vieux auteurs. Ce sont eux qui lui donnèrent le désir d'entreprendre l'étude de l'ancien français. Il recueillit avec un zèle
laborieux tous les débris conservés par nos différents dialectes, et
résolut de les réunir en un corps d'ouvrage en débutant, comme il
convenait, par le patois de sa province natale, dont le vocabulaire,
revivifié par sa verve, réjouira bientôt les nombreux amateurs
de ce langage imagé, robuste et légèrement égrillard.

Composé en 1848, son premier livre de fables parut au début
de 1849, chez A. Didot, qui devint bientôt son ami. Le recueil
des *Fables en patois charentais* (dialecte du canton de Jarnac)
se compose d'un avertissement : *Aux gens de Jarnat,* et de quatre
fables imitées de La Fontaine : *Le Renard é lés guilan ; Le Renard*

---

(1) Cahier in-8° oblong, de six feuillets, portant sur la première page,
de la main d'un copiste : « *Madrigal pour quatre flûtes. Partition.* » Et
de la main du compositeur : « Expressément composé pour M. Burgaud
des Maretz, Léon Kreutzer. »

é la grole ; Les jumelle é le seugret ; Le Renard é la Cigougne, plus un petit glossaire.

Cet opuscule, ainsi que nous venons de le dire, vit le jour tout à fait au commencement de l'année 1849, comme le montre la lettre suivante adressée par l'auteur à M. Bouju[1], à qui un exemplaire avait été promis :

« Monsieur,

Vous devez me juger impoli et prompt à oublier mes promesses. Je voudrais vous faire changer d'avis à ce sujet. Voici l'histoire de mon roman du *Renard*[2].

Je l'avais mis de côté pour vous ; mon emballeur qui a mal compris mes paroles, loin de n'y pas toucher, l'a mis au fond d'une caisse que j'envoie à la campagne.

Je regrette vivement ce contre-temps, et je vous prie de croire, Monsieur, que je tenais plus à vous être agréable qu'à garder mon Renard.

Veuillez m'excuser et croire à la considération de votre tout dévoué,

H. B^d des Marets.

25 f^{er} [février] 1849. »[3]

L'adresse est ainsi libellée : « Monsieur, Monsieur Bouju, notaire honoraire, 3, Cité Trévisc. » Cette lettre, sans timbre de la poste, a dû être portée à son destinataire par un commissionnaire.

Pour la première fois, Burgaud annonce les ouvrages suivants au verso de la couverture inférieure de son recueil : *Lexique Jarnacois*, 1 vol. in-18. — *Théorie des patois de la France*, 1 vol. gr. 8°. Ces deux volumes, annoncés bien souvent, n'ont jamais été publiés.

Le patois saintongeais, assez riche en chansons, bals, rondes, contes et bons mots, n'avait eu jusque là que fort peu de pièces

---

(1) D'après la *Petite Revue* du samedi 28 oct. 1865 (p. 155 et suiv.) M. Bouju aurait collaboré à la *Bibliotheca Scatologica*.

(2) C'est ainsi que Burgaud appelait son premier recueil, en raison de ce que trois fables sur quatre, sont consacrées au renard.

(3) L'original de cette lettre appartient à M. V. Doignon, de Montmoreau (Charente), qui a eu l'amabilité de nous en offrir une reproduction photographique.

imprimées. Burgaud décida de combler cette lacune en fixant pour l'avenir un langage qui devait nécessairement disparaître, mais dont la connaissance pouvait être profitable pour l'intelligence de nos vieux auteurs. Le poète présenta son riche vocabulaire d'une manière amusante, se promettant, à l'occasion, d'en dégager des leçons sous une forme plus scientifique.

Il commença par écrire ses fables et contes en patois jarnacais, avec l'intention de cultiver tour à tour les autres variétés du patois saintongeais. Voici du reste ce qu'il écrivait en tête d'un de ses recueils[1] :

« Le patois que j'écris ici est proprement la variété des cantons qui avoisinent la ville de Jarnac. L'expression la plus saintongeaise est toujours impitoyablement sacrifiée par moi, si elle est, je ne dirais point inconnue, mais simplement inusitée dans le cercle que j'ai tracé.

J'accueillerai avec reconnaissance les observations de la critique, pourvu qu'elle se place sur mon terrain, du reste, ce que j'ai fait pour le patois de Jarnac, je le ferai successivement pour chaque variété de la Saintonge. »

Dès ses débuts, Burgaud des Marets se plaça au rang des meilleurs auteurs patois. Ses quatre fables sont de charmants petits tableaux où la grâce, la naïveté, la bonhomie et la finesse se disputent la première place.

*
* *

> « *Tu sçauras dextrement choisir et approprier à ton œuvre les mots plus significatifs des dialectes de nostre France.....* »
>
> Ronsard. *Art poét.*

> « *Tu ne desdaigneras les vieux mots françois, d'autant que je les estime tousjours en vigueur, quoy qu'on die,.....* »
>
> *Ibid.*

On s'est trompé bien souvent sur la valeur des patois : certains en ont parlé avec trop d'enthousiasme, d'autres avec trop de dédain. La vérité est entre les deux appréciations. Le mot « patois » entraîne souvent avec lui une idée de grossièreté, d'ignorance, de vulgarité, qui prête à rire aux habitants des villes.

---

(1) *In p'tit pilot d'achet...* 1re édit. Didot, 1860. Avertissement, p. 5-6.

Les citadins aiment en effet à se moquer du langage des paysans. Si ces moqueurs, cependant, prenaient la peine de lire attentivement Froissard, Joinville, Charles d'Orléans et les troubadours, Villon, Rabelais, Montaigne, d'Aubigné et cent autres,
ils y rencontreraient, à foison, ces mots dont ils sourient avec un
air de suffisance gouailleuse.

Un peu plus de modestie ne messiérait pourtant pas à ces
contempteurs des parlers rustiques. Les patois sont les vestiges
de notre ancienne langue, et à ce titre, ils méritent le respect.
En peut-on dire autant du jargon qui se parle dans les villes,
ce français baroque qui fait le désespoir des étrangers épris de
notre langue ? Les Parisiens ont-ils le droit de sourire de certaines
expressions patoises que l'on retrouve jusque dans nos plus anciens romans de chevalerie, lorsqu'eux-mêmes chantent : « *J'suis
bien balancée d'la corniche·* » [1] ? Nous osons préférer à ces idioties
La pêche aux moucles, ou *Le Remarin*, de P. Jônain.

Dans la préface du *Noveau Fabeulier Jarnacoès...* (1852), Burgaud, lui-même, s'en prend spirituellement aux ennemis des
patois. Parmi ceux-ci, il avait pris pour cible son ami Charles
Lenormant :

« . . . .

Eh beun ! yat in savant, et tieu dans la Grand'Ville,
Qu'apeule noûs patoès dau français courromput.
I m'a b'fait dans le sang torner tote la bile.
Turlututu !
Chapiâ cornut !
Magré sa piâ de m'nou, le créb' n'in p'tit beurlut ;
Car, fussian-t-i de l'Institut,
Ouquin d'noûs gens n'avant soiut
Qu'ine poulette euje pounut,
Auparavant q'd'avoèr naissut.
Après çà ne cors pas granment lés coumédie.
O s'peut beun qu'o se vouéje aneut en.. Nourmandie. »[2]

---

(1) Titre d'une chanson parisienne qui paraît au moment où nous
écrivons ces lignes. Inutile d'ajouter que nous pourrions en citer des
centaines de la même farine.

(2) TRADUCTION : Eh bien ! il se trouve un savant, et dans Paris encore,
qui prend nos patois pour du français corrompu. Il m'a fait dans le
sang tourner toute la bile. Turlututu, chapeau pointu ! Malgré sa peau

Et gentiment, le poète ajoutait en note : « Si, par miracle, ces rimes tombent sous les yeux de M. L..., homme aussi plein d'esprit que de science, les grains de mon gros sel patois s'arrêteront à sa barbe, comme à la chevelure de Gargantua les boulets du château de Vède. »

****

Le savant Littré, d'une autorité en cette matière autrement considérable que celle de Ch. Lenormant, parle des patois d'une façon moins dédaigneuse : « Ainsi il est bien vrai qu'à toutes sortes d'égards les patois sont dignes de curiosité et d'intérêt. Ils répondent à un ordre spécial de recherches pour lesquelles ils sont indispensables. » [1] Et, plus loin, Littré ajoute : « Aujourd'hui encore, il n'est besoin que d'écouter parler sans prévention les personnes illettrées, surtout dans certaines provinces, pour reconnaître, dans les mots, dans les locutions, dans la prononciation, des particularités aussi légitimes et souvent bien plus élégantes, énergiques et commodes que dans l'idiome officiel. De quel droit cela est-il rejeté ? Par la grammaire ? Mais la régularité en est parfaite. Par l'histoire ? Mais toutes viennent d'un passé lointain, et la plupart figurent dans les anciens monuments. Par l'usage ? Mais qu'est-ce que l'usage, sinon la tradition non interrompue ? On voit donc que la difficulté fut tranchée par un coup d'Etat et que la question est encore à examiner. Cela peut être dit à notre époque, où la convention qui régla les choses littéraires aux seizième et dix-septième siècles n'est plus reconnue et où la langue officielle n'est plus aussi maîtresse de la situation. » [2]

Et ces autres savants : Raynouard, Fauriel, Champollion-Figeac, de la Villemarqué, Jaubert, Paulin et Gaston Paris, ont-ils jugé les patois autrement que ne l'a fait Littré ? N'ont-ils pas

de chat, [allusion à l'hermine de la robe de docteur] je le crois un peu fou, car fussent-ils de l'Institut, aucun de nos gens n'a jamais su qu'une jeune poule eût pondu avant d'être née. Après tout, je ne cours pas les théâtres. Il est bien possible que cela se voie aujourd'hui en... Normandie.

(1) *Histoire de la langue française...* Nouv. édit. Paris, Didier, 1863. T. I. p. 111.

(2) *Ibid.* T. II. p. 307. Dans son *Dictionnaire*, T. IV. p. 2623, Littré cite Burgaud des Marets au nombre des auteurs consultés.

puisé, jusque dans les plus humbles, les éléments de leurs beaux travaux ?

On demeure stupéfait de voir des philologues, ou soi-disant tels, qui n'eussent pas été dignes de nettoyer les lunettes de ces grands érudits, traiter nos vieux idiomes avec une désinvolture et un dédain qu'on ne s'explique pas.

Les patois sont avec les anciens édifices, les seuls liens matériels qui nous rattachent au passé. Pourquoi désirer leur disparition immédiate ? Le temps ne se chargera-t-il pas assez vite de cette besogne ?

Profitons-en pour prêter une oreille attentive aux chants rustiques de nos paysans, dont l'archaïsme se marie si bien aux pierres branlantes des vieux porches moussus !

Les œuvres patoises originales sont fort nombreuses dans les grands dialectes de la France : provençal, breton, basque et bourguignon. Dans la plupart des cas cependant, les poètes de terroir ont eu recours de préférence à l'imitation, et, chose digne de remarque, c'est La Fontaine [1] l'inimitable ou Virgile [2], l'harmonieux, qui ont le plus souvent servi de modèles : F. Bailleux [3], Gusteau [4], Foucaud [5], Bergeret [6], Delprat [7], de Vales [8], J. Portes [9],

---

(1) *De quelques imitations patoises des fables de la Fontaine*, par E. Ruben, Limoges, Chapoulaud, 1861, broch. 8°.

(2) *Virgille virai en borguignon.* Ai Dijon, Antoine de Fay, 1718-1720, in-12.

(3) *Fâves de La Fontaine metoues é ligeois.* Lige, Carmanne, 1856-1862, 8° et in-12.

(4) *Traduct. en vers bas-poitevins de la 1re églogue de Virgile.* Fontenay-Vendée, Robuchon, 1858, 8°.

(5) *Fables choisies de La Fontaine mises en vers patois limousins.* Limoges, Bargeas, 1835, 8°.

(6) *Fables choisies de La Fontaine en vers gascons.* Paris, Michaud, 1816, in-12.

(7) *Las Bucolicos de Birgilio, tournados en bers Agenez.* Agen, Timotheo Gayan, 1696, 8°.

(8) *Virgilio deguisat, o l'Enéido burlesco.* Toulouso, Frances Boude, 1648, 4°.

(9) *Fablos caousidos de Lafountaino...* Bagnères-de-Bigorre, P. Plassot, 1857, 8°.

Diouloufet[1], et combien d'autres qu'il serait trop long d'énumérer, ont traduit, imité ou parodié notre grand fabuliste et le non moins grand poète latin.

Qu'on ne se presse pas de crier : haro ! Le délicieux La Fontaine, éternel honneur des lettres françaises, inimitable dans la langue académique a, par contre, été traduit de la plus heureuse manière dans nos divers patois. Cela s'explique. Ces derniers ont conservé, en même temps que l'ancienne robustesse du langage, la naïveté, la bonhommie, les diminutifs qu'a perdus le français moderne, enfin une foule de vieux mots employés par La Fontaine lui-même[2].

Pour nous en tenir au seul patois saintongeais, qui représente assez bien ce qu'était notre langue aux environs du xve siècle, nous pouvons avancer que les fables de Burgaud des Marets renferment une grande part de ce qui fait le charme des œuvres de La Fontaine. Le fabuliste saintongeais y ajoute quelques sentiments plus modernes, la verve du cru, et aussi l'égoïsme, parfois un peu cruel, de nos braves paysans, aussi prodigues de leur peine qu'avares de leurs écus.

La conclusion de ces apologues reçoit souvent chez Burgaud une tout autre moralité que chez La Fontaine, et souvent aussi belle. Tout le monde sait, ou devrait savoir par cœur, la fable intitulée : *Les deux pigeons*, dans laquelle notre immortel fabuliste a mis son génie au service des sentiments les plus délicats. L'imitation de Burgaud reçoit d'abord un titre un peu différent : *Le pigeon et la pigeoune*, et lorsque le pigeon manifeste le désir de quitter sa compagne pour courir le monde, la pigeonne sait le retenir par une foule d'arguments persuasifs : « qu'y a-t-il pour moi de plus superbe que toi ?... Un palais l'un sans l'autre est plus laid que notre nid. » et le poète termine ainsi : (je traduis en faisant observer qu'entre ma traduction et le texte patois, il

---

(1) *La Lachiéro é l'ou pechié de lach*, etc., dans *Fablos contos, epitros et autros pouesios prouvençalos.* A-z-Ai, enco de H. Gaudibert, 1829, 8°.

(2) Voici, pris dans La Fontaine, quelques vieux mots parlés encore dans nos provinces et particulièrement en Saintonge : Affie, agasse, anguillade, aragne, arder, assiner, assoté, baller, belouse, biau, bique, bran, se carrer, chevance, craître, envieilli, étret, femelle, fouace, galer, goulée, grégues, mon gueu, muser, ouaille, plumail, randon, rouiller les yeux, tretous, venelle, vinée.

y a la même différence qu'entre la fable de La Fontaine et sa
traduction en anglais ou en allemand, par exemple. Ces choses-
là sont intraduisibles.)

> « Il y eut un pigeon, dont parle La Fontaine
> Qui avait dans son petit doigt plus d'esprit que le mien,
> Il parlait mieux — c'est certain — mais il ne fit pas si bien,
> Car à sa pauvre femme, il causa bien de la peine.
> > Tandis qu'à Jarnac, mon pigeon
> > De sa pigeonne écouta le sermon,
> > Et je crois bien qu'il eut raison. »

On voit que cette péroraison ne fait pas injure à La Fontaine.
Les sentiments délicats s'y retrouvent et la morale qui en découle
n'est pas inférieure au modèle. S'il est vrai que les poètes se
montrent souvent à nu dans leurs poésies, on peut retrouver,
sous cette écorce rustique, le cœur aimant et fidèle de Burgaud
des Marets.

*
* *

Encouragé par le succès de ses premières fables, le poète, sans
toutefois délaisser La Fontaine, va composer des contes dus à
son imagination et ne le cédant en rien à ses premières imitations.
Et c'est là où il est vraiment original. Sa connaissance appro-
fondie du patois, jointe à une étonnante veine poétique, à une
intarissable verve, fait passer sur ce qu'ont toujours de trop limé
les œuvres patoises écrites par un lettré.

Et qu'on ne s'imagine pas qu'il soit facile d'écrire en patois.
Tout comme la langue littéraire, celui-ci a son génie, ses tournures, ses locutions, ses idiotismes, ses bons mots. Malheur à
l'écrivain qui croirait qu'il suffit de tourner en langage rustique
une page de français pour mériter le titre de poète patois. Cela
est si vrai qu'il n'est, pour s'en convaincre, que de rapprocher
des œuvres de Burgaud les nombreuses productions patoises qui
paraissent, çà et là, dans les périodiques de la région. Autant
les petits poèmes du grand Jarnacais sont conformes au génie
de la langue saintongeaise, autant les autres s'en écartent par
leur vulgarité, et souvent leur grossièreté. Ces derniers sont à
la langue de Burgaud ce que le parler populaire est à la langue
académique.

*
* *

Afin d'ajouter de l'intérêt à ces petites compositions, en un mot de leur donner la vie, le poète met en scène les notabilités et les paysans de Jarnac et des environs, et même quelques célébrités de Paris. On y voit Mouffiet, avocat à Cognac ; Robin, négociant ; Ganivet ; Jean Michot ; Jean Troubla ; Jean Crignot ; M'sieur Bisquit nout'ancien maire ; M'sieur Boffinet l'noutaire ; M. Boésicard, médecin à Saint-Même ; M'sieur d'Asnière ; le docteur Pineaud, sourd c'm'in pot ; puis les véritables héros de ces petites comédies : le vieux Mallet, Jacquet, Piarrot et la Balette ; le vieux Brin, péchour ; Beurnard, le vioulounaire ; Laurencin, le cordonnier ; Ballet, tambour de ville et gardien de la prison, qui eut en outre l'honneur de figurer sur le titre du *Fabeulié jarnacoès;* et M. Vallerit [Vallery-Radot] ; Jules Janin; Sainte-Beuve; Ch. Lenormant, qui, sans doute, furent étonnés de se trouver en pareille compagnie.

Enfin, une foule de personnages dont les tics, les petits travers, les bons mots, ont été saisis sur le vif par Burgaud des Marets et fixés désormais par l'imprimerie. Ces acteurs évoluent à Jarnac, à Cognac, à Châteauneuf, à Bois-Charente, à Saint-Même ; sur les bords illustres de la Charente comme sur les bords rustiques de la Beloire. [1]

Ces pièces champêtres sont d'un travail achevé, mais qui ne sent pas l'huile, loin de là. Tout vient d'un seul jet : paysages décrits en deux mots ; situations comiques, finesse matoise des uns, réponses égrillardes des autres ; tout concourt à les rendre parfaites.

« Il y a toute une littérature de village, composée de dictons, de bons mots, de petites phrases originales et précises, que la tradition conserve comme elle transmettait, au temps d'Homère, les magnifiques surnoms des dieux... âpres, grivoises, ces plaisanteries ont le goût rude et piquant du cru, et sentent l'économie campagnarde. » [2]

Burgaud avait senti, bien avant Taine, toute l'importance de cette phraséologie, et il s'empressa d'insérer dans ses fables les locutions, les proverbes, les santonismes et les bons mots de nos

(1) La Beloire, mince ruisselet, à l'est et auprès de Jarnac, dont les eaux transparentes sont parsemées de menthe et de cresson.

(2) H. Taine. *La Fontaine et ses fables.* 12e édit. Paris, Hachette, 1892. in-16. (p. 153).

paysans. Peut-être n'a-t-on pas assez remarqué jusqu'ici le mérite de cette innovation qui enseignera les philologues de l'avenir.

Les Charentais et « moult aultres » se sont réjouis à la lecture de ces apologues dans lesquels ils reconnaissaient quelques-uns de leurs voisins, eux-mêmes souvent, et les endroits si bien décrits, où les appelaient leurs promenades ou leurs travaux de chaque jour. Ils goûtaient ces phrases naïves, mais moqueuses et souvent aussi un peu crues, affectionnées des marchandes de la campagne qui en abreuvaient leurs pratiques. Ceux de notre génération n'y prennent pas moins de plaisir. Voilà quelques-unes des raisons qui expliquent la popularité et le succès de ces œuvres patoises, dont on parlera longtemps encore, après même que le dialecte qui les illustre aura complètement disparu.

*
* *

De même que beaucoup d'auteurs patois, Burgaud des Marets se trouva gêné par le manque de règles grammaticales [1]. Com-

---

(1) On trouvera des éléments de grammaire saintongeaise dans les ouvrages suivants : *Dict. du patois saintongeais*, par P. Jônain. Royan et Paris, 1869, 8°, (p. 12 à 30) ª.

Notice sur le patois saintongeais. [inachevée], par M. Marchadier, parue primitivement dans la *Revue des langues romanes*, 1re série. 1875. T. VII, p. 134 à 144 ; et 2e série, 1876, T. I, p. 44 à 50. Réimprimée dans les *OEuvres de Marc Marchadier*, éditées par M. A. Favraud, L. Coquemard et Cie, Angoulême, 1903, 4°, (p. 503 à 521). Dans ce dernier ouvrage l'éditeur, M. A. Favraud, a publié lui-même une *Grammaire du patois de Cognac* (p. VII à XXVIII).

Patois de la Saintonge. Curiosités étymologiques et grammaticales, par M. A. Boucherie ; Angoulême, Impie charentaise de Nadaud et Cie, 1865, 8°. Extrait à 100 exemplaires du *Bulletin de la Société archéologique et historique de la Charente*, année 1863.

On pourra consulter aussi l'ouvrage suivant du même auteur : *Le dialecte poitevin au XIIIe siècle. Bulletin de la Soc. arch. et histor. de la Charente*. T. VIII. 1871-1872. 8°, de la p. 1 à la p. 408, où il est dit, p. 11, que le langage poitevin devrait s'appeler plus exactement *saintongeais*, car c'est à la Saintonge, et surtout à l'Aunis, qu'appartiennent la plupart des documents authentiques qui nous l'ont conservé.

In jharbot de bouquet saintonjhoué tout frei thiuyit prr'meile Piâre Marcut... [M. Marcel Pellisson, ancien magistrat]. Auguste Ghio, Paris, s. d. [1886]. (p. 3 à 14). M. Pellisson est également l'auteur d'*Ine ébôre de grammaire saintongeaise* restée manuscrite, mais qui a été utilisée par M. Favraud, pour sa *Grammaire du patois de Cognac*. Voy. *supra*.

ment pouvait-il en être autrement dans un dialecte qui n'avait pour ainsi dire point d'œuvres imprimées ? Il fut donc obligé de tout créer, et c'est là qu'il rencontra les plus graves écueils.

La prononciation si difficile du saintongeais l'embarrassait plus que tout. Il projeta de faire fondre des caractères spéciaux pour représenter nos consonnes mouillées : *d*, *g*, *k*, *t*, *;* et les aspirations terribles du *ch*, du *g* et du *j*. Les marges de ses manuscrits sont remplies de signes de toutes sortes en vue d'une perfection d'écriture bien peu facile à réaliser[1].

Il convint tout d'abord de supprimer l's du pluriel, l'article et le verbe suffisant à l'indiquer, et les paysans ne faisant que des liaisons euphoniques. Ses rares devanciers n'avaient souvent guère fait autrement, mais Burgaud en fit une règle à peu près invariable. Pour faciliter la mesure du vers, il renforça l'*e* muet en *eu* et supprima l'*r* des infinitifs.

Parmi les consonnes, le *k* et le *t* sont celles qui présentent le plus de difficultés, car on tend parfois à les prendre l'une pour l'autre. Dans la plupart des cas, Burgaud employait le *k* pour le *t*, mais le *k* mouillé, représenté sur ses manuscrits tantôt par une barre en travers, à l'exemple du *ł* polonais, tantôt par différents accents. L'imprimeur de ses ouvrages n'ayant pu composer de cette façon, et pour cause, des critiques charentais, ignorant ce détail, firent, dans les journaux de l'époque, quelques légères observations qui peuvent induire en erreur les lecteurs non prévenus.

A première vue, un mot du patois de Jarnac paraît très différent du même mot en patois de Saintes, bien que souvent ce

(*a*) Sous le n° 607 du Catalogue Burgaud des Marets, figure le manuscrit suivant de P. Jônain : *Vestiges du langage saintongeais (Grammaire et Dictionnaire)*. 12 sept. 1850, in-4°. P. Jônain a refondu ce travail dans son *Dictionnaire*, cité plus haut. — Enfin, dans la Préface à son ouvrage : *La Vieille Charente*, Angoulême et Paris, s. d. [1910], in -8°, A. Esmein donne quelques détails sur l'orthographe saintongeaise.

(1) Mais non pas impossible. Les *Archives Suisses des Traditions populaires*, par exemple, revue trimestrielle fondée en 1897, à Zurich, contiennent une foule de pièces en divers patois de la région, dans lesquelles abondent des signes spéciaux qui, il faut l'avouer, en rendent la lecture difficile.

Des signes phonétiques ont été employés d'une façon plus scientifique dans l'*Atlas linguistique* de J. Gilliéron et E. Edmont, in-fol. Paris, 1902-1910.

soit le même, orthographié d'une façon fort différente. En voici un entre cent : Burgaud a écrit un apologue intitulé : *La fumelle boukiée*. Or, un rédacteur de l'*Indépendant*, de Saintes, fit observer que dans cette ville, on dit *bouquée*, et aussi *bouliée*. C'est le même mot, avec une prononciation presque identique. Dans Burgaud le *k* est mouillé, et sa prononciation, impossible à figurer, participe à la fois, du *k*, du *q* et du *t* [1]. D'ailleurs *La fumelle boukiée*, imprimée ainsi lorsqu'elle fut publiée dans l'*Almanach de Cognac* pour 1861, se trouve orthographiée *La fumelle boutyée* dans *Encoère ine trâlée d'achet*.

Il en est de même pour *piké* = pitié. Par contre, nous avons rencontré dans une fable inédite : *mantié* pour *mankié* ; on voit que Burgaud lui-même ne suivait pas toujours rigoureusement ses propres règles.

Le *ch* et le *j*, que seuls les purs Saintongeais prononcent correctement, ont une aspiration si forte que tout chuintement disparaît. Comme exemple de la « noble aspiration saintongeaise » Burgaud citait souvent ces deux vers extraits de sa pièce *Au fazour de live de Paris* :

> *In jor, in chétit cheun japait, japait trejau,*
> *Conte in jeune jallet juché sus son juchau.* »

et il ajoutait justement :

> « *Ol é pu doux que de la breiche.* »

Cela est plus doux que du miel, sans doute, mais il faut être né en Saintonge et y avoir vécu longtemps pour arriver à prononcer comme il faut cet amoncellement d'aspirations que peu de langues possèdent à un tel degré.

Souvent, emporté par son sujet, le poète parlait ses vers et les écrivait comme ils doivent se prononcer. Dans une fable inédite : *Le gorman cônit*[2], dont nous possédons le manuscrit, on trouve deux fois le mot Charente, une première fois écrit *Chérente*, et la deuxième fois *hérante*. Les mots *brochet, parchode, souchot, chétit*, sont écrits : *brohet, parhode, souhot, hétit*. Mais, sur le

---

(1) Dans *In p'tit pilot d'achet...* 1860 (1re édit.) se trouve le conte intitulé : *In diabe dan n'in bénikié*, avec cette note de l'auteur (p. 23) : « J'écris *bénikié* par un *k* ; la lettre véritable n'existe pas en français : c'est un *tié*, un *t* mouillé. »

(2) Cette fable est reproduite au n° 14 de l'Appendice.

manuscrit destiné à l'impression, Burgaud a ajouté le *c* supprimé.

Certains érudits et patoisants saintongeais n'approuvent pas complètement l'orthographe employée par les poètes du cru. Ce qui est vrai pour beaucoup de ceux-ci, ne l'est pas pour Burgaud, car celui-ci a fait tout son possible pour demeurer logique avec la tradition et avec la phonétique, alors dans les langes.

Dans un dialecte possédant si peu de textes imprimés, comment l'orthographe pourrait-elle avoir de l'unité, lorsqu'une foule de mots antiques sont écrits de diverses façons dans les livres de nos vieux auteurs ? On y rencontre *roumeau, rommeau* et *rumeau ; fiçon* et *fisson; cimois, simois* et *six-mois ; coette, coyte* et *couette; enferge* et *enfarge ; burgot, beurgaud* et *burgaud ; siblet, sublet, subiet ; rapeau, rampeau ; feurmage, fremage, fourmage ; ajace, agace, agasse ; rouiller* (des œils), *rouër, royer ; barche* (de foin) et *barge ; enfanyer* et *enfagnier ; graphiner, grafiner* et *grafinier,* etc., etc...[1]

La plus grande difficulté réside dans l'orthographe des mots de la langue moderne, broyés de cent manières par le gosier rustique de nos paysans. Comment écrire les verbes par exemple ? Pour éviter les mascarades orthographiques, faut-il écrire *ol est* (c'est) ou *ol é* ? Burgaud a adopté cette dernière forme, parce que la prononciation de la troisième personne du verbe *être* sonne en Saintonge comme un *é* fermé. Une autre écriture eût déformé la prononciation, et Burgaud sentait déjà toute la valeur de la future science phonétique.

Il est trop tard aujourd'hui pour poser des règles à un dialecte condamné à disparaître. Mais on devra toujours regretter que le savant ne soit pas venu au secours du poète, en traçant une fois pour toutes à celui-ci les règles grammaticales et orthographiques indispensables à la composition de ses poésies. Nous nous permettons même d'ajouter que c'est par là que le poète philologue aurait dû commencer.

Nous devons faire remarquer que dans ses dernières fables manuscrites, à partir de 1866, Burgaud ne s'est plus servi de ses signes phonétiques, pas plus du reste que de ceux inventés par son ami le prince Louis-Lucien Bonaparte. Il s'est contenté d'adop-

______

(1) Cl. : Villon, Rabelais, A. d'Aubigné, H. Estienne, Bon. Despériers, Montaigne, La Fontaine, Recueil Maurepas, etc. *Passim.*

ter une orthographe représentant le mieux possible la prononciation populaire.

Nous venons de dire un peu plus haut que notre patois était condamné à disparaître — comme les autres dialectes du reste. Mais cette disparition est encore, semble-t-il, fort éloignée. Au xviiie siècle ne disait-on pas déjà qu'ils déclinaient ? Vers 1840, leur durée était limitée à vingt ans. Cette lente agonie dure toujours. Non seulement la mort ne vient pas la rompre, mais un renouveau de vigueur paraît se faire sentir, du moins dans le patois écrit. Aidées de leurs journaux et de leurs revues, des centaines de sociétés locales entretiennent le feu sacré et, aujourd'hui, malgré les écoles, le régiment et les voyages, il est impossible de prévoir le moment où le peuple cessera complètement de parler et de lire les patois.

*
* *

Ces « babioles », ces « badinages », comme appelait ses fables le spirituel érudit, ne l'empêchaient nullement de s'occuper de choses plus graves, et de penser à ses amis polonais. Burgaud n'était pas de ceux dont l'enthousiasme ou l'amitié ne dure que ce que dure un feu de paille. Ce qui précisément le caractérise, c'est d'avoir conservé à ses amis une fidélité, une chaleur d'âme, qui remplissaient d'admiration tous ceux qui l'ont approché.

On trouve rarement le nom de Burgaud dans les journaux de cette époque (1849), qui, par contre, citent les noms d'Adam Mickiewicz et de plusieurs de ses amis. La raison en est toute simple. Burgaud vivait loin de toute publicité, dans l'indépendance absolue que lui permettait sa situation de fortune, et jamais il n'a franchi la ligne de conduite qu'il s'était tracée : pas de politique, pas de discussions religieuses ni de socialisme idéologique. La révolution de 1848 ne le passionna pas davantage que celle de 1830. Il ne retenait de ces bouleversements que les malheurs qui en découlaient.

Lorsque Mickiewicz parlait poésie, Burgaud était tout oreilles, mais quand l'illustre Polonais abordait les théories messianiques de Towianski, le socialisme de Pierre Leroux ou le saint-simonisme du père Bazard, Burgaud demeurait coi, et se contentait d'écouter poliment. Le cours de Mickiewicz au Collège de France fut supprimé, son journal *La Tribune des peuples* fut suspendu. Des rapports idiots l'accusaient de pactiser avec les Russes, et l'enthousiasme pour la Pologne se ressentit bientôt de ces calomnies. Seul, Burgaud était toujours le même. Il haïssait davantage ces discussions stériles, ces attaques incessantes qui faisaient perdre au poète un temps si précieux ; mais son dévouement à la cause polonaise n'en subissait aucune diminution. On y fit appel un jour.

Adam Mickiewicz ayant formé à Rome, en 1848, une légion polonaise, destinée à prêter main-forte à l'Italie, se trouva, à un moment donné, très ennuyé par les agissements d'un nommé Jesman, conducteur d'une des colonnes de renfort de cette légion, dont il devait assurer la solde.

Apprenant que le comte Xavier Braniçki avait donné une très grosse subvention pour servir à l'entretien de la légion polonaise, Jesman feignit aussitôt d'avoir perdu les sommes à lui confiées, et réclama de nouveaux subsides, pour se rembourser de la solde qu'il avait, disait-il, avancée de ses propres deniers.

On fit une enquête au cours de laquelle les soldats déclarèrent que leur chef était un escroc. Mickiewicz résolut alors de poursuivre ce mauvais gestionnaire devant les tribunaux, et fit appel aux connaissances juridiques de Burgaud des Marets.

Nous devons à l'obligeance de M. Ladislas Mickiewicz la lettre suivante qui a trait à cette affaire, mais dont le destinataire est inconnu :

« La Tribune des Peuples,
    Journal quotidien,
Rue Neuve-des-Bons-Enfants, 7, à Paris.

J'ai l'honneur de vous adresser M. Burgaud des Marets, avocat à la Cour d'appel, qui a bien voulu se charger de notre affaire avec Jesman.

Je vous prie, Monsieur, de communiquer à M. Burgaud des Marets, tous les renseignements dont il pourrait avoir besoin pour conduire à fin ce procès.

Agréez l'assurance de mes sentiments distingués.

26 mars 1849,   Adam Mickiewicz.

Aux Batignolles, rue de la Santé, n° 42 [1]. »

---

(1) La lettre autographe appartenait en 1911, à M. Wilder, libraire à Varsovie, qui a bien voulu en adresser une copie à M. L. Mickiewicz et en autoriser la publication.

Après réflexion, on jugea inutile de présenter ces laideurs devant un tribunal, surtout au moment où l'amitié pour la Pologne faiblissait un peu grâce à des intrigues dont on peut mesurer la portée par ce que nous voyons aujourd'hui, à l'issue de la grande guerre.

Pour éviter un scandale qui eût été préjudiciable à la cause polonaise, on remit une somme d'argent à Jesman en l'invitant à s'aller faire pendre ailleurs, et Burgaud n'eut pas à plaider dans cette affaire, puisqu'il n'y eut pas de procès[1].

Parmi les amis de la Pologne, à cette époque, on est tout surpris et joyeux de découvrir le père de Pasteur. Nous lisons ces lignes dans la *Vie de Pasteur* (p. 43) par René Vallery-Radot, son gendre :

« *Provoque*, écrit-il à son fils, *une souscription dans ton école en faveur de ces pauvres exilés polonais qui ont tant fait pour nous. Ce sera une bonne œuvre.* » (Lettre du 22 avril 1848).

* *
*

En 1850, Burgaud ajoute son grain de sel à la *Bibliotheca scatologica* de P. Jannet, J.-F. Payen et Aug· Veinant. Il est impossible de déterminer la part de chacun dans un ouvrage auquel ont collaboré plusieurs érudits et bibliophiles. Seules, les pièces liminaires sont pour la plupart suivies des initiales de leurs auteurs. Celle de Burgaud est signée H. D. M., on la trouvera à la Bibliographie, n° 9.

Deux ans après, toujours chez Didot, parut le *Noveau fabeulier Jarnacoès*. Ce second recueil, où s'affirmait de plus en plus le talent du fabuliste, contenait six nouvelles fables. L'auteur annonçait sur la couverture inférieure les mêmes ouvrages projetés en 1849, avec une modification pour le deuxième. Au lieu de *Théorie des patois...*, on lit : *Etudes comparatives sur les formes grammaticales des dialectes vivants de la France.* La pensée de Burgaud se précisait davantage.

Un de ces ouvrages, le *Lexique du patois Jarnacais*, reçut un commencement d'exécution. Il existe, inachevé, dans la bibliothèque de M. Martineau, à Saintes, et nous nous promettons de le

____

(1) Renseignements fournis par M. L. Mickiewicz, appuyés d'extraits de la Vie polonaise d'A. Mickiewicz.

publier, en le complétant à l'aide des notes trouvées dans les papiers de l'auteur. Quant au manuscrit du second ouvrage, il a dû, avec bien d'autres, faire partie de l'autodafé allumé par Burgaud dans les derniers jours qui précédèrent sa mort.

*
* *

Au plus beau temps de l'Empire, en 1807, le ministre Chaptal, à l'instigation de Napoléon sans doute, donna l'ordre aux préfets de faire traduire, dans tous les patois de leur département, la *Parabole de l'enfant prodigue*. Cet ordre ne reçut qu'un commencement d'exécution, car le bureau qui s'occupait de ce travail fut supprimé. C'est alors que la Société des Antiquaires de France se substitua au ministre, et publia dans le T. VI de ses *Mémoires* près de cent versions patoises. On y trouve les traductions de Marennes, Saintes et La Rochelle, qui sont loin de valoir la traduction que donna Burgaud en 1853.

En effet, c'est à partir de cette traduction que Burgaud entrevit sérieusement la forme scientifique que devaient prendre désormais ses productions patoises. Il les composa avec d'autant plus de soin que son ami Louis-Lucien Bonaparte menait parallèlement le même travail et suivait, d'un œil inquisiteur, toutes les productions de ce genre qui paraissaient à travers la France. Il était de mode alors de s'occuper des patois, qui subirent de ce fait une sorte de renouveau. D'excellents érudits provinciaux recueillirent les œuvres de leur région, et mirent au jour des dictionnaires, dont quelques-uns font encore autorité aujourd'hui.

Au verso de la page 11 de ce petit volume anonyme, paru chez Didot, l'auteur annonçait les deux ouvrages qui figuraient déjà sur la couverture de ses deux premiers livres de fables ; ces études obsédaient le cerveau de notre patoisant.

Burgaud travaillait aussi, depuis longtemps, à l'édition des œuvres de Rabelais, qu'il se proposait de faire paraître avec l'aide de Rathery, bibliothécaire à la Bibliothèque du Louvre, dont il avait fait la connaissance durant ses longues visites à cette admirable « librairie ».

Notre savant aimait à varier ses travaux : bibliographie, bibliophilie, poésie, érudition, le tentaient tour à tour. Il se plaisait à la lecture des auteurs peu connus, cherchant le trait échappé aux investigations de ses prédécesseurs, ravi de trouver de temps à autre le sujet d'une note piquante.

Rien ne peut mieux faire sentir cette particularité de son esprit curieux que les lignes suivantes, extraites d'une lettre (du 31 août 1853) adressée à Rathery, par un de leurs amis communs, dont nous ne sommes pas autorisé à dire le nom [1] :

« J'ai vu hier M. Burgaud... il a trouvé sans doute que le Rabelais allait trop vite. Il s'est avisé de traduire la semaine dernière une farce de Gringoire en patois saintongeais, et il s'occupe maintenant de la faire imprimer... Au fond, M. Burgaud regrette d'avoir entrepris cette édition de Rabelais. C'est un esprit amoureux de la perfection, vous le savez, et il sait qu'il est impossible de rendre ce travail parfait comme il le rêve. *Je connais ce travers et j'y sais compatir* ; il en a un second qui m'est aussi bien connu: c'est un coureur de papillons, toute sorte d'idées voltigent devant lui ; l'une lui fait oublier l'autre, et celle qu'il est près d'atteindre cesse aussitôt de le tenter. Il me propose quelquefois d'entreprendre un ouvrage ensemble. Ah ! que nous serions bien accouplés ! Vous pouvez parier d'avance que la critique ne trouverait rien à mordre dans ce que nous produirions tous deux... »

Ces lignes nous donnent le véritable portrait moral du savant. Il est vrai que Burgaud n'a été toute sa vie qu'un coureur de papillons ; mais il faut ajouter qu'il en attrapa quelques-uns, et si la collection n'est pas considérable, elle est du moins assez précieuse.

La traduction dont parle la lettre que nous venons de lire est une petite comédie champêtre, quelques dialogues en quatre scènes, intitulée *Molichou et Garçounière*, et imitée de la *Farce du jeu du Prince des sots* de Gringoire. Cette plaquette ne fut tirée, comme ses sœurs, qu'à une dizaine d'exemplaires ; fantaisie de bibliophile des plus regrettables, car cette pochade de « haulte graisse » méritait une plus large dispersion. Tout le sel, toute la naïveté malicieuse et assez graveleuse de nos vieux conteurs se trouvent condensés en ces pages de fine gauloiserie. C'est du Rabelais, du La Fontaine, du Molière, filtré en saintongeais.

Peu après, comme pour payer son tribut d'admiration au plus célèbre des patoisants, Burgaud des Marets édita l'*Epôlogie de*

----

(1) Communication de M. André Rathery, petit-fils du collaborateur de Burgaud.

Noei de lai Roulote et du Tillô, de Bernard de La Monnoye [1], avec une traduction interlinéaire et une lettre inédite de l'auteur, publication anonyme tirée à 25 exemplaires seulement.

L'année 1855 fut une année de tristesse. Le 13 mars, sa mère mourait à Jarnac, et, le 26 novembre suivant, son ami Adam Mickiewicz, l'illustre poète polonais, était enlevé en quelques heures, à Constantinople, par une attaque de choléra [2].

Rien ne sortit de la plume de Burgaud au cours de cette année endeuillée, qui lui enlevait ce qu'on a le plus raison d'aimer ici-bas : une mère et un poète.

*
* *

Talonné par ses amis, harcelé par son collaborateur et par son éditeur, il se mit à parachever les notes du commentaire de Rabelais, dont le premier volume parut en 1857. Rabelais avait enfin une édition digne de lui. Rathery écrivit une biographie qui réduisait à néant les légendes saugrenues dont on avait farci jusqu'alors la vie de cet honnête et grand homme de lettres. C'est à partir de 1857 que Rabelais apparut sous son vrai jour, grâce aux patientes et laborieuses recherches de nos deux érudits.

Rathery fit l'histoire de l'homme et de l'œuvre, Burgaud s'en réserva le commentaire ; et c'est ainsi que, dans une collaboration étroite, ils réussirent à mettre en lumière, après maintes difficultés, cette belle et bonne édition que d'autres, du reste assez nombreuses, n'ont pas effacée.

Dans le *Supplément* au *Manuel du libraire*, les auteurs ont écrit

---

(1) *L'Epôlogie* se trouve dans plusieurs éditions des *Noëls*, et entre autres dans le recueil des *Noëls de La Monnoye*, publiés avec traduction en regard par F. Fertiault. Paris, Lavigne, 1842, gr. in-18 ; et 2ᵉ édition augmentée : Paris, Locar-Davy, 1857, in-18 (fig.).

(2) Le corps du poète fut ramené en France où une cérémonie eut lieu à l'église de la Madeleine, à Paris, le 21 janvier 1856. L'inhumation se fit au cimetière de Montmorency, où dormait déjà Niemcewicz. En 1890, les cendres de Mickiewicz furent transportées à Cracovie, dans la Cathédrale de Wavel, qui est le Westminster polonais. — Un monument dû au ciseau du sculpteur Godelski lui a été élevé dans cette même ville, et inauguré le 24 déc. 1898. Un autre monument se dresse sur une place de Varsovie. Outre la biographie polonaise de son père (4 vol. 8°, 1890-1895), M. Ladislas Mickiewicz a écrit un ouvrage analogue en français, réduit en un volume. *Adam Mickiewicz, sa vie et son œuvre*. Paris, 1888, in-12.

à propos de ce livre : « Nous n'ajouterons qu'un mot, c'est que le regrettable Burgaud des Marets a consacré vingt années de recherches à cet admirable travail. »

Burgaud n'était donc pas malgré tout incapable d'une application soutenue. Le lecteur verra plus bas ce qu'en pensait Désiré Nisard, ce rigide censeur. Quant à la critique, elle fut unanime à louer le livre : *Le Constitutionnel, Le Moniteur, Le Journal des Débats, La Correspondance littéraire, La Revue critique d'histoire et de littérature*, pour ne citer que ceux-là, publièrent des articles ou des comptes rendus élogieux, signés des plus grands noms de l'érudition.

Une foule de brochures, d'articles de journaux et de revues, de préfaces d'autres éditions de Rabelais, ont loué, avec très peu de restrictions, le travail de Burgaud des Marets et de Rathery.

Quelques écrivains ont discuté la qualité du texte de l'édition Didot. C'était le seul défaut de la cuirasse, mais il avait été voulu, car Burgaud s'est expliqué, dans sa préface, sur le motif qui les avait engagés, son collaborateur et lui, à choisir dans les éditions originales les mots qui se rapprochaient le plus du français moderne, en leur conservant invariablement la même orthographe, de façon à en faciliter l'intelligence au plus grand nombre possible de lecteurs. Nous ne pouvons qu'encourager les admirateurs de Rabelais à lire la préface de Burgaud des Marets, ils y trouveront, claire et précise, la réponse aux critiques de son texte. C'était le seul point où l'on pouvait mordre.

Nous ne discuterons pas ici le pour et le contre du choix que les éditeurs ont fait de ce texte ; nous nous contenterons de dire que si la masse du peuple veut connaître Rabelais, c'est dans cette édition qu'elle doit le lire.

Quant au commentaire, Burgaud y a dépensé des trésors d'érudition et de goût. Les notes sont courtes, mais substantielles, et leur lecture est un régal exquis. Il a su y faire entrer, le plus souvent en quelques lignes, la fleur de son savoir.

Combien de passages n'a-t-il pas mis en lumière, grâce à sa parfaite connaissance des divers dialectes employés par Rabelais ? Il laisse bien loin derrière lui Le Duchat et ses successeurs.

Les commentaires de Rabelais qui parurent après l'édition de Burgaud et de Rathery nous ont appris bien peu de choses neuves ; par contre ils renferment, presque tous, un certain nombre d'erreurs. Que d'éloges, par exemple, n'a-t-on pas prodigué au glossaire de Louis Moland ? Ce glossaire est pourtant incomplet et recèle en outre des fautes impardonnables. On y voit *moulues*, traduit par moules, coquillages ; *timbre*, par tasse ; *casserons*, sorte de poisson fort commun en Poitou (?). Ces bévues n'ont pas même été corrigées dans les nombreuses réimpressions de l'édition L. Moland. Les érudits collaborateurs de la *Société des Etudes Rabelaisiennes* ont dressé, çà et là, quelques phares qui nous guident dans cette œuvre immense, mais, malgré leurs estimables travaux, le livre et la grande figure de Rabelais restent encore de trois quarts dans l'ombre. Le commentaire, seul, pourra être développé, délayé, entouré de l'appareil d'une érudition plus moderne, souvent aussi plus prétentieuse, mais, à notre humble avis, les notes de Burgaud ne seront, de sitôt, dépassées dans leur ensemble.

Il faut nous souvenir que Burgaud n'était pas seul pour mener à bien cette difficile entreprise. Il eut pour collaborateur non seulement Rathery, mais aussi le savant imprimeur Ambroise-Firmin Didot, qui donna maints conseils dont il fallut bien tenir compte, sous peine de voir avorter le projet d'édition. Il est bon d'ajouter que, sans ces encouragements, Burgaud n'eut peut-être jamais publié ce livre qui ne donnait pas entière satisfaction à son idéal de la perfection.

Perfection en tout, telle aurait pu être sa devise. Il n'a rien négligé pour en approcher le plus possible. Toutes les critiques ont été passées au crible le plus fin. Celles qui étaient justifiées ont valu, dans l'édition suivante, des améliorations aux passages incriminés. Les deux éditeurs recevaient ces observations avec la plus parfaite bonne grâce, comme en témoigne la lettre suivante:

« à Monsieur Ph. Plan [1],
rue de l'Hôtel de Ville
à Genève.

Paris, 22 juillet 1858.

Monsieur,

Votre gracieuse lettre au sujet de notre édition de Rabelais a reçu l'accueil qu'elle mérite. *Science et service* obligent. Vous al-

(1) Plan (Philippe), né à Genève le 3 mai 1827, mort dans la même ville en 1885. Conservateur de la bibliothèque de la ville de Genève. A publié un certain nombre de travaux historiques, particulièrement sur

lez être *sommé* de nous signaler les erreurs que vous avez trouvées dans notre texte. Nous profiterons avec empressement et reconnaissance de vos observations, et nous ne manquerons pas d'y faire droit dans une seconde édition.

Le Duchat s'estimerait heureux d'avoir un défenseur comme vous. Nous l'attaquons souvent, mais sans fiel, et nous serons toujours prêts à confesser des torts comme ceux que vous relevez.

Je dois dire que déjà les notes qui ne nous satisfont pas nous-mêmes se comptent par centaines. Aidez-nous, Monsieur, à perfectionner notre travail. Nous vous demandons cela, non pas en notre nom, mais au nom de Rabelais, dont vous nous semblez un des plus dévots et plus éclairés admirateurs.

Recevez, Monsieur, mes salutations empressées.

H. Burgaud des Marets,
21, rue La Bruyère [1]. »

*
* *

Nous avons fait jadis plusieurs démarches auprès de M. Alfred-Firmin Didot, aujourd'hui décédé, afin d'obtenir quelques éclaircissements sur les ouvrages de Burgaud en général, et sur l'édition de Rabelais en particulier. Bien que toujours reçu d'une façon courtoise et bienveillante, nous ne pûmes rien tirer de M. Didot. Les dossiers et les livres de commerce ne contenaient, paraît-il, aucun document susceptible de nous aider dans notre travail. La maison Didot manquait si bien de renseignements qu'elle ignorait ou avait oublié certains détails bibliographiques concernant

des points spéciaux à l'histoire de Genève, et des études sur le patois savoyard. Entre autres : *Lettres trouvées, épisode de la vie de Jean Diodati*, Genève, Fick, 1864, 8°. *La Conspiration de Compesière, poème en patois savoyard* (1695). [précédé d'une importante introduction historique]. Genève, 1870, 8°. *Un collaborateur de Mirabeau, documents inédits précédés d'une notice.* [Monographie d'E.-S. Reybaz]. Paris, Fischbacher, 1874, 8°. — et un très grand nombre de monographies et articles épars dans les revues d'histoire et de lettres, — a collaboré à la *République française* et au *Journal des Débats.*

(1) Cette lettre nous a été communiquée par notre ami P.-P. Plan, fils du destinataire, rabelaisant distingué lui-même, et auteur, entre autres nombreux travaux, d'une belle *Bibliographie des éditions de Rabelais,* récompensée par l'Académie des Inscriptions et Belles-Lettres.

les différentes éditions du *Rabelais*. D'après le directeur de cette grande librairie, les deux premières éditions porteraient seules des dates d'impression. Or, nous avons trouvé des réimpressions avec des dates postérieures à 1880 (Voy. la Bibliographie).

Le dossier « Burgaud des Marets » ne contenait que le traité passé entre A.-F. Didot, Burgaud et Rathery, au sujet de l'édition de Rabelais. On ne nous a pas permis d'en prendre copie ; nous avons retenu, d'une rapide lecture, que chacun des deux savants avait reçu 600 francs avant l'impression et 600 francs à l'achèvement.

Il nous restait à interroger M. G. Pawlowski, bibliothécaire de A.-F. Didot et jeune ami de Burgaud. Nous ne pûmes trouver aucun secours auprès de M. Pawlowski, sa raison chancelante ayant obligé sa famille à lui chercher un refuge dans une maison de santé, où il est mort le 22 juillet 1913 [1].

Le second volume des *Œuvres de Rabelais* parut en 1858, et rencontra le même succès que le premier. Burgaud et Rathery en donnèrent une seconde édition (Didot, 1870-1873) ; c'est celle qui se réimprime encore actuellement, avec de légères modifications sur le titre.

Il est regrettable que Burgaud n'ait pas appliqué cette méthode claire et précise à quelque autre important ouvrage. Cependant, le lecteur verra plus loin que le docteur Payen fit appel à son savoir pour l'édition qu'il projetait des *Essais* de Montaigne.

Notre érudit n'aimait pas les gros livres. Lecteur passionné des écrivains du XVIIe siècle, il en admirait le style, l'ordonnance, la mesure et la belle clarté. Nous savons qu'il se plaisait à relire Bossuet, et peut-être avait-il toujours présent à l'esprit ce passage de l'Oraison funèbre de Madame : « C'est l'effet d'un art consommé de réduire en petit tout un grand ouvrage. »

Une courte étude, un point de philologie élucidé, une plaquette sauvant de l'oubli quelque piquante curiosité littéraire, voilà ce qui ravissait Burgaud. Ses traductions, ses fables, ses autres publications, sont de tous petits livres. Ceux qu'il méditait n'étaient guère plus considérables, exception faite du dictionnaire saintongeais, qui du reste n'a pas été publié.

---

(1) Gustave Pawlowski (1841-1913), ancien professeur et bibliographe distingué. Il a été rapporteur du premier Congrès bibliographique en 1878.

Il s'est occupé toute sa vie de Rabelais et de Montaigne, rassemblant sur ces deux écrivains une quantité inimaginable de notes dues à ses laborieuses recherches. Il préparait un livre sur Rabelais : le cinquième livre, la correspondance, la biographie. Ce dernier travail, très avancé et rempli de faits nouveaux, était des plus savoureux au dire de ceux qui eurent la faveur d'en lire le manuscrit. Il possédait en outre en portefeuille une étude sur les poètes hongrois, et une autre fort importante sur la philologie des noms de lieux. Tous ces travaux sont aujourd'hui perdus.

Le commentaire de Rabelais est donc le seul ouvrage considérable qui permet de le juger comme philologue, puisque nous ignorons ses travaux anonymes ou perdus. Comment se fait-il qu'avec ce seul bagage Burgaud ait reçu tant de fois l'épithète d'éminent philologue ? [1]

Il doit cet éloge moins à ses œuvres qu'à sa conversation. C'est avec les Didot, les Dübner, les Lenormant, les Paris, les Guessard, les Baudement, les Vallery-Radot, les Rathery, les Nisard. qu'il prodiguait les richesses de son érudition. C'est dans des causeries prolongées qu'il développait les aperçus les plus profonds, les plus piquants aussi, trouvés dans sa possession parfaite des littératures ancienne et moderne.

Sautant d'un sujet à un autre, accumulant pour chacun d'eux d'immenses matériaux, il commençait tout et ne terminait rien. On se prend à regretter que sa pauvreté des dernières années n'ait pas été plutôt au début de sa carrière ; le besoin aurait sans doute stimulé ce dilettante de l'érudition et nous n'aurions pu qu'y gagner quelques bons livres.

Ce manque de persévérance dans l'effort se rencontre assez souvent dans l'histoire de notre littérature, et les appréciations suivantes pourraient aussi bien s'appliquer à Burgaud des Marets.

(1) « Antoine Leroy qui a laissé un manuscrit *Rabelœsina Elogia* sur la vie du conteur, exalte ses talents de dessinateur et d'architecte au point d'en faire un collaborateur de Philibert Delorme pour les plans du château de Meudon. » et en note « c'est à l'obligeance du savant philologue et du judicieux annotateur de Rabelais, M. Burgaud des Marets, que je dois ces renseignements. » Champfleury, Rabelais dessinateur, *Gazette des Beaux-Arts*, 1870, 8° p. 248. « M. Burgaud des Marets, érudit d'un ordre élevé... philologue ingénieux et profond... ». Désiré Nisard, *Souvenirs*, T. I, p. 271.

« M. Burgaud des Marets, un de nos philologues les plus éminents. » *Journal des Débats* du 13 août 1871, 2ᵉ page, etc., etc.

Sismondi, qui s'occupait des littératures du midi, vint à Paris au commencement de 1813 ; il écrivait à un ami, le 26 janvier : «... Fauriel travaille depuis trois ans à une histoire des troubadours et de leur influence sur le renouvellement des littératures du Midi. Il fait son travail en conscience, avec beaucoup de savoir, et en rassemblant d'immenses matériaux. Son livre pourrait être meilleur que le mien, *mais il a un défaut, c'est qu'il ne le fera pas ;* il n'a jamais rien publié, et il est incapable d'amener rien à terme. Le nombre de jeunes gens qui ont été ainsi doués par la fée *Guignon* est considérable ; ils ont de tout, invention, esprit, travail, mais ils ne savent pas circonscrire leurs forces, ils veulent faire entrer l'univers entier dans chacune de ses parties, et meurent à la peine. Benjamin [Constant] est de ce nombre ; il ne fera jamais rien qui soit digne de son esprit [1]... »

Burgaud des Marets a étudié toute sa vie, il a jeté dans la conversation le meilleur de son savoir, ignorant probablement le mot de Théophile Gautier : « Il ne faut pas *parler* ses livres, il faut les faire. »

Burgaud passait une grande partie de ses journées dans les bibliothèques, de préférence à la bibliothèque impériale et à celle du Louvre. A la bibliothèque de la rue Richelieu, il se lia surtout avec le modeste Baudement [2], dont le caractère et les goûts sympathisaient si bien avec les siens.

(1) Cité par Sainte-Beuve. *Premiers Lundis,* Paris, 1891. T. III, pp. 111-112.

(2) Baudement (Théophile-Charles-Etienne), né à Paris le 26 juillet 1808, mort dans la même ville en 1874. Fut secrétaire d'Augustin Thierry, puis bibliothécaire à la Bibl. impériale [nationale]. Il a collaboré à la Collection des *Classiques latins* de Désiré Nisard, dans laquelle il a traduit et annoté : *César, Florus, Suétone, l'Histoire Auguste, Ovide, Tibulle, Publius Syrus, Cicéron, Eutrope, Sextus Rufus, Frontin, Modestus, Censorinus, Julius Obsequens.* Il a publié aussi deux livres délicieux : *Les Rabelais de Huet,* Paris, Académie des Bibliophiles, 1867, in-16 ; *Eglogues de Huet,* Paris, 1870, in-8°, et collaboré à différents périodiques.

Baudement avait amassé une grande quantité de matériaux sur l'Evêque d'Avranches. Ces documents, que la mort lui a empêché de mettre en œuvre, ont été légués à la bibliothèque de la ville de Caen, ainsi que plusieurs volumes annotés par D. Huet ou lui ayant appartenu.

Un jour, Burgaud tombe sur l'*Histoire de la littérature française*, de Désiré Nisard, passe de suite au chapitre consacré à Rabelais, qu'il trouve plus qu'insuffisant, et fait part de sa découverte en termes un peu vifs à Baudement qui, précisément, était lié d'amitié avec l'auteur. Ce dernier a publié dans ses *Souvenirs* [1] le récit de cette anecdote, que nous croyons devoir citer *in extenso* parce qu'elle fait honneur à ces trois lettrés, et qu'en outre elle apporte une large contribution à la biographie de Burgaud des Marets :

« Il ne faisait pas bon d'ailleurs me critiquer devant lui. [Baudement]. Son visage disait, avant sa bouche, qu'il n'était pas plus homme à laisser mordre par les autres l'ami absent qu'à le mordre lui-même.

J'en eus une preuve dont je fus d'autant plus touché que le mordant était de ses amis. L'année dernière s'est éteint dans l'obscurité et la pauvreté un érudit d'un ordre élevé, M. Burgaud des Marets. Une édition de Rabelais, faite en commun avec le savant M. Rathery, voilà tout ce qui reste de ce philologue ingénieux et profond, aussi fin juge des choses que des mots, qui, pour avoir trop comparé son savoir à l'idéal qu'il se faisait du savant, en a emporté le trésor presque tout entier avec lui. Il était plein de Rabelais. Il l'étudiait, sans cesse, à la lumière des plus sévères méthodes de la critique, avec toute la pénétration d'un esprit aussi curieux que sagace. Il avait fait du curé de Meudon sa chose. Malheur à qui s'aventurait à en parler avec une érudition insuffisante ! Tout au plus accordait-il qu'on pût se tromper sur Rabelais et être un galant homme. Bref, il n'y avait pas en littérature de cas plus pendable.

Malheureusement pour moi, en écrivant pour la première édition de mon *Histoire de la littérature française* le chapitre où je juge ce grand et singulier esprit, je m'étais mis dans ce cas. Plus occupé de la valeur morale et littéraire du livre, des causes de sa durée, que des circonstances historiques et biographiques où il a été conçu et publié, j'avais eu le tort de m'en rapporter, sur cette partie accessoire, aux notions reçues, à ce mélange de faits vrais

____

(1) *Souvenirs et Notes biographiques* par Désiré Nisard, de l'Académie française, avec portrait gravé à l'eau-forte. 2ᵉ édition. Paris, Calmann-Lévy, 1888, 2 vol. in-8°. (1ᵉʳ vol. p. 271 et suiv.).

et de fables vraisemblables dont se compose la légende de Rabelais.

La première fois que M. Burgaud des Marets ouvrit mon livre, il courut au chapitre de Rabelais. Il y vit des « énormités ». Il en conclut, comme il arrive, que tout l'ouvrage était fait avec la même insuffisance de savoir, et il n'alla pas plus avant. Quoique d'humeur très douce, il avait, en sa qualité d'érudit, les préventions vives, et il ne le cachait pas. Chaque fois donc qu'il rencontrait un fidèle de Rabelais, ou, ce qui était moins rare, quelque homme de lettres disposé à entendre dire du mal d'un confrère, il lui faisait les honneurs de mon livre à mes dépens. Un jour, croyant avoir trouvé son homme dans Baudement, comme lui grand admirateur de Rabelais, il se mit à lui faire mon procès. Aux premiers mots, Baudement l'arrête : « Y pensez-vous, mon cher Burgaud, lui dit-il, l'homme auquel vous touchez est mon meilleur ami. » M. Burgaud le regarde : « Quoi ! M. Nisard est votre ami ! — Je n'en ai pas de plus cher, répond Baudement. — C'est assez, dit M. Burgaud, je cesse de critiquer un homme que vous aimez, et au lieu de médire d'un livre dont je ne connais qu'un chapitre, je vais le lire tout entier. »

A quelques jours de là, j'étais allé à la Bibliothèque : M. Burgaud y passait sa vie. Dès que Baudement me voit, il quitte son bureau, va à la table où travaillait M. Burgaud, alors absorbé dans des recherches sur les apocryphes de Rabelais, et lui frappant sur l'épaule : « M. Nisard est là », lui dit-il, et il me l'amène. M. Burgaud fait sa confession de la meilleure grâce. « Je sais par Baudement, me dit-il, ce que vous lui êtes, et par votre livre que je lis, à quel écrivain j'ai affaire. Voulez-vous me compter désormais parmi vos amis ? — J'y mets une condition, lui dis-je, en lui serrant la main, c'est que vous me disiez toutes mes ignorances. Ne me ménagez pas ; je veux vous étonner de ma docilité. » Je dois à M. Burgaud d'être plus près de ce qui sera la vérité définitive, si on la trouve jamais, sur la vie et la pensée vraie de Rabelais.

Quant à mon jugement sur l'écrivain, il n'y trouvait rien dont il ne fût d'accord avec moi. Approbation précieuse, dont je serais tenté de me faire honneur, si je ne craignais d'y voir l'indulgence d'un galant homme qui croit avoir un tort à réparer.

Plus tard il voulut faire davantage : « Votre livre, me dit-il, m'est devenu d'autant plus cher, que j'en ai d'abord pensé plus de mal. En dépit de tout ce que vous y avez fait pour l'exactitude, il continue de rester un peu suspect aux superstitieux d'érudition. Permettez-moi de le revoir d'un bout à l'autre la plume à la main, et d'en ôter tous les sujets de chicane philologique. — J'ai du scrupule, lui dis-je, d'accepter votre offre. Ce serait de votre part pousser la réparation jusqu'à la pénitence. » Il insista. Quel moyen de refuser un service si cordialement offert ? J'avais trouvé pour ma prose « l'ami prompt à vous censurer », que Boileau conseille au poète. Un exemplaire fut destiné à recevoir à la marge ses traits de plume. Déjà il en avait revu les premiers chapitres, quand il fut atteint du mal dont il devait mourir. Dans une visite que nous lui fîmes, Baudement et moi, il nous montra sur sa table de travail le premier volume avec des signets çà et là entre les pages. D'une bouche déformée par la paralysie, il me dit avec grand'peine, et peut-être sans espoir, que, dès qu'il irait mieux, il se remettrait à l'œuvre. Le peu de jours qu'il vécut depuis, il les passa à lutter contre les dernières souffrances, et il est mort, me laissant une dette de reconnaissance pour ses intentions si amicales, et le regret que mon livre n'en ait pas profité. »

*
* *

Ces pages émouvantes, qui ne laissent aucun doute sur le savoir et sur la bonté de Burgaud des Marets, ont été écrites au lendemain de la mort de deux des protagonistes. Elles ont d'autant plus de valeur qu'elles émanent d'un écrivain réputé pour sa froideur hautaine et son caractère entier, et qui pouvait très bien passer cette aventure sous silence. Cette rigidité lui valut d'ailleurs, de la part de plusieurs romantiques, — de Victor Hugo notamment — des attaques nombreuses et souvent injustes, car on ne peut refuser à l'auteur des *Souvenirs*, des qualités qui compensent largement ses défauts : une grande honnêteté littéraire, du courage et des sentiments délicats et cordiaux.

De même que le correspondant de Rathery, Désiré Nisard souligne chez Burgaud cette soif de perfection qui lui fit abandonner l'idée d'imprimer plusieurs ouvrages dont il n'était pas complètement satisfait. Mais en écrivant : « une édition de Rabelais faite en commun avec le savant M. Rathery, voilà tout ce qui reste de ce philologue ingénieux et profond... » Désiré Nisard réduit un peu trop le bagage littéraire de Burgaud, il ignorait ses traductions, ses réimpressions et ses œuvres patoises.

Dans les éditions subséquentes de son *Histoire de la littérature française*, Désiré Nisard a mis en note, à la p. 271 du T. Ier, les lignes suivantes : « On ne trouvera plus, dans la partie biographique de ce chapitre, certaines erreurs que j'avais reproduites sur le crédit de biographes plus ingénieux que bien informés. Ces erreurs ont disparu. J'en ai l'obligation aux deux savants auteurs de la plus récente édition de Rabelais, MM. Burgaud des Marets et Rathery. »

*
* *

C'est vers 1850 que Burgaud se lia d'amitié avec la plupart des conservateurs et des assidus de la bibliothèque du Louvre : Rathery [1], son collaborateur, E. Bégin, F. de Caussade, Vallery-Radot, Payen, Barbier et autres nombreux savants.

Moins âgé que Burgaud de quelques années, puisqu'il était né le 5 février 1814, à Corbigny, d'une ancienne famille du Nivernais, Vincent-Félix Vallery-Radot fut un des préférés de cette phalange de lettrés, l'ami sûr et fidèle auquel on confie les plus secrètes pensées. « Très belle et très pure intelligence, homme de

(1) Rathery (Edme-Jacques-Benoît), né à Paris le 19 nov. 1807. Après de bonnes études il se fit recevoir avocat, plaida quelque temps, puis se consacra aux travaux historiques. Nommé bibliothécaire au Louvre, il devint, en 1859, conservateur à la Bibliothèque impériale [nationale] où il resta jusqu'à sa mort, survenue le 25 nov. 1875. M. Rathery a publié plusieurs ouvrages remarquables : *Recherches sur l'histoire du droit de succession des femmes* (1843) ; *Histoire des Etats-généraux de France* (1845), couronnée par l'Académie des sciences morales ; *De l'influence de la littérature et du génie de l'Italie sur les lettres françaises* (1853), couronné par l'Académie française ; *Journal et Mémoires du marquis d'Argenson* (9 vol. 1859-1868) ; *OEuvres de Rabelais* (1857-1858) : *Vie et correspondance de Mlle de Scudéry* (1873) ; *Le comte de Plélo, un gentilhomme français au* xviiie *siècle* (1876), ouvrage posthume, édité et enrichi d'une charmante préface par Gaston Feugère. Rathery inséra en outre une foule d'articles dans les principaux périodiques de l'époque : *Le Droit, la Gazette des Tribunaux, Le Moniteur, La Revue contemporaine, La Revue des Deux-Mondes*, le *Bulletin du Bibliophile*, la *Biographie générale*, etc. On trouvera dans *L'Amateur d'autographes*, n° de nov.-déc. 1875, pp. 181-185, une notice sur Rathery signée E. C. [Et. Charavay], dans laquelle se trouve compris le discours prononcé sur sa tombe par Léopold Delisle.

cœur, de droiture et de bon conseil » a dit de lui Jules Leval-
lois [1] ; et modèle des bibliothésaires, pourrait-on ajouter.

Sa distinction naturelle, jointe à de brillantes études universi-
taires, le firent remarquer de M. de Montalivet, alors intendant
de la liste civile, qui le prit comme secrétaire. Vallery-Radot quitta
donc la bibliothèque du Louvre où il était entré quelque temps
auparavant ; mais il reprit son poste après la Révolution de 1848.
Il y resta vingt ans, pendant lesquels sa plume ne resta pas inac-
tive. Collaborateur du *Constitutionnel*, il fit paraître dans ce
journal une série d'articles, de souvenirs et de fine critique que
son fils a réuni en volume sous le titre de *Souvenirs littéraires* [2].
Ce beau livre, délicat et pieux hommage à la mémoire paternelle,
n'a pas été mis dans le commerce.

Vallery-Radot, qui avait été l'ami d'Hégésippe Moreau, donna
une édition de ses œuvres [3] et, dans la réimpression qu'il projetait de son étude sur ce poète, il avait réservé, sur le manuscrit,
une dédicace à Burgaud des Marets. Ce travail n'a pas été publié.
Enfin, en collaboration avec M. A. de Courson, il édita un choix
des chefs-d'œuvre classiques du XVIIe siècle[4], anthologie composée
avec un soin et un goût exquis. De 1869 à 1870, Vallery-Radot
occupa le poste de chef de cabinet auprès de M. Alfred Leroux,
ministre de l'Agriculture. Il est mort subitement à Avallon, le 31
août 1876.

Bien souvent, le soir, après la fermeture de la bibliothèque du
Louvre, Vallery-Radot et Burgaud des Marets revenaient en-

----

(1) *Mémoires d'un critique*, dans *La Lecture illustrée*, du 10 mars au
17 juin 1897, in-8°. (Fig.), IV, p. 62.

(2) Vallery-Radot. *Souvenirs littéraires*, publiés par René Vallery-
Radot. *Amicis reliquiæ*. Paris. Typographie de G. Chamerot, 1877, in-8°.
Hégésippe Moreau, de la p. 41 à la p. 104.

(3) Vallery-Radot a publié sur ce poète un autre article dans *La Politique nouvelle, Revue hebdomadaire*, de 1851, in-8° ; puis les *Œuvres
complètes* d'Hégésippe Moreau, *Souvenir d'un ami de Moreau*, par Vallery-Radot, bibliothécaire au Louvre. Paris, Passard, 1864, in-32. Son
fils, M. René Vallery-Radot, a lui-même donné une excellente édition
des œuvres d'Hégésippe Moreau. Paris. Lemerre, 1890, 2 vol. in-16.
Dans une large introduction, l'éditeur a mis au point, une fois pour
toutes, différents côtés de la vie de Moreau, jusque là controversés.

(4) *Chefs-d'œuvre des classiques français du* XVII° *siècle...* Paris, 1855,
in-8° ; *Le même*, Nouvelle édition. Paris, Plon, 1869, in-8°. Chaque notice est signée par son auteur.

semble par l'allée ombreuse des Tuileries, causant et devisant sur les sujets qui leur étaient chers. Ces deux hommes distingués, si bien faits l'un pour l'autre, n'ont laissé qu'une œuvre modeste[1] : le meilleur de leur esprit s'en est allé à jamais dans des dialogues dignes d'un meilleur sort.

*
* *

Le bon docteur Emile Bégin fut avec Vallery-Radot un des plus tendres amis de Burgaud. Il était né à Metz le 23 avril 1802, dans la pièce même, dit un de ses biographes, où son grand oncle, le savant bénédictin dom Tabouillot, l'un des auteurs de l'*Histoire de Metz*, décéda le 23 mai 1799.

Après d'excellentes études au lycée de Metz, Emile Bégin s'adonna aux sciences et prépara l'Ecole Polytechnique, mais il abandonna bientôt ce projet pour embrasser la médecine. Il se fit recevoir docteur en 1828, à Strasbourg, avec la thèse suivante : *De l'influence des travaux intellectuels sur le système physique et moral de l'homme.* (Strasbourg, 4° de 38 pp.).

A partir de ce moment, E. Bégin ne cessa de publier une foule de travaux sur sa province natale[2]. Il se maria très jeune, alors qu'il était chirurgien aide-major au 13° de ligne, avec la fille d'un pharmacien de Nancy. Puis il démissionna et vint habiter Metz où il s'occupa désormais d'archéologie locale.

En 1846, il vint s'établir à Paris avec sa femme et sa fille, et fit ensuite deux voyages importants en Espagne et en Suisse. Il entra en 1869 à la bibliothèque du Louvre, et y resta jusqu'au moment où celle-ci fut incendiée, le 23-24 mai 1871. Après le sinistre, il

---

(1) « Avant tout, M. Vallery-Radot était un fin connaisseur littéraire, un guide sûr et fort apprécié... On ne peut que regretter, en somme, que cette plume qui écrivait si bien, ait écrit si peu. » (Cf. *Revue des Deux-Mondes* du 1er avril 1877, p. 720 ; art. non signé).

(2) On trouvera au Catalogue des auteurs, à la Bibliothèque nationale, la liste à peu près complète de ces travaux. Emile Bégin fut attaché pendant 17 ans à la Commission de publication de la *Correspondance de Napoléon Ier* (32 vol. 4°). Il a collaboré en outre à de nombreux périodiques : *L'Abeille impériale, Le Courrier des Familles, la Gazette des Hôpitaux, La France médicale, Le Journal d'hygiène*, etc. Il était membre de plusieurs sociétés savantes de la France et de l'Etranger. C'est à la demande expresse de Gabriel Peignot que E. Bégin fut nommé membre associé de l'Académie de Dijon.

fut nommé simple commis à la bibliothèque nationale et parvint dans la suite au grade de bibliothécaire.

E. Bégin perdit sa compagne en 1871 ; il se remaria l'année suivante avec une toute jeune femme qui vit heureusement encore, et qui nous a fourni de précieux renseignements sur cette époque. Nommé médecin honoraire de la Bibliothèque nationale en 1884, E. Bégin mourut dans un âge avancé le 31 mai 1888. Léopold Delisle prononça quelques paroles d'adieu sur la tombe de ce modeste savant, qui fut le médecin des pauvres comme son ami Burgaud en avait été l'avocat.

Le docteur Félix Brémond a publié dans *Le Petit Médecin des Familles* du 5 juin 1888, un article nécrologique très fin et très intéressant, dans lequel il venge le défunt des dédains des « princes de la science » [1]. Proposé plusieurs fois pour la croix, Bégin ne l'obtint qu'en 1870, par les soins du nouveau gouvernement, qui voulut ainsi récompenser son dévouement à soigner les blessés.

*
* *

En ce qui concerne F. de Caussade, nous n'en dirons qu'un mot. Plus distant, vivant en dehors, il n'apportait pas dans ses relations cet abandon, cette confiance, qui sont un des charmes de l'amitié. Le lecteur verra dans la suite que lors de la reconstitution de la bibliothèque du Louvre, de Caussade, membre du Comité, se désintéressait de l'œuvre et manquait souvent aux rendez-vous que lui assignaient Bégin et Burgaud, ces intrépides bibliophiles.

F. de Caussade a peu écrit ; nous devons citer cependant la bonne édition des *Œuvres complètes* du grand Saintongeais Agrippa d'Aubigné, qu'il a donnée avec la collaboration de Eug. Réaume [2].

A la liste des bons amis de Burgaud il faut ajouter Ambroise-

---

(1) Nous avons puisé la plupart de ces renseignements dans la *Biographie du docteur Bégin*, extrait non spécifié de la *Revue d'Austrasie*, 8° de 26 pp. (fig.) s. d. [1908], signé : Jean-Julien [Barbé].

(2) *Œuvres complètes*, publiées pour la première fois, d'après les documents originaux... par Eug. Réaume et F. de Caussade. Paris, Lemerre, 1873, 6 vol. in-8°.

Firmin Didot ; le charmant poète André Lemoyne[1], ancien typo-
graphe de la célèbre imprimerie et compatriote de Burgaud ; le
docteur montaignophile J.-F. Payen ; le prince Louis-Lucien
Bonaparte, Ant. d'Abbadie, Albert de La Fizelière, Edouard Four-
nier, Charles Lenormant, Henri Monnier, Edouard Thierry, de
Saint-Germain[2], Louis Lacour, P. Jannet, Guessard, Taschereau,
A. Devéria, Frédéric Dübner, Francisque Michel, A-J. Pillon,
Marty-Laveaux, le libraire E. Caen, E. Agnel.

C'est au milieu de ces savants, de ces bibliophiles, de ces poètes,
que Burgaud des Marets passa doucement les vingt dernières années de sa vie. Il disparut l'un des premiers, laissant dans la mémoire de ses amis le souvenir délicat d'une âme passionnée, d'un
esprit des plus fins et d'une intelligence supérieure.

Le prince Louis-Lucien Bonaparte mérite mieux qu'une simple
mention. Ce personnage avait une haute admiration pour le savoir de Burgaud qui fut son collaborateur assidu pendant fort
longtemps. Voici un billet dont le contenu nous renseigne sur
l'intimité qui régnait entre ces deux grands patoisants :

« Monsieur,

Le Prince sort de chez moi, une invitation au Château le force
à changer ses dispositions.

Demain, il sera chez moi à *midi*, il espère bien que vous ne lui
en voudrez pas de ce changement.

Croyez-moi, cher Monsieur, votre bien dévoué et affectueux
serviteur.

18 janvier 1860.   H. Burgaud des Marets[3] »

Nous supposons que la correspondance des deux amis dut se
borner à des billets laconiques, dans le genre de celui que nous

---

(1) André Lemoyne (1822-1907) est originaire de Saint-Jean-d'Angély.
Une poésie des *Roses d'antan : La dernière étape*, est dédiée à Burgaud
des Marets.

(2) Pseudonyme littéraire du libraire Jules Tardieu.

(3) L'original de ce billet, dont le destinataire est inconnu, appartenait à M. de Jarnac de Garde-Epée, de Cognac ; à la mort de ce dernier
il a passé dans la collection de M. Maurice Martineau, à Saintes.

venons de citer, car le prince habitait au n° 38 de la rue du Mont-Thabor, pas très loin de la rue Labruyère où demeurait Burgaud, ce qui leur permettait d'aller facilement l'un chez l'autre.

Les documents sur le prince L.-L. Bonaparte sont rares. Réfugié à Londres à la suite des événements de 1870, il est allé mourir à Fano (Italie) en 1891, dans un âge assez avancé. Nous n'avons pas su retrouver la piste d'un fils adultérin prénommé Clovis [1].

L'admirable bibliothèque philologique du prince comprenait environ 25.000 volumes et un grand nombre de manuscrits. La partie basque ne pouvait dignement se mesurer qu'avec la partie correspondante de la collection Burgaud.

En 1894, Victor Collins en établit le catalogue [2] ; en 1896, la princesse Bonaparte offrit la collection à la bibliothèque du Guildhall de Londres pour la somme de 150.000 francs. Cette offre n'eût pas de suite ; ce ne fut que plus tard, vers 1901, que la bibliothèque Newberry, à Chicago, l'acheta en bloc, sauf les manuscrits qui restèrent entre les mains de la princesse. Nous ignorons ce qu'ils sont devenus et c'est regrettable, car il devait s'y trouver beaucoup de papiers relatifs à Burgaud des Marets.

Grâce à l'obligeance de M. George B. Utley, bibliothécaire de la Newberry, nous possédons la liste des ouvrages que Burgaud avait offerts au prince, et qui se trouvent aujourd'hui au bord du lac Michigan. Le lecteur trouvera cette liste au n° 16 de l'Appendice.

Le prince Bonaparte faisait tirer tous ses travaux et ceux de ses collaborateurs à un nombre très restreint d'exemplaires. Plusieurs de ces ouvrages ont été imprimés sur les presses particulières de

(1) Renseignement dû à l'obligeance de feu M. Frédéric Masson.

(2) V. Collins. *Attempt at a Catalogue of the Library of Prince Lucien Bonaparte.* Sotheran, April 1894, 4°. Les doubles firent l'objet d'un catalogue spécial : *Catalogue of duplicates from the library of the late Prince Louis-Lucien Bonaparte, comprising many rare linguistic works and probably the finest collection of Basque literature ever offered for sale.* Wich vill be sold by auction... on Monday, the 18 th. of February, 1895 and following day... Dryden press : J. David and sons... 8°, de 56 pp. — En 1923, la librairie Maggs Bros, de Londres, offrait pour la somme relativement modeste de 38 liv. sterl., une collection de près de 200 ouvrages de linguistique, publiés par le prince, tirés à petit nombre et non mis dans le commerce. (n° 440, 1923. *Important and valuable Books...* Maggs Bros, London W. 8° carré (pp. 19 à 22).

ce savant bibliophile, qui fit fondre des caractères spéciaux pour représenter les signes phonétiques de quelques dialectes rares.

Ces publications furent peu souvent mises dans le commerce. L'éditeur princier se contentait d'en offrir des exemplaires à ses émules, à ses collaborateurs et à quelques amis, au nombre desquels il faut inscrire Gladstone, le grand homme d'Etat anglais [1].

Nous empruntons à M. Frédéric Masson les lignes suivantes qui' nous donnent un portrait des plus amusants du prince philologue :

« Ce soir-là [2] dînait un des fils du prince de Canino : Louis-Lucien Bonaparte, personnage très curieux, très instruit, très remarquable, qui fut, à coup sûr, un des hommes sachant le plus de petites choses. Né en 1813, à Thorngrove, durant que son père était plus ou moins prisonnier des Anglais, il se tenait pour demi-Anglais, bien que l'Empereur Napoléon III l'eût appelé au Sénat et l'eût fait grand-officier de la Légion d'honneur. Il avait une tête superbe — très bonaparte — et était fort bienveillant. Seulement, il émettait des idées qui paraissaient singulières, faute qu'on les entendît. Il avait commencé par étudier la chimie. Il avait fait, paraît-il, des découvertes éminentes, comme du valérianate de quinine. Mais, constatant qu'en ce genre d'études il ne serait point le premier et qu'il aurait vraisemblablement toujours des maîtres, il avait abandonné la chimie pour la linguistique, où il s'était passionné. Je crois bien qu'il avait débuté par entreprendre un dictionnaire comparatif des langues européennes, et il en comptait cinquante-deux, sans parler des dialectes ; je ne pense pas qu'il ait poussé l'impression au delà du spécimen où il avait constaté les cinquante-deux façons dont les Européens expriment cinquante-six notions qu'il tenait pour essentielles... ; mais où trouver ces quatre pages in-4°, imprimées, en 1863, à quelques exemplaires [3] ?

Bien que l'on ait quelques notions sur la bibliographie du prince Louis-Lucien, l'on ne saurait jamais penser à connaître

---

(1) *Bulletin du Bibliophile*, 1901, 8°, p. 332.

(2) En juin 1874, au château de Chislehurst. (Cf. *Le Prince impérial*, *Echo de Paris* du 1er sept. 1912).

(3) Mais à la Bibliothèque nationale. Rés. X. 1315 ; et l'on trouvera au catalogue des auteurs, quoiqu'en dise M. Fréd. Masson, la majeure partie des publications de Louis-Lucien Bonaparte.

et moins encore à réunir son œuvre entière, la plus dispersée qui
fût jamais, imprimée à très petit nombre, sur tous les points de
l'Europe, parfois avec des caractères phonétiques fondus tout
exprès, et comprenant de quatre à cinq cents numéros, où il mit
son nom comme auteur ou comme éditeur, car s'il travaillait lui-
même infiniment dans son incomparable bibliothèque, il éprou-
vait une joie singulière à publier les travaux de ses émules, de
ceux qui prenaient la peine de traduire en quelque langue presque perdue, soit le *Cantique de Salomon*, soit l'*Evangile selon
saint Jean* [1].

S'il collectionnait ainsi les dialectes rares et que peu de gens
parlaient, avec quelle admiration ne contemplait-il pas la dernière
personne qui rendît une langue encore vivante ! On trouve dans
un Catalogue de ses livres, sous le n° 116 : « *Photographie de la
pierre tumulaire érigée en juin 1860, dans le cimetière de Saint-
Paul, près Pensance-en-Cornouailles, par le prince Louis-Lucien
Bonaparte et le Rév. Garrett, vicaire de cette paroisse, à la mémoire de Dorothée Pentreath, morte en 1776 et censée avoir été
la dernière personne pouvant parler la langue cornique.* »

Il avait traduit le *Cantique de Salomon* en vingt-trois dialectes
anglais, mais c'était au basque qu'il s'était surtout attaché et nul
que lui, peut-être, depuis Chaho, ne connaissait la délimitation
dans les sept provinces basques de l'Euscara et sa division en
dialectes, sous-dialectes et variétés... Pour le prince Louis-Lucien,
connaître Chaho était le commencement de la sagesse, mais il
avait d'autres divinités, en particulier les Cadolingiens : c'est des
Cadolingiens que descendent les Bonaparte et leur illustration se
trouvait, disait-il, obscurcie par la gloire qu'a accaparée Napoléon.
Et il soutenait ce paradoxe surprenant par une fécondité admirable
d'arguments et des citations sans nombre... »

Le lecteur trouvera, aux n°⁸ 7 et 8 de l'Appendice, les deux
petites pièces de vers adressées au prince par Burgaud des Marets,
l'une pour l'anniversaire de sa naissance, l'autre à l'occasion de
l'envoi du *Fabeulié jarnacoais*. Le poète avait écrit une quantité

(1) Il est vrai que le prince a traduit l'*Evangile de saint Jean*, mais
c'est surtout l'*Evangile selon saint Matthieu* qu'il a fait traduire en une
foule de dialectes.

de poésies analogues, et toutes marquées au coin de la malice la plus spirituelle. Nous ne possédons malheureusement que celles qui furent imprimées, c'est-à-dire quatre ou cinq seulement.

Ces petits compliments n'ont rien de courtisanesque. Burgaud est plein de déférence pour le personnage princier, mais il parle au savant d'égal à égal, et sur un ton familier qui montre bien l'affection qu'avaient l'un pour l'autre ces deux originaux.

Il n'aurait tenu qu'à Burgaud d'exploiter cette amitié afin d'obtenir quelque bonne et brillante sinécure, quelque décoration ; mais le poète était au-dessus de ces mesquineries. Très libéral, ayant horreur de toute espèce de tyrannie, il ne tomba jamais dans les lacets de la politique. Passionné de liberté, catholique, mais très tolérant à l'égard des autres religions, il était le fidèle disciple de ses maîtres du xvie siècle : Rabelais et Montaigne.

Lorsque le triumvirat littéraire formé de Michelet, Mickiewicz et Quinet prit une tournure plus active, et que ceux-ci « se crurent appelés au Collège de France à une sorte d'apostolat philosophique et social » [1], Burgaud se garda bien de suivre Mickiewicz sur ce terrain scabreux. Il perdit peut-être, en agissant ainsi, l'occasion de gagner quelque popularité, mais il conserva son indépendance et ses amis, ce qui valait beaucoup mieux.

La province eut naturellement sa part dans le cœur de Burgaud. En dehors de sa famille et de ses amis Jarnacais, il entretint des relations littéraires avec un grand nombre d'amateurs et d'érudits des différentes régions de la France [2]; en voici quelques-uns : M. Mignard, à Dijon ; M. Millin, à Brest ; M. H. Métivier, à La Flèche ; MM. Alfred Feuillet [3] et F.-M. Marchadier, à Cognac ;

(1) Gabriel Monod, *Jules Michelet*, Paris, 1875, in-18 [portr.].

(2) On trouvera, au n° 5 de l'Appendice, quelques extraits de correspondance ou de documents qui n'ont pu trouver place ici.

(3) Ce jeune lettré, mort à 29 ans, possédait de belles qualités littéraires. Au cours d'une étude parue dans la *Revue de Saintonge et d'Aunis*, XXe vol. 1900, pp. 212-222, M. Jules Pellisson a donné une biographie d'A. Feuillet (1834-1863) et cité plusieurs lettres à lui adressées par les sommités littéraires du moment. *L'Almanach de Cognac*, 1909, 8°, contient, p. 72, un beau portrait de Feuillet, et p. 126, une biographie

le baron Eschassériaux, à Saintes ; MM. Jules Delpit, Gust. Brunet et R. Dezeimeris, à Bordeaux ; M. Em. Ruben [1], à Limoges ; M. Babaud-Laribière, à Confolens ; M. Tilhard, Charentais habitant Paris ; M. Jouve, à Nancy et Paris ; M. Ph. Plan, à Genève ; M. Eusèbe Castaigne, à Angoulême, et bien d'autres. Dans une brochure consacrée à ce dernier par M. Babinet de Rencogne [2], se trouve la lettre suivante de Burgaud des Marets, adressée à M. E. Castaigne :

« Paris, 3o novembre 1851.

Mon très honoré compatriote,

Je vantais l'autre jour devant M. F. Denis, bibliothécaire de Sainte-Geneviève, votre science et le mérite de vos recherches quotidiennes. Or, vous saurez (si déjà vous ne le savez) que F. Denis vient de réhabiliter complètement notre ancien cosmographe Thevet ; il lui a même offert en holocauste Nicot et bien d'autres. Le véritable importateur du tabac est donc notre compatriote Thevet. — Comme M. Denis n'est pas un *demi-rechercheur*, il voudrait bien savoir si à votre bibliothèque ou aux archives il existe quelques documents concernant notre naïf et ingénieux voyageur. La famille, si elle n'est pas *incuriosa suorum*, aurait ainsi une belle occasion de faire valoir ses documents particuliers, si elle en a.

Quoi qu'il advienne, je vous remercie d'avance et je me mets ici à votre disposition, si je puis vous servir à quelque chose.

Croyez-moi votre bien dévoué compatriote.

H. Burgaud des Marets. »

*
* *

sommaire signée : Dr Reix du Felrois. Une autre biographie se trouve dans l'*Indicateur de Cognac*, du 27 sept. 1863 ; elle est signée : F.-M. M. [F.-M. Marchadier].

(1) M. Emi Ruben a réédité les OEuvres de J. Foucaud. *Poésies en patois limousin...* Limoges, Ducourtieux ; et Paris, Didot, 1866-in-8°. Cet ouvrage est dédié à Burgaud des Marets.

(2) Eloge de J.-F. Eusèbe Castaigne, Bibliothécaire de la ville d'Angoulême... par G. Babinet de Rencogne. Angoulême, A. Nadaud et Cie, 1871. 8° [portr.]. La lettre de Burgaud se trouve à la p. 110 : c'est un des deux documents de notre ouvrage qui ne soit pas inédit.

De tous ces correspondants, F.-M. Marchadier [1], de Cognac, était le plus capable de comprendre et de goûter les œuvres de son compatriote et ami. Auteur patois lui-même, et des meilleurs, il a publié, dans les revues et journaux de la région, un grand nombre d'articles sur des sujets variés. Toutes ces études sont signées de pseudonymes ou d'initiales, à l'exception d'une *seule* qu'il signa de son nom véritable [2].

M. Rathery, membre du comité des travaux historiques, ayant été chargé de recueillir les chants populaires de la France [3], Burgaud des Marets vint l'aider dans cette œuvre intéressante, et s'adressa lui-même à M. Marchadier pour la partie saintongeaise.

Celui-ci s'acquitta avec le plus grand zèle de la mission qui lui était confiée. Après un appel aux lecteurs des Charentes, dans l'*Indicateur de Cognac* du 22 juillet 1860, il put adresser à son compatriote un assez joli lot de pièces curieuses, et un glossaire du patois cognaçais. Ce dernier travail est vraiment remarquable, et nous nous promettons de le publier prochainement.

Marchadier fit parvenir sa moisson patoise en huit fragments dont chacun était accompagné d'une lettre. Voici une partie de cette correspondance, à laquelle il manque, malheureusement, les réponses de Burgaud des Marets :

I

« Monsieur et cher compatriote,

Je ne crois pas qu'il y ait dans la Saintonge beaucoup de pièces patoises encore inédites.

Des refrains, de rares proverbes, des couples de vers, et c'est

---

(1) Marchadier (François-Marc), né à Verteuil (Charente) en 1830 : mort à Cognac, le 14 février 1898. On trouvera sa biographie et son portrait en tête de l'édition de ses *OEuvres*, par M. A. Favraud, Angoulême, Coquemard, 1903, 4° (Tiré à 135 exempl.). Un autre portrait, bien plus beau que celui donné par M. Favraud, se trouve dans l'*Almanach de Cognac*. 1909, 8°, p. 104.

(2) *Revue de l'Aunis, de la Saintonge et du Poitou*. La Rochelle et Niort, 1863-1869, 10 vol. 8°. T. VI. (p. 236). Compte rendu de la Traduction du *Prométhée* d'Eschyle, par P. Jônain, signé : F.-M. Marchadier.

(3) Rathery a publié *Les chants populaires de l'Italie moderne*. (Rev. des Deux-Mondes, 15 mars 1862) ; et les *Chants populaires de l'Angleterre (ibid.* 15 déc. 1863).

tout. Vous devez connaître — et si vous ne les connaissez pas, je vous en fournirai copie :

1° Les 5 ou 6 courtes « chansons charentaises » recueillies par M. Eusèbe Castaigne, d'Angoulême, avec musique et annotations.

2° Divers couplets intercalés dans un article de philologie patoise que publia jadis l'*Union rép.[ublicaine]* de Saintes avec la signature : P. Jônain [1].

Il vient de paraître — l'annonce ne dit pas chez quel éditeur de Paris — un vol. 8° illustré, sous ce titre : Chants populaires des provinces de France, publiés sous la direction de M. Champfleury [2]. Y aurait-il du saintongeais là-dedans ?

Il existe, vous le savez mieux que moi, des nuances entre votre variété de patois et la nôtre. Hier soir, j'ai relu vos recueils, et je me suis amusé... à y relever certaines expressions, certaines manières d'orthographier, de prononcer, qui, patoises chez vous — puisque vous les avez employées, ne le sont pas, dans la campagne de Cognac.

En regard de chacune j'ai écrit notre équivalent. Je vous répète que je n'ai aucunement l'intention en vous adressant ce petit relevé, de vous apprendre un seul mot du patois cognaçais ; vous connaissez depuis longtemps les nuances que j'y signale. Mais vous avez fait appel à la *bonne volonté littéraire* de vos amis-lecteurs, et j'ose me présenter des premiers.

Une collection d'environ un millier de vocables cognaçais qui n'ont pas encore été mis en *émolé*, [imprimé] vous serait-elle agréable ?

Les brillans (sic) collaborateurs que vous offrez à l'*Almanach*, seront accueillis avec bonheur et fierté.

Je lis attentivement dans l'*Artiste*, la belle critique de peinture de M. de La Fizelière. L'*Almanach de Cognac* enrage encore de n'avoir pu, faute d'espace mentionner sa piquante « histoire de la crinoline » et beaucoup d'autres bons ouvrages nés en 1859.

---

(1) Pierre Jônain (1799-1884), figure extrêmement curieuse que M. Paul Dyvorne a biographiée sous ce titre : *Un oublié. Pierre Jônain.* Avec portrait hors-texte. Royan, V. Billaud, 1923, in-8°.

(2) Il s'agit là de l'ouvrage, avec musique de Wekerlin, publié chez Bourdilliat, en 1860. Dans ce volume, la Saintonge, l'Angoumois et le pays d'Aunis réunis (pp. 73 à 80) ne sont représentés que par trois chansons : *La femme du roulier ; La p'tite Rosette ; La maîtress' du roi céans,* et encore l'éditeur ne paraît pas bien certain de leur origine.

Depuis trois jours j'utilise les loisirs qu'un dieu me laisse (le dieu Mercure — toujours !) à parcourir les *rues de Paris* en compagnie d'un charmant et docte Œdipe, M. Edouard Fournier, qui m'en explique les *énigmes*.

M. Lavoix, du *Moniteur*, a parlé de M. André Lemoyne en des termes qui me feraient un peu croire que notre poète aurait mis au jour d'autres poésies avant l'in-32 édité par Didot. Serait-il vrai ?

Je termine, mon cher Monsieur et compatriote, ce long monologue ; je vous remercie des gracieux sentiments dont vous me donnez la nouvelle assurance, et je demande à vous serrer la main.

Cognac, 24 mars 60.   Marchadier,

13, rue d'Alger. »

II

« Cognac, 28 avril 60.

Cher Monsieur et compatriote,

Enfin !...

Je vous envoie un a-compte patois.

Un prochain courrier vous apportera *la suite*. Un autre, la liste de vocables promise, et de laquelle seront exclus ceux qui figurent dans les pièces saintongeaises, inédites ou imprimées, que je connais — à commencer par les vôtres.

Avant vous, le bagage littéraire de cette excellente Saintonge se composait presque exclusivement de chansons, faibles la plupart, et assez souvent *creusées*. [graveleuses]. Je ne crois pas qu'il y ait un seul *Noël* saintongeais.

En revanche, les airs de ces chansons, rondes et bals, sont presque tous jolis, je parle uniquement de ceux qui offrent le cachet du crû.

La chanson de *La fille dau prince*, telle qu'on me l'a procurée et que je vous l'ai transcrite, paraît complète, mais elle a cependant quelques autres couplets. Je tâcherai encore de les découvrir..... [1]

(1) Nous ne publions que sept lettres sur les huit que nous connaissons (en supprimant tout ce qui ne touche pas absolument à notre sujet). L'une d'entre elles, du reste, n'étant composée que des rectifications à faire aux chansons envoyées par Marchadier, inutiles ici. Nous donnerons ces huit lettres, *in extenso*, lorsque nous éditerons le *Glossaire cognaçais* et les *Chansons saintongeaises*.

..... La rime a joué un rôle très médiocre dans les productions poétiques de l'Aunis, de la Saintonge et de l'Angoumois. Les autres provinces françaises, et cela me console, s'en sont tout aussi peu souciées, s'il faut en croire — et je l'en crois — le recueil très estimable mais *incomplétissime* publié récemment par MM. Champfleury et Wekerlin sous ce titre que je dois vous avoir signalé déjà : *Chants populaires des provinces de France.*

Dans le volume de ces MM. est une chanson dont quelques couplets (voyez page 215) ont du rapport avec *La fille dau prince.* Laquelle des deux provinces a été plagiaire ?? Champagne ou Saintonge ?

Les vestiges patois de **M.** Jônain n'existent pas en librairie. J'espère décider un collectionneur à se dessaisir, sinon pour toujours, au moins pour tout le temps dont vous en aurez besoin, de ses numéros assez précieux de l'*Union répub.* Je ne crois pas que ce collectionneur ait collectionné tous les feuilletons du dit journ. [al] relatifs aux vestiges patois. » [non signée]

III

C^{ac} [Cognac] 5 mai 6o.

Cher Monsieur et Compatriote,

Je vous en prie, ne prononcez pas le mot : reconnaissance. J'éprouve du plaisir à récolter et à vous transmettre ces bribes patoises ; je suis assez payé.

J'attends, j'attends toujours des nouvelles de mes correspondants. Depuis 8 jours, pas le moindre signe de vie d'aucun d'eux.

Réalisez, je vous en conjure, votre projet d'un *poème* en patois saintongeais. Un bon poème vit plus longtemps que cinquante bonnes pièces fugitives.

Une bonne comédie aussi, ne fût-elle qu'en un acte. *La maleisie à Piarre Bounichon*, que vous voulez bien, dans votre inépuisable libéralité, réserver pour l'*Alma. de* C^{ac} fera fureur autant et plus que le monologue ; j'en ai la certitude, car vous l'ajusterez de façon à ce qu'elle puisse se jouer sur nos théâtres des deux Charentes, et alors ! ! ! La suite de mes notes à bientôt.

Recevez mes cordiales salutations.

Marchadier
rue d'Alger 13. »

IV

« Cognac, 12 mai 60

Cher Monsieur,

Je vous confirme mon 2° petit envoi de... samedi ou dimanche dernier. Pas une des nombreuses personnes auxquelles j'ai demandé des pièces populaires inédites ne m'en a procuré la queue d'une. Espérons encore !

Le collectionneur dont je vous ai parlé a depuis longtemps fait relier ses *Vestiges du patois saintongeais ;* cela forme une galette très commode à feuilleter.

Un cognaçais de ma connaissance qui doit aller à Paris ce moisci, vous la portera, elle ne peut s'expédier par la poste pour plusieurs raisons dont je vous épargne l'énumération...

Je vous serre la main, cher Monsieur, et je vous redis, à bientôt !   Marchadier. »

V

« Cognac, 5 juin 60.

Bien cher Monsieur,

Un correspondant (saintongeais) m'écrit ceci :

« Par suite de mes investigations récentes, j'ai recueilli quelques nouvelles compositions lyriques en patois saintongeais. Je vous les communiquerai volontiers si votre projet ou celui de M. Burgaud des Marets est de les publier *in-extenso ;* tandis que je vous en fournirai que le titre et le premier couplet si vous ne devez en donner que l'indication sommaire... Les quelques démarches que j'ai faites à votre intention près des personnes de la campagne m'ont convaincu qu'on ferait aisément une ample collection de ces poésies chantées, et dont la plupart sont des rondes... »

Cette offre de mon correspondant a deux significations :

1° Il désire que les pièces nouvelles dont il me donnera communication soient imprimées en entier et sans aucune retouche.

2° Ou il croit inutile, si l'on ne doit que les mentionner, de prendre la peine de me les copier péniblement du 1er au dernier couplet.

Mieux que moi et que personne, cher Monsieur, vous savez ce que vous voulez faire de ces produits de notre crû qui ne sont pas tous mauvais. Que dois-je répondre ?

J'éprouve un vrai plaisir à colliger ces *patoiseries* qui vont bientôt disparaître ; mais il est des portes auxquelles je n'ose frapper (et de bonnes portes) dans la crainte qu'on ne me demande préalablement ce que je prétends faire de ce que l'on pourra me procurer.

Un mot promptement je vous prie.

Je répète que, à mon avis, un recueil soigné de bonnes pièces saintongeaises tiré à plusieurs centaines d'exemplaires, s'épuiserait assez promptement.

On m'a mis affreusement dedans en me donnant comme saintongeaise la chanson *pianti pianton :* on ne l'avait jamais entendu chanter que par un compagnon... berrichon peut-être.

Dans *Benaise en mariage*, il faut, quelque part, *sansnique* et non *sanguenile*. Je compte vous envoyer mon reste de mots avant la fin de la semaine.

Bien à vous.

Marchadier, rue d'Alger. »

VI

« Cognac, 7 juin 1860.

Très cher Monsieur et compatriote,

Ci-joint mon reste. Si d'autres mots m'arrivent, il est entendu que je vous les transmettrai : vous les connaissez tous d'avance, mais qu'importe ?

J'ai copié ces notes rapidement et sans soin. J'ai négligé de signaler plusieurs étymologies par trop connues ; et négligé d'en rechercher plusieurs aussi que j'ignore.

Je continue ma chasse aux pièces saintongeaises.

Salut affectueux.

Marchadier... »

VII

« Cougnat, 13 7bre 60.

Cher Mon sieu !

Ol arat decidanment in *Armanat de Cougnat* en soéante i-in ; à peurve qu'i couminçant aneut à le mette en émolé. J'comptons, coume déjû, que vous li barez tieûque chouse ; qu'o set fabe, his-

toére, anriette, ou ce qu'o veurat, son be sûr et çartain qu'o s'rat
jolit, arai ! [1].

Vous cache poin que peurfer'ris meû, peur l'avantage de voute
r'noumée, que vous fazissiez jouer su in thiâte *La maleisie à
Piarre Bounichon* anparavant qu'a fusse saquée en émolé [2], et
qu'o vaurait meû otout, dan voute intérêt, que vous la gardissiez
peur lés mon sieu Didot, en piace de n'en bayer l'éteurne, à n'in
méchant p'tit armanat d'in méchant p'tit endret coume é le noute.

Le négociant, avé qui je seû, at attrapé tout comptant in r'feur-
diment dan ine de sés rabe de gigue ; qu'é l'auteur que seû
d'obiigé de pas bougé dau comptoer, moé qui j'aris tant v'lut aller
vous vère assement tièque minuite à Jarnat !

Feuillet at été peur se baigner à Boulogne ; peû se peurmene-
vat en le Nord dusqu'après lés vendange, peur tâcher moïen en
se baillant de l'émulation, de se gari d'ine *cépharagie* [3] qu'i disant qu'il at, (et i zou cré be otout !)

(1) Burgaud publia dans cet *Almanach* de 1861 : *La Fumelle boukiée*
(p. 78-79) et *Le Mounié de Saint-Onge* (p. 79-83). C. B.

(2) « J'avon pas de coumédien à Cougnat de tié tem. » (Note de Marchadier).

(3) Κεφαλτ, Λλγοσ (note de Marchadier).

TRADUCTION : « Cognac, 13 sept. 1860. Cher Monsieur. Il y aura décidé-
ment un *Almanach de Cognac* en 1861 ; la preuve, c'est que nous com-
mençons aujourd'hui à l'imprimer. Nous comptons que, comme jadis,
vous lui donnerez quelque chose ; que ce soit fable, conte, ariette, ou ce
qu'on voudra, nous sommes bien certains que ce sera joli, n'est-ce pas !

Je ne vous cache point que je préférerais, pour votre renommée, que
vous fissiez jouer sur un théâtre *La Maleisie à Piarre Bounichon*, avant
qu'elle fût imprimée, et qu'il vaudrait mieux aussi, dans votre intérêt,
que vous la gardiez pour MM. Didot, au lieu d'en donner l'étrenne à un
méchant petit almanach d'un méchant petit pays comme le nôtre.

Le négociant, chez qui je suis employé, vient d'attraper un refroidis-
sement dans une jambe, ce qui est cause que je suis dans l'obligation
de ne pas bouger du bureau, moi, qui aurais tant voulu aller vous voir,
à Jarnac, ne fût-ce que quelques minutes.

Feuillet est allé à Boulogne pour s'y baigner ; puis il se promènera
dans le Nord jusqu'après les vendanges, pour essayer, en se donnant
du mouvement, de se guérir d'une céphalalgie qu'il a, dit-on, (et je le
crois bien aussi).

Lacroix [M. P. de Lacroix, bibliothécaire de la ville de Cognac] est
plus souvent à Paris et ailleurs qu'à Cognac. Je suis absolument seul,
sapristi ! Je n'ai pourtant guère de temps à donner à ces histoires d'*Almanach*, je vous en réponds.

Lacroê é pu souvent à Paris et ayêur qu'à Cougnat. Seû tout fin seul, fouquette ! n'aî p'tant dière de tem à bailler à tielles histoère d'*Armanat*, vous rapon.

J'araî tièque aute mot en patoê à vous adeurser in de tiellés jor. Peur ce qu'é dés chanson, sais be ce qu'o faurait peur n'en teurver : faurait se peurmener mais de six-moê en tous les coins et recoins d'la Saintonge, avec in canepin et in créon.

To mon tieur, cher mon sieu ! si vous peviez m'protiuler, d'itii le 25, in coube de quartron d'âchet, vous ameris tout piein.

à l'avantage

Marchadier.

D'huit heure à onze dau matin, et de mi-jôr à six heure dau ser, n'on me teurve en la « Maison E. Robin et Cie », rue Luzignan, et le reustant dau tem : teurjau, rue d'Alger, 13.

Aurons-nous q. q. chose du poète André Lemoyne ?

Si précieuses que soient les collaborations de MM. de la Fizelière et E. Fournier, le cadre restreint de notre n° 5 (il aura 5 ou 6 feuilles) nous forcera d'y renoncer... à une condition pourtant : supposant que vous ne leur ayez pas déjà transmis le *oui* par lequel j'avais répondu à votre offre bienveillante. »

Burgaud des Marets se trouvait en vacances à Jarnac au moment où cette lettre fut écrite, car Marchadier la lui adressa dans cette ville, où il comptait bien, comme il le dit dans son patois, « aller *le* vère assement tièque minuite. »

Le savant fit soigneusement relier les lettres, le glossaire et les nombreuses chansons saintongeaises transmis par Marchadier, et remercia celui-ci en lui adressant plusieurs pièces patoises pour son périodique.

J'aurai quelques autres mots patois à vous adresser un de ces jours. Pour ce qui est des chansons, je sais bien ce qu'il faudrait faire pour en trouver : il faudrait se promener pendant plus de six mois dans tous les coins et recoins de la Saintonge, avec un calepin et un crayon.

De tout mon cœur, cher Monsieur ! si vous pouviez me procurer d'ici le 25, quelques quatrains, je vous aimerais tout plein. Au plaisir de vous revoir. Marchadier. De 8 h. à 11 h. du matin, et de midi à 6 h. du soir, on me trouve à la maison E. Robin et Cie, rue Lusignan, et le reste du temps, toujours rue d'Alger, 13. »

Ce précieux volume est heureusement tombé, à la mort de Burgaud, entre les mains d'un grand patoisant bourguignon, François Fertiault. C'est à ce noble ami que nous devons la joie d'avoir connu ce recueil si important pour l'histoire littéraire de la Saintonge.

L'*almanach de Cognac* parut pour la première fois en 1857. Son succès fut très vif et s'étendit bien au-delà des limites qu'ont coutume d'avoir ces sortes d'ouvrages. Il eut même les honneurs de la critique parisienne. Edouard Thierry écrivait dans le *Moniteur universel* du 29 décembre 1857 : « L'*Almanach de Cognac* compte au nombre de ses collaborateurs Henry Monnier et M. Burgaud des Marets, voilà deux noms qui ne sonnent pas mal. Les autres ne sont pas aussi sonores, mais ils sont en passe de l'être un jour. »

Ce périodique ne parut que cinq fois (de 1857 à 1861), et cela suffit à répandre, un peu partout, les noms de ses collaborateurs, au nombre desquels il faut mentionner Aug. Vacquerie, Joséphin Soulary, André Lemoyne, Henry Monnier, etc.

Dans l'*Almanach* de l'année 1858 (pp. 55-58 et 60) se trouvent trois poésies françaises : *Ne pleurez pas*, *In amore spes* et *Doute amoureux*, signées du pseudonyme : Rollin de Gez. La première de ces trois pièces contient la strophe suivante :

> « Le trépas a glacé cette onde transparente.
> Avant qu'un premier souffle en ait terni l'azur,
> Le lys, à peine éclos, sur sa tige mourante
> A courbé son calice éblouissant et pur. »

Or, nous avons trouvé, dans les papiers de Burgaud, les deux strophes ci-dessous, écrites de sa main, et qui offrent de sérieux points de ressemblance et une facture analogue aux vers précédents. Voici ces deux strophes :

> « Sur la source troublée un lys penchant la tête,
> Lui disait : « ce n'est rien, ma sœur, console-toi ;
> Le jour succède aux nuits, le calme à la tempête,
> Tu seras dans une heure aussi pure que moi.

Quand vingt fois le soleil aura baisé ma joue,
Quand se sera terni l'éclat de mes yeux d'or,
Quand à tes pieds mon front roulera dans la boue,
O ma sœur, pour toujours, moi je serai bien mort. »

*
* *

Ces deux strophes présentent, en outre, un autre point d'analogie avec le passage suivant de la vision d'Eva, épisode des *Dziady*, poème d'Adam Mickiewicz (Trad. Burgaud, pp. 102-104) dont nous avons parlé longuement au début de ce livre : « Konrad :... quand la nuit te berçait, moi, j'étais là, penché sur ton rêve passionné comme un lis blanc sur une source troublée... »

Cette ressemblance ou cette coïncidence, comme l'on voudra, permettrait de supposer que Burgaud eut d'abord l'intention de faire sa traduction en vers. Dans sa lettre à Janski, du 23 novembre 1832, ne dit-il pas : « Savez-vous que j'ai souvent eu l'idée de courir après Mickiewicz. Je serais allé le trouver en Crimée, en Sibérie, s'il l'eût fallu. Je voulais l'étudier, m'inspirer à son souffle, et quand je me serais senti assez poète, j'aurais pris la plume. »

Les poésies signées Rollin de Gez seraient-elles des réminiscences des poèmes de Mickiewicz ? Ce pseudonyme cacherait alors Burgaud des Marets. Nous en sommes persuadé.

Marchadier avait la plus grande admiration pour son voisin de Jarnac. Il écrivit sur le poète ou sur ses œuvres, au fur et à mesure que celles-ci paraissaient en librairie, une quantité de notes, d'articles et d'études. M. A. Favraud a réuni ces feuilles éparses aux autres travaux de Marchadier, en un volume in-4°, imprimé magnifiquement par Coquemard, d'Angoulême. Cet ouvrage renferme, au sujet de Burgaud, deux erreurs qu'il est utile de rectifier.

A la page 165 se trouve la fable de Burgaud, intitulée : *Le Mounié, le mistre, sés drole et sés drolesse*, signée H. B. [Henri Burgaud]. M. A. Favraud la fait suivre de la note suivante : « Cette pièce de Burgaud des Marets a été trouvée en manuscrit dans les papiers de Marchadier ; comme cette copie manuscrite, signée H. B., diffère en certains points de la fable publiée en 1861 dans *Encoère ine trâlée d'achet qu'aviant rasté dans le pot à creite à Beurgau*, nous supposons qu'elle peut être due à la collaboration des deux auteurs. C'est à ce titre que nous la donnons ici. Dans le cas où notre supposition serait gratuite, le lecteur ne sera pas fâché de trouver ici la première version du *Mounié de Saint-Onge* (p. 7). A. Favraud. »

Eh bien ! oui, cette supposition est gratuite. Tout d'abord, M. Favraud omet de nous dire de qui est l'écriture de la copie en question. Nous savons que la plupart des œuvres de Burgaud offrent de nombreuses variantes ; le poète aimait à limer ses compositions patoises. Des pièces autographes que nous avons vues chez des amateurs, et d'autres que nous possédons, portent la trace de multiples corrections. En outre, il avait l'habitude d'adresser à Marchadier les manuscrits des pièces destinées aux feuilles de la région, avec prière, à celui-ci, de les retirer de chez l'imprimeur, aussitôt la composition achevée. C'est, entre parenthèse, une des causes qui expliquent le peu d'autographes de Burgaud en circulation. Marchadier a raconté lui-même cette façon de procéder de son ami dans un article sur *L'Œuvre patoise de Burgaud des Marets*, réimprimé précisément à la page 364 de ce même volume de M. Favraud. On lit à la p. 365, en note : « De tous les manuscrits que Burgaud nous a confiés pour en surveiller l'impression en province et les retirer après publication, c'est le seul qui se soit égaré [*La Fumelle boukiée*] chez les typographes. Il vient d'être retrouvé. Après avoir changé trois fois de mains à Cognac, il est parti pour Saint-Maixent, d'où il s'est envolé récemment vers Royan-sur-Mer. Gare maintenant Bordeaux et l'Amérique ! »

Le Mounié de Saint-Onge avait été également adressé en manuscrit à Marchadier, et cette pièce parut dans l'*Almanach de Cognac* pour 1861, (imprimé en 1860), c'est-à-dire avant d'être inséré dans *Encoère ine trâlée d'achet*. Burgaud envoya sans doute cette fable sous deux formes différentes dont l'une prévalut, et Marchadier oublia de renvoyer le manuscrit, ou bien renvoya-t-il celui-ci en en gardant copie, puisque nous ignorons de qui est l'écriture de la pièce incriminée. En outre, cette fable est signée H. B., et Burgaud n'ayant mis que fort rarement son nom au bas de ses manuscrits, il serait étonnant qu'il ait justement signé une fable qui n'eût pas été entièrement de lui. Toute idée de collaboration doit donc être écartée en ce qui concerne la poésie du *Mounié*.

M. A. Favraud a également publié dans ce même volume

(p. 271), mais d'une manière défectueuse, la *lette que H. Beur-gau at écrit à mon sieu Marchadié*. Cette petite boutade de dix-neuf vers est réimprimée partie en prose (?), partie en vers (Voy. le n° 33 de la Bibliographie).

Malgré ces erreurs regrettables, l'édition des *Œuvres de Marchadier* n'en demeure pas moins un bon livre, et il fait honneur à M. Favraud, son éditeur. On peut lui reprocher cependant d'avoir déployé un trop grand luxe pour un ouvrage qui n'en demandait pas autant, et inséré des illustrations souvent inégales et pas toujours idoines au sujet.

*
* *

Burgaud recevait de tous les coins de la France des quantités de documents philologiques et bibliographiques. Il n'est pas jusqu'à sa famille qu'il ne mît à contribution. Ses deux nièces surtout s'y employaient de leur mieux ; une d'elles lui écrivait :

« Je t'envoie mon cher Henry une petite chanson du patois de Ribérac. Paul en a plusieurs qu'il pourra t'envoyer. Ecris-moi, je te prie si tu désires avoir la musique et nous tâcherons de la noter de notre mieux.

Ma belle-mère est avec nous depuis quelques jours ; je profiterai de sa visite pour récolter quelques petites pièces de patois, sa santé s'est beaucoup fortifiée depuis un mois, et elle [est] d'une gaîté sans pareille, toujours disposée à nous être agréable.

Je pense partir le 3o pour aller passer une semaine [1] Angoulême, et j'espère te voir si ton projet se réalise ; car tu m'as écrit que tu devais aller à Jarnac à la fin du mois. Paul te fait dire mille amitiés.

Adieu, mon bien cher ami, je t'embrasse comme je t'aime.

Blanche D. [urieux].

Ribérac, 21 décembre 1857. » [2]

La publication de cette lettre intime nous amène à dire que

---

(1) Mme Blanche D.[urieux], en véritable Saintongeaise, a horreur de l'hiatus.

(2) Cette lettre, dont nous possédons l'original, contient une chanson en patois de Nontron-Ribérac : *Mo Paoubro tsh'abro !* avec la musique notée.

8

les familles Burgaud et Marchadier n'ont pas voulu, pour des raisons personnelles, se dessaisir de la correspondance du poète. Une de ses parentes nous écrivait jadis : « ma sœur possède quelques lettres adressées à notre pauvre mère et n'ayant je le crains aucun caractère pouvant vous intéresser. Ce sont des lettres très intimes et très affectueuses où il [Burgaud] ne parle pas de lui, et où il ne fait aucune allusion à ses œuvres et à sa vie. »

Lorsqu'on voit journellement paraître en librairie les correspondances les plus scabreuses, les plus intimes, mais qui jettent cependant une clarté nouvelle sur les personnages qu'elles concernent, on ne peut que déplorer une abstention qui nous prive certainement de pages intéressantes.

CHAPITRE III

Portrait de Burgaud des Marets. 1856.
Burgaudiana.

Voici le moment de tracer un portrait détaillé de notre héros, dont la physionomie s'est peu modifiée depuis 1830. Son visage est resté ferme et fin, bien qu'il approche de la cinquantaine. Toutes les lignes se sont conservées sans trop d'empâtement ; les cheveux portés longs, rejetés sur les côtés et en arrière, sont encore du plus beau noir et gardent la trace des jeunes boucles de jadis. Seul, le petit air de malice s'est accentué, et donne du piquant à son visage spirituel et bienveillant.

M. René Vallery-Radot, qui a beaucoup connu Burgaud des Marets dans les dernières années de sa vie, nous en a fait, dans une lettre charmante, ce « croquis » d'après nature :

«...Si vous ne l'avez pas connu, si vous n'avez pas de portrait de lui, ma mémoire me permet de vous envoyer un léger croquis. De taille moyenne, le dos un peu rond (dos rond : homme bon, disait Diderot), je le revois marchant d'un pas de philosophe et de flâneur. Le Paris paisible d'autrefois se prêtait à des promenades que nous ne connaissons plus. Voyez-vous aujourd'hui un lettré lisant La Fontaine ou Rabelais sur le quai d'une station du métropolitain ? Les passants d'alors n'étaient ni bousculés, ni bousculants. On avait un livre dans sa poche, on le tirait, on le lisait. ou, dans la joie que vous donnait la rencontre d'un ami, on causait sans fièvre.

Bien souvent, en 1867 et en 1868, mon père, qui était bibliothécaire à la Bibliothèque du Louvre et Burgaud. qui était un lecteur assidu de cette bibliothèque, revenaient ensemble, à pas lents, de la rue de Rivoli à la rue La Bruyère où demeurait Burgaud.

Le visage rasé, son regard brun rempli d'esprit et souvent de malice qui brillait subitement sous sa paupière demi-close, la bouche fine et bienveillante, il semblait jeune, même après avoir dépassé la cinquantaine. Sa figure pleine était presque sans rides.

Ses cheveux noirs, très épais, débordaient un peu sous son chapeau sans reflets.

Les deux amis échangeaient presque toujours des appréciations littéraires. Parfois un mouvement d'idées imprévues s'associait chez l'un comme chez l'autre à leur gravité d'érudits. Burgaud avait ce sourire particulier des hommes qui ont lu beaucoup de livres et s'amusent du spectacle de l'humanité. Il savait merveilleusement le vieux français. Le latin lui était aussi familier qu'à mon père. Burgaud avait, en outre, le don des langues. Il aimait à les rapprocher, à les comparer. C'était un excellent traducteur. Il m'a donné de précieuses leçons pendant le siège de Paris. Seule, l'étude apportait un apaisement momentané à son chagrin, au désespoir que lui causait l'état de la France envahie... »

Ces lignes sont un précieux commentaire du portrait de Burgaud qui se trouve au frontispice de ce livre, dû lui aussi à la générosité de M. René Vallery-Radot, et sur lequel nous devons nous étendre un peu.

Nous savons que Burgaud s'était toujours refusé à laisser reproduire ses traits. M. Roger Lacaud, éditeur-imprimeur de l'*Almanach de Cognac*[1], écrivait en 1909 les lignes suivantes : « Nous aurions voulu donner le portrait de notre grand poète folkloriste Burgaud des Marets, avec celui de Marc Marchadier, autre grand patoisant... Voici ce que nous écrit à ce sujet un de ses amis de Jarnac, M. Eutrope Lambert : « Il vous sera tout à fait impossible de vous procurer un portrait de Burgaud des Marets, par la raison toute simple que notre poète saintongeais n'a jamais voulu qu'on fît une copie de ses traits. Ses parents en étaient vraiment affligés, mais leurs sollicitations n'ont pu réussir à faire revenir Burgaud des Marets sur sa détermination. Sa nièce, Mme Philippe Paulet, me disait en 1884 que, quand elle voulait se rappeler son oncle, elle regardait un portrait du grand compositeur Rossini. Il est vrai qu'il y avait quelque ressemblance... »

Nous ne sommes pas de cet avis, et le portrait de Burgaud dément du reste cette ressemblance. L'ovale du visage de Burgaud était très allongé, tandis que le visage de Rossini était plutôt rond. L'aspect général du maestro donne une impression de rondeur, d'épanouissement, et le contraste est évident lorsqu'on le compare à la finesse malicieuse du visage de Burgaud des Marets.

(1) *Almanach de Cognac.* 1909. 8°, p. 46.

La physionomie des deux personnages avait sans doute cette vague ressemblance qu'ont entre eux des contemporains par suite de l'identité du costume, et d'un je ne sais quoi qui marque le caractère particulier des portraits d'une même époque.

*
* *

Burgaud lui-même a plusieurs fois fait allusion à son portrait. On trouve ces vers spirituels au verso du titre du *Fabeulié Jarna-coais* (1858), dédié à Vallery-Radot.

> « Argadez-me, mé bons amit.
> 'L'é peur vous qu'i z-avan tiré ma pourtraiture,
> A ceul'fin que tiellés, qui dan tieu live in p'tit,
> S'amus'ran à feir'leû lacture,
> Peussian me k'neute de figure.
> Tiellés qui me treuv'ran jolit,
> Gage qu'o s'rat dés gens d'asprit :
> Et s'ol était dés damoeiselle,
> N'arat q'peur zelle
> Dés biâ marit [1]. »

C'est une plaisanterie du poète qui s'excuse à la fin du même recueil (p. 55).

> « Fais bein estiuse, més amit,
> A tiellés là qu'arant teurché, vour' j'avis dit,
> Ma paure chéti' pourtraiture.
> Seû gelinou, boun'gen ! j'ai poûr dés engelure ;
> L'hiver n'ai poin velut saqué dan tieul endret
> Ni ma fidiure,
> Ni més det.
> Faurat attende, in p'tit, qu'o fasse pas si fret [2] ».

*
* *

(1) Trad. « Regardez-moi, mes bons amis. — C'est pour vous qu'on a fait mon portrait, — A seule fin que ceux qui dans ce livre, — s'amuseront à faire leur lecture, — puissent me connaître de figure. — Ceux qui me trouveront joli, — Je gage que ce seront des gens d'esprit : — et si c'étaient des jeunes filles, — il n'y aura pour elles, — que de beaux maris. »

(2) Trad. « Je demande pardon, mes amis, — A ceux qui auront cherché où j'avais dit, — Mon pauvre chétif portrait. — Je suis gelé, bonnes

L'année suivante, Burgaud des Marets revient encore à son portrait qu'on lui demandait de tous les côtés. Il répondit ainsi à la p. 4 du *Recueil de fables et contes en patois saintongeais* (1859) :

« MA POURTRAITURE.

Peur tieû cot, més cher bon-s amit,
Vous baraî fiche poin encoer, 'ma pourtraiture.
Tiellés fasoûr de peinturlure
M'avian peur trot enleidezit.
J'étis pu nègre qu'in taupat,
Et més euil terleuzian coume in croton de chat.
Voé, parlons-en, 'l'était ine jolite image !
Fouquette ! les enfan, je gage
Que j'aris, ma fi, point été requeneuçut
Tanseurman peur tiellés, qui m'avan d'leû jôr vut[1]. »

Enfin, nous avons recueilli, dans les papiers du poète, une poésie inédite sur le même sujet, et qui offre des variantes intéressantes avec les vers ci-dessus. Nous conservons l'orthographe dont Burgaud se servait dans ses brouillons. Un *k* accentué, par exemple, pour représenter le son mouillé de cette lettre, mais remplacé à l'impression par *t*. Ex. keû = tieû.

« MA POURTRAITURE.

Mé Sintonjouêse, mé mignoune,
je n'ê pouin dobelié ce que vos ê proumit.
vo doué ma pourtréture ; é ben je vo la doune.
Keu chin d'pinturlurour m'a bin-n anlédesit.
le pu pire é k'i m'a viéyesit... viéyesit !...
Moué k'arî si bin v'lut, mé boune Sintonjouêse,
K'ine de vou sé ma borjouêse.

gens ! Je crains les engelures ; — En hiver, je n'ai point voulu mettre en cet endroit — Ni mon visage — Ni mes doigts. — Il faudra attendre un peu qu'il ne fasse pas si froid. »

(1) Trad. de B. des M. « Pour cette fois, mes chers bons amis, — Je ne vous donnerai fiche point encore mon portrait. — Ces faiseurs de peinture — M'avaient par trop enlaidi : — J'étais plus noir qu'une taupe, — Et mes yeux brillaient comme une crotte de chat. — Oui,

Astoûr, cant me vouéré pu nègre k'in topat
é lé-s euy teurleûsan coume in croton de chat,
vo-s alé, ma gran foué ! vo-s ébrésé teurtoute,
« Keû la là mon marit ! âouinn !
» ol é forche ! pâ moué k'i bizrî keû babouinn. »
disé don, disé don, vo me créré sans doute ?
dans kéle imaje, agar, si seû requeneûçut
asman peur in d'kélé ki m'avan d'leû jôr vut,
        veû que le diabe m'estarmine !
ol é pâ moué k'ari dé segrét avé vou.
meun âje ? je la cache à peursoune, ma fine !
J'ê mé vint-cin-c an fét... dô dépeû combe é-t-ou ?
mé mignoune, peur keû, fô que n'on zou devine[1]. »

*
* *

C'est ainsi que Burgaud répondait aux solliciteurs. Nous désespérions de trouver cette image tant désirée, lorsqu'un jour, M. René Vallery-Radot nous montra un beau portrait du savant : « C'est Burgaud lui-même qui l'offrit à mon père, nous dit-il, et je l'ai retrouvé dernièrement chez ma mère. »

Grâce à M. René Vallery-Radot, nous possédons désormais les traits du grand poète saintongeais. Et celui-ci a dû le montrer à sa famille au moins une fois. Lors d'un voyage en Saintonge, en 1912, nous fîmes plusieurs visites à Mme Faure-Chemineau, à

parlons-en, c'était un joli tableau ! — Sapristi ! les enfants, je gage — que je n'aurais, ma foi, pas été reconnu — Même par ceux qui ne m'ont jamais vu. »

(1) Traduction : Mon portrait. Mes saintongeaises, mes mignonnes, je n'ai pas oublié ce que je vous ai promis. Je vous dois mon portrait, eh bien je vous le donne. Ce chien de peinturlureur m'a bien enlaidi. Le pire est qu'il m'a vieilli... vieilli !... Moi qui aurais si bien voulu, mes bonnes saintongeaises, qu'une de vous soit ma femme. Maintenant, lorsque vous me verrez plus noir qu'une taupe et les yeux brillant comme une crotte de chat, vous allez, ma grande foi, vous écriez toutes : « Celui-là mon mari ! ah, bien oui ! ce n'est certes pas moi qui embrasserai ce babouin. » Dites-donc, dites-donc, vous me croirez sans doute ? Dans cette image, je veux que le diable m'extermine si je suis reconnu seulement par quelqu'un de ceux qui ne m'ont jamais vu. Ce n'est pas moi qui aurais des secrets pour vous. Mon âge ? Je ne le cache, ma foi, à personne ! J'ai mes vingt-cinq ans... depuis combien de temps ? Mes mignonnes, il faut le deviner.

Jarnac qui, en plus des souvenirs fixés dans ce chapitre, nous dit qu'elle se souvenait d'avoir vu, vers 1860, « un dessin [portrait] de Burgaud. » C'est sans aucun doute, d'après la description que nous en fit cette dame, le portrait retrouvé par M. René Vallery-Radot.

Ce portrait est au crayon noir, très poussé, sur papier (o.278 sur o. 205) ; il est signé et daté du 4 mars 1856 ; Burgaud avait à cette époque quarante-neuf ans et quatre mois. Malheureusement, une marge, celle de gauche, a été on ne sait pourquoi légèrement rognée, et la partie antérieure de la signature a disparue. Il ne reste de celle-ci que les trois dernières lettres du nom de l'artiste, « ria », tout le paraphe et la date.

Après quelques tâtonnements, la signature étant un peu fruste, nous avons acquis la certitude que ce portrait est dû au crayon d'Achille Devéria. Les trois dernières lettres de la signature qui subsistent forment une terminaison unique parmi les noms d'artistes contemporains. Quant au paraphe, assez compliqué, nous en avons trouvé un semblable dans la signature d'un portrait de la jeunesse de l'artiste[1]. Une chose digne de remarque, c'est la graphie de la lettre *r* du nom de l'artiste. Malgré ses nombreuses façons de signer, Devéria n'a presque jamais modifié la forme caractéristique de cette lettre.

Enfin, après avoir examiné attentivement ce portrait et reconnu le coup de crayon particulier aux dessinateurs qui ont fait de la lithographie, M. Loys Delteil, expert et graveur, a confirmé notre attribution. M. Henri Béraldi, grand collectionneur d'estampes et auteur d'un catalogue de l'œuvre de Devéria, est du même avis. M. M. Colin, petit-fils de l'artiste, a jugé de même et nous a montré en outre, au bas d'une lettre, une signature accompagnée d'un paraphe semblable à celui du portrait.

Il n'est pas sans intérêt d'ajouter qu'en 1856 Achille Devéria était conservateur du Cabinet des Estampes à la Bibliothèque impériale, où Burgaud venait travailler tous les jours. Lié d'amitié avec l'artiste, il aura dans un moment de bonne humeur encouragé celui-ci à faire son portrait, et c'est sans doute une des der-

---

(1) Portrait du général Foy. Signé à droite « Devéria 1823. » lithographie de Langlumé, publié par Blaisot. [Bibl. nat^{le}. Estampes. Portraits-têtes. vol. 6 (p. 9) des OEuvres de Devéria].

nières œuvres de l'excellent dessinateur romantique, qui mourut l'année suivante.

*
* *

Ce portrait nous montre un Burgaud ayant conservé jusque dans l'âge mûr les principaux traits de sa juvénile beauté. Quant au moral, l'âge ne l'a en rien modifié. Il est toujours le même « coureur de papillons », aussi enthousiaste, aussi passionné qu'en 1830. Mais Burgaud s'intéresse moins à son œuvre qu'à l'œuvre d'autrui. Il pratique l'oubli de soi-même pour ne songer qu'à ses amis ; il s'abandonne complètement à ceux-ci. On le prendrait pour un enfant, tant est grand son plaisir d'être sous la tutelle de quelqu'un. On le voit, dès sa jeunesse, à la remorque de Mickiewicz, et plus tard à celle du prince Lucien Bonaparte, de Rathery, de Payen, de Bégin. Il lui faut un guide à qui se confier, à qui il puisse dire « maître ». Il abuse même de ce titre qui le laisse au deuxième rang, bien qu'il ait souvent tenu le premier. En un mot, c'est un besoin chez Burgaud des Marets de se soumettre à une individualité plus forte ou plus pratique que la sienne, et c'est peut-être là une des causes du faible volume de son bagage littéraire et scientifique.

Tous ceux qui ont porté des jugements sur lui s'accordent à le représenter bon, charitable, d'une délicatesse de sentiment rare, et enfin, fortement épris de l'inaccessible perfection.

Rien n'a manqué à cet homme éminent qu'un peu de ténacité, pour atteindre à la grande notoriété, sinon à la gloire. Il lui fallait fixer son esprit sur un point quelconque de la science, puis le labourer en tous sens, afin d'y laisser une empreinte durable. « Coureur de papillons », papillon lui-même, il n'a laissé, çà et là, dans les lettres, que des traces légères de son savoir, tel l'insecte qui parsème les fleurs de la poudre impalpable et dorée de ses ailes.

*
* *

Soit parmi les paysans de la Saintonge, soit dans les salons de Paris, nul n'approchait Burgaud sans l'aimer aussitôt. Une seule fois, mais pendant fort peu de temps, ses compatriotes doutèrent de lui.

On était dans les premières années de l'Empire, et les esprits troublés voyaient des espions partout. Or, à cette époque, Burgaud étudiait à fond le patois parlé de sa petite patrie. Il recueillait avec amour ces mots piquants, ces phrases salées, ces expressions pleines de finese, que l'on retrouve avec tant de plaisir et de profit dans ses recueils de fables. Chaque fois qu'il venait à Jarnac, il s'empressait de quitter l'élégant costume du citadin pour revêtir une vieille houppelande, une *limousine*, comme nous disons en Saintonge et, chaussé de sabots de bois, coiffé d'une casquette de loutre, il parcourait foires et marchés, notant sur son carnet, les bons mots des commères.

Ce changement de costume, cette attention à suivre les conversations, et surtout ce carnet qu'il tenait constamment à la main, ne tardèrent pas à le désigner à l'attention méfiante des paysans qui, sans réfléchir davantage, le prirent pour un policier. « On nous a changé notre Burgaud » disaient-ils. Chacun s'écartait de lui, évitant de parler en présence du « mouchard », tant était grande la crainte de voir inscrire son nom sur le carnet fatal. Lorsque ses amis l'avertirent de cette inimitié grandissante, Burgaud se mit à rire en disant qu'il se justifierait avant peu et sans peine.

Il modifia d'abord sa tactique. Au lieu d'écouter seulement les paysans, il se mit à leur parler, provoquant les mots robustes qui l'amusaient tant. La glace fut bientôt rompue, et dès que les fables commencèrent à circuler dans la région, les écailles tombèrent de tous les yeux. Par un retour subit qui se voit fréquemment dans le peuple, peu s'en fallut qu'on ne le portât en triomphe, au milieu des marchandes de beurre et de poisson. Nul depuis ne fut plus populaire.

*
* *

En 1910, le Conseil municipal de Jarnac donna le nom de Burgaud des Marets à l'ancienne rue de la Corderie[1]. Mais ses concitoyens voulaient faire mieux encore. Une plaque commémorative devait orner l'immeuble élevé sur l'emplacement de sa maison natale. Puis, un monument surmonté de son buste aurait décoré l'une des places de la ville. Ce dernier hommage était irréalisable, le sculpteur n'ayant aucun modèle pour exécuter le buste du poète.

____

(1) La Municipalité de Saintes a fait de même : elle a débaptisé l'ancienne rue de l'Eclair pour lui donner le nom de Burgaud des Marets.

Maintenant que nous possédons un beau et très ressemblant portrait de Burgaud, rien ne doit plus s'opposer à la réalisation de ce projet. Pour ce monument, nous proposons, de préférence à tout autre endroit, la place du marché, à proximité de la maison où il est né : cette place, qui fut le théâtre de ses exploits, son cabinet de travail, son « laboratoire » comme disait un de ses amis.

Ce serait une fontaine[1], par exemple, ce qui joindrait l'utile à l'agréable. Les quatre faces pourraient s'orner des médaillons de Rabelais, de Montaigne, de La Fontaine et de Mickiewicz. Une petite composition où défileraient les principaux sujets de ses fables enguirlanderait la base ; enfin, le haut du monument recevrait le buste du poète qui, éternel président du marché, contemplerait de son œil malicieux les descendants de ses héros.

*
* *

La musique, la poésie, le droit, l'étude des langues et de leurs patois, l'érudition, ne contentaient pas encore l'inlassable curiosité de Burgaud. Bibliophile éminent, il se forma, avec une science et un goût exquis, une bibliothèque patoise qui restera le modèle du genre : manuscrits, ouvrages rares, plaquettes uniques, dans leurs reliures originales ou dans des reliures de Trautz et Capé, remplissaient les armoires de son beau cabinet-salon de la rue La Bruyère, à Paris. Nous parlerons plus longuement, dans un autre chapitre, de cette admirable librairie qui coûta de grosses sommes d'argent à son possesseur.

Durant ses nombreux séjours à Jarnac, Burgaud s'occupa aussi d'histoire naturelle. Nous avons trouvé dans ses papiers des fragments de listes d'oiseaux nichant dans la contrée, avec le nombre et la description des œufs produits par chaque espèce. Il avait formé, paraît-il, une collection si importante d'oiseaux et d'œufs naturalisés que les voyageurs passant à Jarnac ne manquaient jamais de l'aller visiter.

C'est par ces différents côtés que Burgaud est vraiment saintongeais. Curieux passionné, inassouvi, apte à s'assimiler toute chose, il se rattache à cette lignée d'hommes remarquables, issus

____

(1) La première idée de cette fontaine-monument revient, croyons-nous, à M. Louis Comandon, de Jarnac, aujourd'hui décédé.

de nos deux petites provinces ou les ayant habitées longtemps.
Aunisiens et Saintongeais ont souvent manié tour à tour la plume,
l'épée, le pinceau, le scalpel ou le sextant. Il suffit de citer Agrippa d'Aubigné, Bernard Palissy, les Dupaty, Réaumur, Fromentin,
et tout près de nous Pierre Loti, aussi bon marin que parfait
écrivain. Voilà la vraie famille de Burgaud des Marets.

*
* *

Une vieille servante nous a conservé quelques menus faits de la
vie de Burgaud à Jarnac. « Monsieur Henri » souhaitait passer ina-
perçu ; ne s'annonçait jamais à personne ; arrivant à l'improviste
pour dépister les trop nombreux visiteurs qui venaient l'assaillir
des demandes les plus biscornues.

Il faisait le désespoir de la jeune bonne Victoire, pour tout ce
qu'il apportait d'hétéroclite à la maison ; sa chambre était souvent
dans le plus grand désordre, avec l'odeur désagréable des objets
qu'il y entassait pour ses collections : oiseaux, œufs, coquillages.
etc.

Ainsi que beaucoup d'artistes et de lettrés, Burgaud était gour-
met. Il raffolait de ces plats mijotés qui sont le secret des cuisi-
nières saintongeaises. On savait son faible pour certains œufs
pochés qui eussent été dignes, paraît-il, de figurer sur la table
« dau bon guieu ». Au dessert, il s'attendrissait sur l'œuvre d'une
de ses nièces, auteur d'une confiture de melon dont Brillat-Sava-
rin n'aurait pas manqué de donner la recette s'il l'eût connue.

* * *

Un jour qu'on racontait devant lui la réponse stupide d'un
paysan, il s'écria : « Ici, il n'y a d'esprit que dans les barriques. »
Cette boutade ne l'empêchait pas d'aimer ses compatriotes. Sa
bonté proverbiale, ses connaissances juridiques, furent mises plus
d'une fois à contribution. Combien de différends, combien de
petits procès ne se terminèrent-ils pas au mieux des intérêts de
tous, grâce à son obligeante intervention. Burgaud se montrait
fier de ces succès qui faisaient mentir le proverbe, que nul n'est
prophète en son pays.

* * *

A Jarnac, Burgaud passait ses soirées tantôt chez le docteur
Paulet, marié à sa nièce, tantôt chez Mme Faure-Chemineau, sa
cousine, ou chez MM. Eutr. Lambert et Beaupré-Lorrain, ses amis.
Ce dernier était l'interprète rêvé des œuvres patoises. Possédant
l'accent, les tics, les gestes amusants et les jeux de physionomie
des campagnards, il communiquait la vie à ces petits poèmes rustiques. Burgaud des Marets se faisait toujours accompagner de
M. Beaupré-Lorrain, comme autrefois La Fontaine se faisait suivre
de son ami Gaches[1].

*
* *

Jadis, Mme Faure-Chemineau évoqua pour nous, avec la plus
gracieuse émotion, les beaux jours de sa jeunesse. Cette dame
octogénaire nous dépeignit les veillées charmantes où l'esprit et
la verve de Burgaud se donnaient libre carrière. Elle nous montra
même un morceau de papier à chandelle, modeste relique de ces
jours déjà lointains, sur lequel le poète avait écrit quelques vers.
On était alors à l'époque où la crinoline faisait fureur. Seule, une
jeune beauté de Jarnac se refusait à suivre cette mode.

Un soir, Burgaud, prié de faire quelques vers impromptus,
jeta cette pochade sur le premier morceau de papier qui lui
tomba sous la main :

> *« Pourquoi donc Alice-la-Belle*
> *Envers et contre tous a-t-elle*
> *Honni la crinoline et ses créneaux de fer ?*
> *Votre secret, Mademoiselle,*
> *Le conteur patois le révèle :*
> *Un ange ne prend pas ses modes en enfer. »*

Après avoir lu ces six vers, le poète parla d'autre chose, en
tailladant machinalement le papier qui les contenait, et qui eût
été perdu sans l'intervention de Mme Faure-Chemineau. Burgaud
avait horreur de la crinoline ; il en fit du reste le sujet d'un
apologue : *Le diabe é la crinoline*, qui n'a été publié que dans
l'*Annuaire de Cognac* pour 1866.

*
* *

(1) « Gaches était cet ami que La Fontaine, bien trop timide et non-
chalant pour se souvenir de ses propres vers, conduisait avec lui à
dessein de lui faire réciter des fables à sa place. » E. Pilon. *Revue des
Deux-Mondes* du 1er juillet 1920. p. 124.

Les chants, la musique, les jeux du pays, les récitations de poésies occupaient ces soirées familiales qui ravissaient Burgaud tout en le reposant. Après quoi chacun rentrait dans sa chambre. Là, notre poète avait sa manie : il ne pouvait dormir que sur des paillasses bourrées de paille de maïs, à l'exclusion de toute autre matière, qu'il trouvait ou trop dure ou trop molle. De grand matin il déambulait sur les bords de la Charente ou, les jours de marché, au milieu des commères.

Ce poète plein d'esprit, cet homme charmant, n'a laissé que d'heureux souvenirs à ses amis. Jamais on ne fit appel en vain à ses sentiments ou à son savoir. Selon la belle locution populaire, il avait le cœur sur les lèvres. Ne l'a-t-il pas dit lui-même en patois, et sans exagération, dans un de ses compliments au prince L.-L. Bonaparte ?

> « *Mais, peur ce qu'é dau lieur, le pourte sus més léve.* »

* *
*

En juillet 1860, le jeune René Vallery-Radot fut dangereusement malade, et son père désolé ne parut pas de quelques jours à la Bibliothèque du Louvre. Inquiet, Burgaud lui adressa ce billet :

« Cher Monsieur,

Vous êtes excellent et je vous aime. Vous me croirez donc si je vous dis que depuis hier, je n'ai cessé d'être triste de votre tristesse. Je vous en prie, si les nouvelles sont bonnes, jetez-moi à la poste un court bulletin.

Votre bien sincèrement affectionné,
H. Burgaud des Marets[1]. »

Dans un autre billet du 15 novembre 1862, un de leurs amis communs disait à Vallery-Radot que Burgaud ne pourrait rester plus longtemps loin de Paris, qu'il y retournerait « cette semaine » parce que son amitié pour Vallery-Radot « l'y attirait[2]. »

Quelques années plus tard, en 1865, il écrivait à son ami, du fond de sa province où il était en vacances, une lettre dont nous

---

(1) **Pièce communiquée par M. René Vallery-Radot.**
(2) *Ibid.*

extrayons les passages suivants: « Jarnac, 29 oct. 65, ...Avez-vous.
ami, quelque souvenance d'un ours assez mal léché, blotti depuis
des mois dans un mystérieux repaire de la Charente ?... J'aime
ceux que j'aime quand je les crois calmes et heureux ; je me con-
tente d'y songer sans le leur dire ; mais quand, malgré le mutisme
des journaux, je finis par savoir que le choléra grince aux portes
de ceux que j'aime, oh, alors je veux qu'ils sachent que l'ours vit
encore, qu'il est dévoré d'inquiétude, et qu'il veut vite, vite, un
mot qui le rassure. A vous [1]... »

*
* *

M. Eutrope Lambert, de Jarnac, songeant un jour à améliorer
sa situation, résolut d'acheter une charge de greffier, mais avant
de rien entreprendre, il demanda conseil à Burgaud des Marets.
qui lui répondit ceci [2] :

« Cher Monsieur,

Je ne veux mettre aucun retard à vous donner mon opinion sur
la question que vous m'avez soumise.

Savez-vous ce que rapporte à Jarnac l'office dont vous me
parlez ? pas plus de quinze cents francs en tout, et Jarnac est un
canton important.

Ce serait une grande faute d'échanger votre position contre une
autre si peu favorable.

Calculez, avec le prix d'achat, le petit cautionnement à fournir,
ce qui reste de net.

Si vous aviez en vue un greffe dans une ville importante, le prix
serait élevé, et dans ce cas vous ne pourriez vous dispenser de
faire certaines études préliminaires qui vous demanderaient beaucoup de temps. Puis ces charges ne se trouvent pas tous les jours;
et quand vous auriez fait un assez long apprentissage, se présente-
rait-il un office à votre gré ? iriez-vous dans une ville où vous
n'auriez ni connaissances, ni famille ?

Réfléchissez à tout cela. Vous êtes dans une maison comme il y
en a peu. Pourquoi un peu plus tard ne voleriez-vous pas de vos

---

(1) Pièce communiquée par M. René Vallery-Radot.
(2) Cette lettre a été publiée en fac-similé dans l'*Almanach de Cognac*,
1909, pp. 87-89. C'est une des deux pièces de ce livre qui ne soit pas
inédite.

propres ailes, si les circonstances se présentaient plus favorables qu'aujourd'hui ?

J'apprécie les excellentes raisons que vous me donnez et je n'accuse pas le poète d'être volage.

Le poète change de place pour être plus mal ; le père de famille n'en doit changer que pour être mieux.

Je vous parle en ami : si je me trompe, vous me le pardonnerez.

Bien à vous, cher compatriote. Votre vieil ami. H. Burgaud des Marets.

6 mai 1869. Paris. »

*
* *

Voilà comment se faisait aimer ce savant, qui calculait si bien pour ses amis et si mal pour lui. Et l'on s'explique maintenant ces lignes de M. Eutrope Lambert : « Je considère mon œuvre, et je constate avec tristesse qu'elle est bien peu digne de celui qui l'a inspirée... Ah ! je me flattais qu'un autre s'acquitterait de cette tâche si chère et si difficile. M. Burgaud des Marets avait tant d'amis ! mais le silence s'est fait autour de sa tombe ; aucune voix autorisée n'a parlé de lui, et moi, le plus faible et le plus ignoré, je n'ai pas voulu que mon poète s'en allât ainsi sans qu'une voix s'élevât pour lui rendre hommage, sans qu'une main pieuse déposât sur la pierre qui le recouvre une humble couronne de souvenirs et de regrets. C'est pour cela que j'ai pris dans ma main inexpérimentée la plume du biographe [1]... »

*
* *

Qu'importe l'expérience quand le cœur parle ? Qu'importe le plus ou moins de valeur de la plume lorsque la vérité la conduit ?

Dans le Paradis des gens de lettres où tu dois avoir une place, réjouis-toi, brave Lambert, ton vœu est exaucé.

J'unis ton nom à celui du poète et, en un même hommage, je dépose à mon tour, sur votre tombeau, cette guirlande de souvenirs.

---

(1) *Almanach de Cognac.* 1909. *op. cit.* p. 80.

CHAPITRE IV

(1860-1870)

**Frédéric Dübner. — La lettre de Rabelais à Guillaume
Budé. — « La Maleisie à Piarre Bounichon ».
Les papiers de Quérard.— « Optima editio » des « Essais ».**

L'ANNÉE même où parut le deuxième volume de Rabelais, les
presses de Didot mirent au jour un nouveau recueil de fables sous le titre de *Fabeulié Jarnacoais*, dédié à M. Vallery-
Radot (dédicace datée de décembre 1858), et contenant, en plus des
fables déjà publiées, six pièces nouvelles. C'est à partir de ce moment que Burgaud délaisse un peu La Fontaine pour donner libre
cours à son imagination. Nous y avons gagné ces contes amusants : *Le coco d'Mystu* et *Le Diabe à Saint-Meime*.

Un nouveau *Recueil de fables et contes en patois saintongeais*
vit le jour l'année suivante. Cette troisième édition est de tous les
ouvrages de Burgaud celle qui eut le plus fort tirage. Ce petit livre
qu'il considérait comme une réimpression, bien qu'il renfermât
trois pièces nouvelles, est aussi dédié à Vallery-Radot. Le poète y
faisait une heureuse innovation en plaçant la traduction en regard
de chaque pièce.

Puis, en 1860, ce sont les deux éditions d'*In p'tit pilot d'achet*,
composées entièrement de poésies nouvelles. Entre temps, Burgaud publiait d'autres bluettes, très courtes et tirées à un ou deux
exemplaires : *Lette... à mon sieu Marchadié ; Compliment...
adreussé à Mme *** * [Voy. les n°s 9 et 11 de l'Appendice], et des
réimpressions de pièces rares ou peu connues dont on trouvera
l'énumération à la Bibliographie.

Peu de temps après parurent les deux éditions de *Encoère ine
trâlée d'achet...* où le talent de l'auteur s'affirmait de plus en plus.
Certaine de ces pièces : *Le Mounié de Saint-Onge, Me marerai-ji?
me marerai-ji* pas ? sont de véritables petites comédies dans les-

quelles l'auteur a mis le meilleur de sa verve et de son esprit. Si nous n'avions la crainte d'appliquer un si grand mot à ces « patoiseries » nous dirions que ce sont des petits chefs-d'œuvre.

Ces spirituels apologues n'auront probablement jamais le succès des *Noëls* de La Monnoye, parce que ceux-ci, touchant à la tradition religieuse, sont d'un ordre plus général, et par suite compris de tout le monde. Il n'en est pas de même des compositions de Burgaud qui, elles, prennent leur source dans l'esprit local d'une petite province. Ces poésies ne peuvent donc être goûtées parfaitement que par ceux qui connaissent à fond son dialecte et son folklore.

Au nombre des articles élogieux de ces nouveaux recueils, se trouve celui de M. F. Desrivières (*Les Tablettes des Deux-Charentes*, 1er juin 1861) que l'auteur connaissait sans doute, car il lui fit l'honneur d'une réponse en patois. Cette pièce inédite se trouve au n° 10 de l'Appendice.

*
* *

Burgaud des Marets considéra toujours ses productions patoises comme un délassement à des travaux plus sérieux dont Rabelais et Montaigne, la philologie et la bibliophilie, faisaient le fonds. Il entretint sur ces deux derniers sujets des relations très suivies avec Ant. d'Abbadie, le prince L.-L. Bonaparte et Frédéric Dübner.

Il fut très lié avec ce dernier qu'il voyait presque journellement chez A.-F. Didot, dont la maison était comme le quartier général de l'érudition : c'est ce qui explique la rareté de leur correspondance.

Figure originale, helléniste et latiniste éminent, Dübner s'attira l'inimitié de l'Université pour avoir voulu remplacer, dans un moment de mauvaise inspiration, la grammaire grecque de Burnouf par une méthode à lui qu'il jugeait supérieure. Mais, si de ce côté la pédagogie ne lui doit rien, la critique des textes, en retour, lui doit beaucoup. Elevé aux rudes disciplines de l'école allemande, il vint assez jeune en France, appelé par A.-F. Didot, qui l'attacha à sa célèbre imprimerie pour la correction et la récension des anciens textes. Il donna de nombreuses éditions d'auteurs grecs et latins qui fondèrent sa réputation.

Dübner était, comme tous les hommes, pétri de qualités et de défauts, et les controverses qui s'élevèrent à son sujet peuvent assez bien se résumer dans les appréciations de deux critiques, qui représentent les deux partis contraires : Désiré Nisard rabaisse l'homme et le savant [1] ; Sainte-Beuve prend sa défense et fait l'éloge de son savoir [2].

Il suffit d'ailleurs de feuilleter la vaste correspondance de Dübner pour constater que ses qualités l'emportaient sur ses défauts. Les belles et savantes lettres de Miller sont le meilleur criterium de toutes les discussions qui s'ouvrirent au sujet de l'éditeur de l'*Anthologie*.

Nous sommes certain que si l'âme de Dübner eût été aussi noire que veut le faire entendre Nisard, Burgaud des Marets n'en aurait pas fait son ami ; de même que A.-F. Didot, bon juge en cette circonstance, ne l'aurait pas conservé auprès de lui jusqu'à sa mort.

Dübner fût naturalisé français en 1849 et obtint la légion d'honneur en 1861. Il est probable que cette distinction fut due en partie à la recommandation de Burgaud. Voici deux billets qui du moins le laissent supposer :

« Paris, le 23 janvier 1861,

Mon excellent ami,

Faites-vous beau comme Alcibiade et passez me prendre demain jeudi entre onze heures et midi, 21, rue La Bruyère. Nous irons voir le savantissime et bienveillant Prince, pour le *remercier*. Je considère l'*affaire* comme sûre,

A vous bien sincèrement.   Burgaud des Marets.

21, rue La Bruyère[3]. »

« Mon cher ami,

Le secrétaire des comm[ts] [commandements] du Prince m'annonce que par décret de ce jour, vous êtes nommé chevalier de la légion d'honneur.

A vous, H. Burgaud des Marets.

15 août [1861], 2 heures. »

---

(1) *Souvenirs...* par D. Nisard... *loc. cit.* T. II. pp. 2 à 18.

(2) Sainte-Beuve. *Nouveaux Lundis.* Paris, 1885, T. XI, pp. 433 et *seqq.*

(3) La lettre, écrite sur un papier à en-tête de la maison Didot, porte l'adresse suivante : « M. Dübner, 10, rue des Musiciens à Montreuil-sous-bois. »

La correspondance de Dübner contient cette troisième lettre, sans date, mais que l'on peut fixer vers l'année 1866, le *César* auquel Burgaud fait allusion ayant paru en 1867 :

« Excellent ami,

Merci ! votre bon souvenir m'a charmé. Je vais bientôt retourner à Paris, vous serrer la main, rire de concert des bouffis qui se figurent avoir un grand souffle, parce qu'ils se gonflent.

Je dévorerai votre *César* [1]. L'Empereur a bien su trouver l'homme qu'il fallait pour une pareille besogne, honneur à lui, honneur à vous !

Vous commencez à pantagruéliser, *id est* à ne plus vous tabuster l'entendement au sujet des bêtises humaines. Oh ! je vous approuve : la raison, la science, la vérité démontrée, qu'est-ce que c'est que ça ? « Rire est le propre de l'homme », rions donc cher ami, et contentons-nous de plaindre sans aigreur les aveugles.

A bientôt.   Votre ami,

H. Burgaud des Marets.

Mes hommages à Mad⁰ Dübner [2]. »

Revenons un peu en arrière, en 1860, année où M. Scheler apprit au monde lettré, par le canal du *Bulletin du Bibliophile belge*, la découverte d'une lettre autographe de Rabelais à Guillaume Budé. Les tribulations de cette pièce si importante, et la critique amusante qu'en fit Burgaud des Marets, forment un véritable petit roman.

Cette lettre de Rabelais a beaucoup fait parler d'elle. La question est aujourd'hui définitivement tranchée : les plus hautes autorités de l'érudition ayant démontré son authenticité. C'est donc à titre documentaire que nous publions ici les observations de deux savants éminents, observations d'autant plus piquantes qu'elles

---

(1) C. Julii Cæsaris Commentarii de bellis Gallico et civili, aliorum de bellis Alexandrino, Africano et Hispaniensi. Annotatione critica instruxit F. Dübner. Parisiis, Ex Typographeo Imperiali. M.DCCCLXVII. 2 vol. in-4°.

(2) Ces trois lettres sont extraites du recueil suivant de la Bibliothèque nationale (Mss) *Doctorum gallorum ad Duebnerum epistolæ*. Fr. Nouv. acq. 6141. 3 vol. 4°. T. I, pièces 103, 106 et 107.

s'attachent moins à la discussion paléographique qu'aux fautes de style et de grammaire dont la lettre de Rabelais est émaillée. Voici les antécédents du procès :

En 1860, le *Bulletin du Bibliophile belge*[1] publia sous ce titre : *Une lettre autographe de Rabelais* (inédite), un article signé : Aug. [uste] Sch. [eler], dans lequel cet érudit annonçait au public la découverte d'une lettre de Rabelais à Guillaume Budé.

M. Scheler, convaincu de l'authenticité de cette lettre, soutenait son opinion avec des arguments trop insuffisants au gré de nos savants, parmi lesquels Taschereau, Dübner, Burgaud des Marets et Rathery. A la suite de son article, M. Scheler donnait une mauvaise transcription de la pièce en litige. C'est sur les fautes ou erreurs contenues dans cette dernière que reposent les critiques de Burgaud des Marets et de Dübner.

Il n'est pas inutile de rappeler les vicissitudes de cet autographe. Acheté par M. Heussner à un particulier du nord de l'Allemagne, il fut ensuite cédé à M. Boone, libraire à Londres, d'où il passa dans la bibliothèque de M. Young, puis dans celle de M. W. Titt. A la mort de ce dernier (juin 1874), il fut adjugé au prix de 1550 francs, et entra alors dans la collection de Feuillet de Conches qui, quelque temps après, le céda pour 2.500 francs à Benjamin Fillon. En 1878, celui-ci le céda à son tour à M. Morrisson, de Londres[2]. A la vente de ce dernier, en 1918, il fut adjugé à un M. Pendleton.

Dès son apparition la lettre de Rabelais fut considérée comme apocryphe. Mais en 1878, à la vente Benjamin Fillon, Etienne Charavay lui consacra une longue note illustrée d'un excellent fac-similé. C'est à partir de ce moment que les érudits ne jugeant plus d'après une simple et fautive transcription, mais bien d'après une reproduction exacte[3], purent l'étudier de plus près.

---

(1) *Bulletin...* publié par F. Heussner, sous la direction de M. Aug. Scheler. T. XVI. (2ᵉ série, T. VII). Bruxelles, 1860, 8°. pp. 171 à 176. [Bibl. nat¹ᵉ. 8°. Q. 108].

(2) *Revue des Etudes Rabelaisiennes*, 1905, T. III. 4ᵉ fasc. p. 341 *et seqq.*, et documents personnels.

(3) Il existe actuellement trois bons fac-similés de cette lettre :

1° *Invent. des autographes de M. Benj. Fillon*. Paris et Londres, 1878-1879. 2 vol. in-4°. Séries V à VIII, p. 54, n° 866 (note), et planche p. 14, T. II, de l'édition d'amateur.

2° *Catalogue of the collection of autograph letters and historical documents formed between 1865 and 1882 by Alfred Morrison, compiled and*

Le précieux autographe dormait en paix dans les cartons de M. Morrisson, lorsqu'en 1903, M. Abel Lefranc reprit la question dans la *Revue des Etudes Rabelaisiennes*[1]. Il y revint plus longuement en 1905[2] ; mais un passage de ce dernier article renferme une erreur au sujet de Burgaud des Marets. On lit (p. 341) à propos des tribulations de cette lettre : « ...M. William Tilt la posséda ensuite ; à la vente de sa collection (juin 1874) elle fut adjugée au prix de 1550 francs (voyez l'*Intermédiaire* du 25 nov. 1875), et vint ensuite en la possession de M. Feuillet de Conches. A ce moment-là, M. Burgaud des Marets la considérait comme fausse...» Si nous comprenons bien ces lignes, ce serait seulement vers 1874 ou 1875 que Burgaud des Marets aurait eu cette opinion. Or, ce savant était mort depuis le 6 octobre 1873, et ses doutes, comme nous le verrons tout à l'heure, dataient de l'apparition de l'article du *Bulletin du Bibliophile belge*, c'est-à-dire depuis 1860.

Jules Quicherat, Benj. Fillon, Et. Charavay, Léopold Delisle, ayant démontré de diverses façons la parfaite authenticité de la lettre de Rabelais, il nous a paru intéressant de publier les critiques inédites de deux savants philologues, dont l'un était en outre un Rabelaisant de « prime cuvée ».

Le lecteur ne devra pas perdre de vue que c'est la transcription du *Bulletin du Bibliophile belge* qui sert de base aux observations de Dübner et de Burgaud des Marets. Ces deux érudits n'ont jamais vu l'original, ni sa reproduction. Dübner est mort en 1867, Burgaud en 1873, et le premier fac-similé de la lettre n'a paru qu'en 1878. C'est pourquoi, du reste, elle ne figure pas dans les *Œuvres de Rabelais*, publiées chez Didot, par Burgaud des Marets et Rathery. Cependant ce dernier avait vu l'original chez le libraire Boone, à Londres, mais n'ayant pas d'éléments de comparaison sous la main, il ne put résoudre la question[3]. Rathery mourut peu après (25 nov. 1875).

annotated under the direction of A. W. Thibaudeau. Printed for private circulation. 1883-1892 (London). 6 vol. in-folio (T. V. p. 213 ; pl. 141).

3° *Rev. des Etudes Rabelaisiennes,* 1905, 4e fasc. p. 339 et *seqq.* Ce fasc. contient la transcription de la lettre, une traduction inédite de J. Quicherat, le fac-similé de l'adresse et de la première page ; les deux dernières pages ont paru dans le 1er fasc. de 1906.

(1) *Op. cit.* 1re année, 1903, 2e fasc. p. 93.

(2) *Op. cit.* 1905. p. 339.

(3) *OEuvres de Rabelais...* 3e édit. Paris, Didot, s. d. p. 10 (note).

Nous avons collationné la transcription donnée par le *Bulletin du Bibliophile belge* avec le fac-similé paru en 1905 dans la *Revue des Etudes Rabelaisiennes*. Cette confrontation a permis de relever une trentaine de fautes dans la publication belge, mais à part trois ou quatre, tous les mots critiqués par Dübner et Burgaud des Marets subsistent dans le fac-similé de la *Revue des Etudes Rabelaisiennes*, et par conséquent dans l'original lui-même. Comme on voit, le problème se corse, car Rabelais se trouve ainsi accusé d'être un mauvais latiniste et un non moins mauvais helléniste et ce, par deux hommes habiles dans l'une et l'autre langues.

Mais Dübner et Burgaud des Marets ont trop perdu de vue que le grec et le latin de la Renaissance n'avaient parfois qu'un rapport très éloigné avec la grammaire d'un Virgile ou celle d'un Plutarque. Les érudits du XVIe ont le plus souvent pensé en français ce qu'ils écrivaient en latin, de là des lourdeurs, des barbarismes, des néologismes et des contre-sens qui peuvent justifier des critiques dans le genre de celles que nous publions ici.

Dans sa lettre, Rabelais se qualifie d'*adolescent*. Burgaud, adoptant la thèse qui le fait naître entre 1483 et 1490, saisit cette première occasion pour combattre l'authenticité de la lettre, car cet *adolescent* aurait eu trente et quelques années au moment où il écrivait son épistole, ce qui est un âge un peu mûr pour se parer d'un tel titre. Mais dans la biographie du grand Chinonais, Rathery pense que la date de sa naissance doit être avancée de plusieurs années et rapprochée de 1495[1]. En adoptant cette dernière date, on est plus près de la vérité, et l'épithète prise par Rabelais devient vraisemblable, puisqu'il n'aurait eu ainsi que vingt et quelques années[2]. A cet âge, il n'était pas encore rompu à la composition latine ; son style n'avait pas atteint cette sûreté, cette grâce, que l'on trouve dans des lettres postérieures. Ne dit-il pas

---

(1) *Op. cit.* Notice biographique, p. 1 et 2.

(2) En fait, jusqu'à présent, aucun document ne permet de fixer la date de naissance de Rabelais. M. A. Lefranc (*Rev. Et. Rabel.* 1908, p. 265) a fait tout son possible pour démontrer que Rabelais naquit le 4 février 1494, mais ses conjectures sont loin d'être probantes.

Quant au mot *adolescens*, il faut bien se garder de le faire synonyme de notre *adolescent* moderne. Dans l'antiquité, l'*adolescent* était celui qui abandonnait la robe prétexte pour revêtir la robe virile. Cicéron qualifie Brutus et Cassius d'adolescents au moment où ceux-ci avaient

lui-même à Budé : « *Proinde huic facinori supersedendum mihi esse censebam dum stylum aliqualenus exacuerem.* » Le scepticisme de Burgaud des Marets était d'autant plus excusable que de nombreuses lettres apocryphes de Rabelais avaient figuré dans les ventes. Vrain-Lucas en fabriqua pour le trop *candide* Emile Chasles. Il s'en trouva de fausses dans les collections Laroche-Lacarelle et Feuillet de Conches ; bref, il fut un temps où les faux autographes de maître Alcofribas pleuvaient de tous côtés. Le bibliophile Jacob écrivit à tort et à travers sur ces pièces fabriquées, ce qui lui valut une assez verte réponse de Paulin Paris[1]. Il faut avouer qu'après toutes ces polémiques Dübner et Burgaud des Marets étaient en droit d'avoir des doutes.

Peu d'années après la découverte de M. Aug. Scheler, un libraire de Paris, M. Caen[2], ayant eu l'intention d'acheter l'autographe de Rabelais, s'adressa à Burgaud des Marets, dont il était l'ami, pour lui demander son avis. Celui-ci lui répondit par une lettre datée du 10 octobre 1864, dont nous possédons le brouillon. L'étude que Burgaud se proposait de publier en 1873 (le lecteur la trouvera au n° 3 de l'Appendice), étant un large développement de ce brouillon, nous nous dispensons de publier celui-ci.

La lettre adressée à M. Caen le 10 octobre 1864 a été reliée en tête d'un exemplaire des *Œuvres de Rabelais* avec une autre lettre dont le destinataire est inconnu, destinataire que nous supposons être aussi M. Caen. Cet exemplaire, ainsi enrichi, a figuré dans un catalogue de la librairie Bachelin-Deflorenne, de juin 1870, p. 82, n° 1441 :

« RABELAIS (*Œuvres de*), *collationnées pour la première fois*

une quarantaine d'années. Cicéron lui-même se donne ce titre au cours de son consulat, alors qu'il entrait dans la 44ᵉ année de son âge.

Nourri des auteurs classiques, Rabelais a employé le mot *adolescens* avec la même acception. Ce terme s'employait aussi, comme l'a fait remarquer Paul Manuce, pour se mettre en grâce auprès d'une personne plus âgée et plus haut placée, ce qui était le cas de Budé au moment où Rabelais lui écrivait cette fameuse lettre [Voy. G. Perfetto. *Rabelais ed i suoi tempi.* Napoli, 1924, p. XII.]

(1) Louis Thuasne. *Villon et Rabelais. Notes et Commentaires.* Paris. Fischbacher, 1911, 8°, p. 302.

(2) M. Caen fut le prédécesseur de M. D. Morgand à la belle librairie du passage des Panoramas.

*sur les éditions originales accompagnées de notes nouvelles et
ramenées à une orthographe qui facilite la lecture, bien que
choisie exclusivement dans les anciens textes par MM. Burgaud
des Marets et Rathery, Paris 1858 [1857-1858] librairie de F. Didot.
2 vol. gr. in-18, demi-rel., dos et coins de mar. bleu du levant,
dor. en tête, n. rog. 130 fr.*

*Excellente édition entièrement épuisée. Exemplaire unique
sur papier jonquille[1], auquel on a ajouté : 1° 6 portraits de Rabelais, gravés sur cuivre par Moncornet, Savart, Devéria, Desenne,
Hopwood, et 2 autres du XVIIIe siècle ; 2° les cinq planches gravées
sur cuivre de l'édition in-12 de Le Duchat ; 3° la suite des figures
de l'édition de Bastien, gravées par Foex, au nombre de 68. Cet
exemplaire qui a été donné par M. Burgaud des Marets, contient
deux lettres autographes ; dans la première, datée du 15 mars
1860, il dit à la personne à qui il destine cet exemplaire : « Après
avoir faict diligente recherche, j'ai ung exemplaire recouvré,
voire sur papier de belle coleur de cocuage dont estes bien digne,
et vous l'adjuge, etc... » La 2e est de quatre pages et adressée, le
10 octobre 1864, à M. Caen, libraire, à propos d'une lettre autographe de Rabelais. Ces deux lettres sont également sur papier
jonquille. »*

Ces volumes ont passé par la suite dans la bibliothèque de Ferdinand Brunetière, et ont figuré au catalogue de la vente de ses
livres[2]. La description donnée par ce dernier catalogue diffère très
légèrement de celle de Bachelin-Deflorenne. Elle nous apprend
en plus que « ... dans la première [lettre] datée du 15 mars 1860
(3 pages in-12), écrite dans le style de Rabelais, il [Burgaud]
discute l'authenticité du *cinquième livre* de Rabelais ; dans la
seconde, datée du 10 octobre 1864 (8 pages) adressée à M. Caen,
il démontre qu'une lettre autographe de Rabelais qui venait d'être
découverte en Allemagne, n'est qu'un pastiche. On a ajouté à
la suite de cette dernière 3 ff. imprimés, formant les pp. 171 à 176
d'un ouvrage, où l'on trouve la reproduction de la *lettre autographe de Rabelais* inédite dont il est question ci-dessus. »

Les trois feuillets ajoutés formant les pp. 171 à 176, sont extraits

---

(1) V. le n° 17 de la Bibliographie.
(2) Catalogue de la Bibliothèque de feu M. Ferdinand Brunetière,
membre de l'Académie française... Paris, A. Picard et fils, 1908, 2 parties 8° (1re partie, p. 51, n° 244).

du *Bibliophile belge* que nous avons cité plus haut; mais le rédacteur du catalogue Brunetière a mis *reproduction*, alors qu'il ne s'agit que d'une transcription Quant au nombre de pages de la lettre du 10 oct. 1864, il diffère dans les deux notices parce que le premier rédacteur a compté les feuillets et le second les pages.

Ces précieux volumes ont été achetés à la vente Brunetière par un amateur étranger, et depuis, l'on ignore ce qu'ils sont devenus [1].

Avant de répondre à M. Caen, Burgaud des Marets voulut connaître l'opinion de son ami Dübner. Le savant helléniste lui répondit par la curieuse lettre suivante qui fait partie de notre collection [2].

> « Cher et excellent ami,

Voilà un problème diabolique, pour lequel votre grand savoir seizième siècle et votre *acumen* à toute épreuve n'auront peut-être rien de trop. Il semblerait se poser ainsi : la pièce est indubitablement de l'époque ; elle parle longuement d'une personne que R. [abelais] et B. [udé] connaissaient, en termes qui montrent que l'original posait et qui ne pouvaient être employés que pendant que l'objet vivait et agissait. Cela me semble évident : ce Plutus vexait l'écrivain de la lettre, et il n'y avait (à ce que je me persuade) ni intérêt quelconque ni possibilité d'inventer cela *justement ainsi* après coup. Cela part de l'âme tout chaud, et l'écrivain avait ses raisons pour l'entortiller en demi-mystère. Mais cela est écrit par un homme qui ne voulait pas laisser aller sa plume, qui voulait parler avec art et faire ἐπίδειξιν , qui se garde du naturel, mais dont la recherche n'amène presque jamais une pensée qui vaille le moins du monde la peine de quitter pour elle la route battue. C'est un véritable thème ou discours de collège que Rabelais n'aurait pu écrire que dans une intention ironique, à laquelle les circonstances et en partie le contenu empêchent absolument de penser. Il est donc difficile de lui attribuer le *genre*

---

(1) Renseignement dû à l'obligeance de MM. E. Paul et Guillemin, libraires qui, avec M. A. Picard, conduisaient la vente.

(2) Cette lettre remplit entièrement les quatre pages d'une double feuille de papier de 0,363 × 0,233. Elle n'est pas datée, mais elle est antérieure au 10 oct. 1864, puisqu'à cette date Burgaud écrivait à M. Caen en reprenant les critiques de Dübner, et en citant un extrait de la lettre de celui-ci.

de facture en général, ni non plus le *grand nombre* de fautes que je signalerai : il pouvait en faire et en a faites (*sic*) dans ses lettres, mais ici elles viennent trop drues et coup sur coup.

En lisant on ne peut se faire à l'idée que le grand esprit de Rabelais, à l'âge de 32 ans au moins, se soit plu à composer un thème pareil et d'y avoir montrer (*sic*) si peu d'habileté réelle : c'est une mosaïque de phrases anciennes *sans le souffle*, et encore considérée comme mosaïque de collège, il y a à redire et un très bon rhétoricien aurait fait bien mieux, on ne peut malheureusement pas ajouter : sauf les idées. Je fais abstraction des traits lancés contre Plutus, que, quant à moi, je suis dans l'impossibilité absolue de juger et qui, si on les comprenait (*on* c'est moi) montreraient peut-être quelque chose de rabelaisien.

Voilà, excellent ami, mon impression générale que je suis heureux de voir d'accord avec la vôtre. Maintenant, l'*olla potrida* (*sic*) du détail ; je vous y fais grâce de bien de (*sic*) petites choses.

l. [igne] 1-2. *ad te* à cette place, et *hominis*, déjà dit.

l. 4. *illud imprimis feci, ut*, façon lourde pour donner de l'ampleur au simple *ante omnia* ou *in primis*.

l. 6. *aliquo* est absurde de quelque façon qu'on essaie de l'interpréter.

l. 8. S'il était certain que Rab.[elais] eût écrit cela, je dirais qu'*observabam* est un hellénisme de sa façon et qu'il a pensé ἐδόκευον, qui signifie à la fois observer et *viser à*, guetter, cher- cher à avoir, à posséder, ce que *observo* ne signifie pas. En lui-même *observabam* n'a pas de sens ici.

l. 9-10. La logique latine veut dans ce cas *poterat. Poterit* est d'un mauvais écolier.

l. 11. grosse faute de grec, πρός pour παρ'.

l. 13. *facinori supersedendum*, de la dernière gaucherie comme conception de la pensée.

l. 15. *inire numerum eorum* veut dire : *compter les* (désigner, marquer les) et nullement : entrer dans le nombre de...

l. 18. *contigerat* absurde. Il veut dire *licebat*.

l. 19. *e diverso* est très mauvais.

l. 22. *semel*, probablement faute d'impr.[ession] pour *simul*. Il faut ensuite : *quibus datum est ipsis aliquando*. Le texte est du dernier écolier.

l. 23. *asserentium* est gauche comme style : après *quibus*, se rap- portant aux mêmes personnes, le génitif est regardé comme

absorbé et ne peut plus revenir sans heurter fortement le lecteur latin.

l. 25.   τῆς σπάνης   veut dire qu'il se fait *rare*, qu'il se rend peu
accessible à... ; mais *in eos* est du dernier mauvais. Il serait
sans intérêt d'ajouter chaque fois comment il aurait fallu dire.

l. 26-27 un latin aurait écrit *traduxisti* et *incurreres*.

l. 28. *tanquam ! !* d'après ce qui précède on s'attendait à *quippe
qui*.

l. 29. pour *porro*, il faudrait *immo*.

l. 31. il fallait l'*un ou l'autre*, ἐκδίκως ou φθάνοι, pas les deux.

l. 32. il paraît qu'il a voulu dire tout le contraire, μέν οὐ et non
οὔ.

l. 33. peu intelligible ; pour μέσει (qui n'est pas un mot grec), il
y avait peut-être μίσει,

l. 34. τῶν est de trop devant ὑμῶν, il faut l'effacer.

τήν δέ δίκην, faute grammaticale pour τήν δέ τήν δίκην.

l. 35. de même ἄνδρα pour τόν ἄνδρα . Toute la ligne d'un style dé-
testable, tandis que le grec de Rabelais que j'ai vu était toujours bon.

l. 36. encore mauvais. Il faut   ἐζα πατῶντες. La note 3 est toute
fondée et digne de M. Scheler.

l. 40. *homine !* horrible, car il pense à Budée.

l. 43. la bonne idée de l'*actio de dolo malo* est très maladroitement
et lourdement introduite. Il y avait là étoffe de quelque chose
de bien gracieux et de réellement fin. Mauvais artiste !

l. 44. *libere* est ici incongru à l'excès.

l. 45. *palpandam*, gallicisme pour *tangendam*.

l. 48. il faut *existimarim* pour *explorarim*. Non ! je vois qu'il
a voulu dire *exploratum* (c'est-à-dire *certum*) *habuerim* et probablement hasarder une élégance imaginaire[1]. *Pœne* semble né-
cessiter *judicium* : « car j'avais laissé s'étendre ce jugement
(et prendre possession de tout mon esprit) jusqu'à ce moment
où je me décide de t'écrire de nouveau. » Voilà, réflexion faite,
le sens qu'à la rigueur je trouve dans ces mots que j'aime
mieux à l'auteur qu'à moi.

(1) Après cette phrase, se trouvent les mots suivants qui sont biffés :
« Mais ici il me semble évident que l'auteur a sauté une ligne de son
brouillon. »

l. 55. *cujus* (qu'il rapporte à *mihi*) est encore de la dernière in
capacité d'écrire en latin.

l. 58. encore emploi incorrect de *contingit*.

l. 61. *observare :* a-t-il voulu dire : considérer, prendre en considé
ration, ou bien, comme ligne 8, chercher à avoir à lui ?

l. 65. il faut *menteque*.

l. 66. le ménageant « *minus idoneum* » est comique après les coups
de canon rayé qu'on vient d'entendre.

l. 69. ce n'est pas *multum*, c'est au contraire *nihil* qui semble
manquer, elliptique pour *nihil* (*se fecisse putent*) *si*...

l. 71. *officia*, emploi arbitraire et incorrect du mot.

Page 1-176, l. 2. [lig. 75] corriger *metiebatur*.

La personne de ce *Plutus* me semble donner un intérêt sérieux
à cette pièce ; si elle ne faisait pas son entrée à la ligne 51, le procès de ce qui précède était lestement fait ; mais les dernières 30
lignes compliquent, si je ne suis dans l'erreur, le problème furieu-
sement et le rendent tout à fait digne de votre savoir et de votre
génie.

Avec le plus tendre amour.

Votre Fr. D. »

*
* *

Voilà ces fameuses corrections qu'hellénistes et latinistes pourront discuter à loisir. Quoiqu'il en soit, malgré certaines obscu-
rités, la lettre de Rabelais a été traduite élégamment par Jules
Quicherat.

Burgaud des Marets, ravi de voir Dübner partager ses doutes
d'une façon si catégorique, répondit dans le même sens à M. Caen,
le 10 oct. 1864, et, bien entendu, ce dernier n'acheta pas l'autographe. La polémique se calma peu à peu, et notre rabelaisant se
plongea, comme on le verra plus loin, dans l'étude de Montaigne.
C'est l'année même de sa mort que Burgaud, obsédé par cette lettre de Rabelais, résolut de développer et de publier la réponse
qu'il avait faite jadis à M. Caen. Cette étude, au moins aussi curieuse que la lettre de Dübner, est trop longue pour prendre place
ici, où elle romprait trop longtemps le cours de notre récit. Le
lecteur la trouvera, avec des notes complémentaires, au n° 3 de
l'Appendice.

*
* *

Au mois d'août 1862, la ville de Rochefort-sur-mer organisa de
grandes fêtes de charité. La municipalité fit appel à toutes les
bonnes volontés et en particulier à Burgaud des Marets, célèbre
alors dans toute la région. Le poète avait bien dans ses cartons certaine comédie qu'il n'aurait peut-être jamais songé à faire représenter sans cette occasion qui se présentait à lui. Ainsi que nous
l'avons vu plus haut (lettre de Marchadier du 13 sept. 1860), il
l'avait offerte à Marchadier pour l'*Almanach de Cognac*, mais celui-ci lui répondit sagement qu'il serait préférable de la faire jouer
et de la publier ensuite chez Didot. Burgaud se rendit aux bonnes
raisons de son ami, et lorsqu'on le pria de collaborer aux fêtes de
charité, il retoucha sa comédie, de façon à l'adapter à la scène,
puis l'adressa à la municipalité de Rochefort qui trouva des comé-
diens amateurs pour la jouer.

Les journaux annoncèrent ainsi les réjouissances :

Programme des Fêtes de charité de Rochefort[1].

Première journée.

Cavalcade[2].....

Grande représentation théâtrale dans laquelle on entendra Mlle
de La Pommeraye, premier sujet de l'Académie impériale de musique. M. Barthélemy[3], premier hautbois de l'Opéra, de la Chapelle
de l'Empereur et membre de la Société des Concerts du Conservatoire. M. Massenet, 1er prix de piano du Conservatoire, lauréat de
l'Institut. M. Espagnet[3], basson solo du Théâtre impérial de l'Opéra
comique et membre de la Société des Concerts du Conservatoire.
M. Hostié, chef d'orchestre de la Société philharmonique de Rochefort.

La Maleisie a Piarre Bounichon

Comédie en 1 acte et en vers avec prologue, composée spécialement pour les Fêtes de charité de Rochefort, par M. H. Burgaud

---

(1) *Tablettes des Deux-Charentes* du 9 août 1862.

(2) *L'Illustration* du samedi 20 sept. 1862 (p. 195-198) publia une description très détaillée de la cavalcade (avec une gravure), mais sans dire
un mot de la représentation théâtrale (art. signé : E. Boissec).

(3) Dans l'ouvrage de Lassabathie, *Histoire du Conservatoire...* Paris,
M. Lévy, 1860, in-12, (p. 178 et 190), les noms de ces deux artistes sont
ainsi orthographiés : Berthelemy (F.-C.) 1er prix de hautbois en 1849 ;
Espaignet (Jean), 1er prix de basson en 1843.

des Marets, l'auteur du *Fabeulié jarnacoais*, d'*In p'tit pilot d'achet*, etc.

Une cantate, ODE A LA CHARITÉ, par M. A. F.***[1], musique de M. Hostié, chantée par la Société orphéonique de Rochefort... »

*
* *

Nous avons fait appel aux souvenirs de tous les survivants de cette représentation, et particulièrement au maître Massenet, dont le nom figurait sur l'affiche. Voici ce que nous répondit l'auteur de *Manon* :

« En voyage, le 27 juillet 1911.

Je reçois votre intéressante lettre, cher Monsieur, et c'est moi qui suis étonné de ce programme daté de 1862...

Ma mémoire n'a pas conservé ce souvenir — il se peut même que j'aie promis... et n'aie pu venir alors... je me souviens fort exactement des deux artistes nommés, ils étaient si bons pour moi !

En vous priant d'excuser ma réponse, si inutile à vos travaux, je vous assure de ma très haute considération. Massenet. »

Cette réponse du grand musicien qui avait oublié ce déplacement parmi tant d'autres, sans doute plus importants, ne nous rebuta pas. A force d'interroger les contemporains de cette époque, et de compulser les gazettes à grand renfort de besicles, nous sommes parvenu à recueillir quelques intéressants détails sur cette représentation, qui eut lieu le samedi 16 août 1862.

La Maleisie à Piarre Bounichon est une comédie patoise, en vers alexandrins, comprenant un prologue et un acte, divisé en dix-huit scènes, où l'on voit évoluer, bavarder et chanter quatre personnages, des figurants et... un âne.

Voici qu'elle en était la distribution :

Piarre Bounichon : M. Olivier, coutelier à Rochefort.
La Maleisie : M. Craff, ouvrier ajusteur à l'arsenal de Rochefort.
Charlot : M. Ringonneau, maître de timonerie.
Gafoéru : M. Monglond, tapissier à Rochefort.

(1) Alfred Feuillet, de Cognac.

Figurants paysans : plusieurs Rochefortais, dont l'un : M. Poupart, chanta le couplet du *charivari*.
Enfin, *un âne*, humble artiste anonyme.

*
* *

Le maire de Rochefort, M. Roy-Bry, assistait à la représentation, ainsi que l'amiral Lugeol, préfet maritime, et toutes les notabilités. La salle était comble et la recette fut superbe ; le prix des places avait été fixé uniformément à 10 francs.

La pêche aux moucles, râclée sur le violon, comme il convient, par M. Vallet, baptisé chef d'orchestre, servit d'ouverture au monologue de *Bounichon*. Les applaudissements crépitèrent aussitôt ; ce fut du délire. Si bien, que Olivier-*Bounichon*, dans l'impossibilité de poursuivre sa tirade, frappa sur la boîte du souffleur un fort coup du bâton qu'il portait, s'écriant en marge de son rôle : « *Te tais'ras-tu, engheance dau diabe*[1] ! » Les rires redoublèrent, et jusqu'à la chute du rideau, des applaudissements frénétiques marquèrent l'enthousiasme du public. Le nom de l'auteur fut acclamé.

La donnée de cette petite fantaisie est empruntée à Rabelais et à Molière : Un mari est accablé d'une femme muette et bourrue qui le bat à outrance, d'où charivari. On promène le pauvre battu à rebours sur un âne, selon la tradition, à grand bruit de casseroles, au milieu des lazzis de la foule. Vient Gafoéru qui rend la parole à la maleisie, et dieu sait si elle en use ; elle en a été privée si longtemps ! Tant y a que Bounichon demande à Gafoéru de remettre la maleisie en son premier état ; mais la chose est impossible, et tout ce que peut faire le rebouteux, c'est de rendre sourd Bounichon. Après quoi, l'Esculape rustique réclame 26 sous pour la double opération, mais Bounichon lui prouve qu'il n'est pire sourd que celui qui ne veut pas entendre.

Cette scène villageoise, émaillée de mots piquants, de locutions du crû, d'interjections sonores, renferme des traits de la plus fine plaisanterie. Burgaud possédait à un haut degré les dons du poète comique. Les scènes s'enchaînent à plaisir, les dialogues se pour-

---

(1) « Te tairas-tu, engeance [race] du diable ! »
Renseignements de M. Oscar Clerc, de Saint-Maixent ; de M. Louis Comandon ; de M. Vallet, l'un des protagonistes ; et *Bulletin du Syndicat agricole du canton de Jarnac...* n° 4, 1er avril 1912.

suivent avec une verve et un à-propos qui ne faiblissent jamais.
Molichou et Garçounière, *La Maleisie à Piarre Bounichon* sont
deux ravissantes bluettes.

Certains refusent aux patois en général, et au patois saintongeais en particulier, la possibilité d'exprimer les sentiments de
l'âme et, par conséquent, le don d'émouvoir. C'est vrai. Mais, ce
qu'on ne peut refuser à nos vieux dialectes, c'est la verve, la fran-
chise du langage, la gaieté gauloise de nos pères. Aucune œuvre
française ne saurait atteindre à ce degré d'épanouissante « rigou-
lade ».

Il y a quelques années d'ailleurs, le Dr Yan Saint-Acère[1], a re-
nouvelé l'expérience en écrivant *La Mérine à Nastasie*, comédie
en prose patoise, qui fut jouée à différentes reprises sur plusieurs
scènes des deux Charentes, et même à Paris (salle Lancry, 4 déc.
1902) où l'on ne craignit pas d'en donner une représentation. Elle
obtint partout un éclatant succès[2].

Ces comédies rustiques peuvent donc se prêter à l'exposition
des situations les plus drôles, les plus comiques, et provoquer chez
le spectateur une franche et saine gaieté, car ces patoiseries ne
vont jamais jusqu'à l'ordure.

Plusieurs périodiques de la région rendirent compte de la représentation de *La Maleisie*. Dans le compte rendu qu'il fit de la
pièce, Marchadier [3] fait erreur en disant que Burgaud l'impro-
visa [4] ; commencée le 1er juillet, elle aurait été terminée le 15. Par
sa lettre du 13 sept. 1860, citée plus haut, Marchadier se contredit lui-même. A cette époque, 1860, Burgaud songeait déjà à faire
jouer sa comédie, il est donc probable que celle-ci était en grande
partie composée. En outre, dans l'*Almanach de Cognac* de 1861,

____

(1) Le spirituel docteur Jean, de Rouffiac (Ch[te]-Inf[re]): Yan Saint-Acère.
La Mérine à Nastasie, coumédie... [La marraine à Anastasie, comédie].
1903. 8° fig. [Imprimée par Gounouilhou, de Bordeaux. On trouve cet
ouvrage chez ce dernier, et chez Prévost, à Saintes].

(2) Voy. le *Journal des Débats* du 9 déc. 1902, qui lui a consacré un
article de deux colonnes, signé : Albert Jullien.

(3) *Les Tablettes des Deux-Charentes* du 20 août 1862.

(4) L'affiche rédigée par la municipalité de Rochefort que nous avons
citée plus haut, commet la même erreur, mais là il y a une excuse: Il était
certainement plus piquant d'annoncer *la Maleisie* comme ayant été
composée spécialement pour les fêtes de charité ; cela ne pouvait que
flatter les Rochefortais, et les engager à venir en foule à la représentation.

(p. 103-106) se trouvent les lignes suivantes : « Mentions bibliographiques... *La Maleisie à Piarre Bounichon*, un acte en patois saintongeais, par H. Burgaud des Marets, (sera incessamment re·présentée à Cognac, et sur plusieurs scènes des deux Charentes)... signé : Berger [Marc Marchadier].

Burgaud avait expressément défendu qu'on citât quoi que ce soit de sa pièce. Toujours épris de perfection, il voulait y apporter quelques corrections avant de la donner chez Didot, à Paris, où elle ne parut qu'en 1864 seulement. Cette charmante bouffonnerie patoise est le seul des ouvrages du poète qui soit resté plusieurs années chez le libraire.

Nous sommes à peu près certain que Burgaud des Marets n'assista pas à la représentation de sa comédie. A ce moment-là, il devait se trouver à Jarnac, auprès de son vieux père malade. Celui-ci mourut peu de jours après, le 24 août 1862, à l'âge de 81 ans. Ainsi disparut ce probe et rude commerçant qui ne dut pas trop regretter d'avoir laissé son fils suivre la carrière qu'il s'était choisie.

Burgaud revint à Paris dans la deuxième quinzaine de novembre (1862), et reprit peu à peu ses habitudes. Il eût une activité débordante à partir de cette date jusqu'en 1872.

*
* *

A peu près au moment où *La Maleisie* paraissait chez Didot, *l'Evangile selon saint Matthieu*, traduit en saintongeais, sortait des presses de Londres. Cette traduction faisait partie d'un ensemble important de linguistique patoise, sous les auspices et aux frais du prince L.-L. Bonaparte, qui s'adjoignit pour ce travail Burgaud des Marets [1].

La traduction saintongeaise fut tirée à 250 exemplaires non mis dans le commerce. En déplorant ce tirage restreint, Marchadier raconte qu'en 1864, Burgaud en donna un exemplaire au libraire de Jarnac, à la condition que celui-ci l'exposerait pendant quelques semaines dans sa vitrine, et qu'il en tournerait chaque jour

---

(1) *Grand dictionnaire universel*, de P. Larousse. Vᵒ patois, *in fine :* « Traduction de *l'Evangile selon saint Matthieu* dans les principaux patois de France et d'Italie, en basque, en erse, en bas-breton, etc.., par le prince Louis-Lucien Bonaparte, avec la collaboration, entre autres savants distingués, de M. Burgaud de Maret. » (sic).

une page, afin d'en permettre la lecture aux passants. Nous possédons les deux lettres suivantes qui montrent que la traduction de l'*Evangile* était rare dans les Charentes :

« Journal de Saint-Jean-d'Angély.
Imprimerie Lemarié.
Rue de l'Horloge 11, et place du Marché 6.
Saint-Jean-d'Angély, le 2 avril 1866,

Monsieur,

J'ai toujours suivi comme amateur de patois et des vieilles traditions saintongeaises vos inimitables productions, et comme libraire j'en ai souvent vendu. Vos Fables surtout ont été souvent demandées et aujourd'hui on regrette de les voir épuisées.

Je serai, dans le cas où vous voudriez m'autoriser, tout disposé à imprimer un choix de vos fables *à mes frais*, et de m'entendre avec vous sur la mise en vente dans le cas où la maison Didot n'en serait pas propriétaire.

Si vous voulez bien me répondre, je vous serais reconnaissant de me dire chez quel éditeur on trouve vos Evangiles (*sic*) que je n'ai pas pu découvrir encore.

J'ai l'honneur d'être, Monsieur, votre très humble serviteur.

E. Lemarié. »

M. Lemarié ignorait l'artiste et le bibliophile qu'était Burgaud; il ne pouvait s'imaginer qu'on fît tirer à petit nombre des œuvres ayant autant de succès.

Six ans plus tard, Burgaud écrivait à Mme Faure-Chemineau :

« Ma chère cousine,

Tu m'écris un billet charmant, comme tu sais les faire. L'eau me vient à la bouche, en lisant pour le lendemain l'annonce d'une autre lettre. Puis, comme sœur Anne, j'attends, j'attends et ne vois rien venir. Ce n'est point un reproche que je t'adresse, mais une justification de ma lenteur à te répondre.

Si j'avais eu à ma disposition un exemplaire de l'évangile patois, tu l'aurais depuis longtemps. Malheureusement, il est d'un accès presque impossible.

Présente mes regrets à Mlle Parreau. Je ne perds pas la chose de vue, si elle devient possible.

Mille amitiés, ma chère Georgina. Offre mes meilleurs souvenirs à toutes les personnes qui s'inquièteront si je vis encore.

Ton affectueux et dévoué. H. Burgaud des Marets[1]. »

*
**

Le texte à traduire devait être exclusivement celui de Lemaistre de Sacy. Hélas, certaines tournures de l'*Evangile* avaient de quoi rebuter le traducteur le plus idoine. On y voit constamment des expressions qui n'ont que peu d'équivalents dans notre patois et que le français traduit de cette façon : *ainsi, alors, en ce temps-là, comme il leur disait ces choses, après que, c'est pourquoi, et il lui dit*, etc.

Le traducteur a su tourner ces durs écueils de la façon la plus heureuse et la plus conforme au génie du dialecte saintongeais. On y sent rarement la gêne que devait éprouver le translateur devant un tel amas de difficultés. Cette traduction, une des plus parfaites de la collection, laisse bien loin derrière elle toutes les tentatives analogues.

La collaboration de Burgaud s'étendit bien au-delà de cette traduction. Il avait été chargé d'abord de recruter des érudits aptes et désireux de participer à ce grand travail. Ceux-ci devaient lui remettre leurs manuscrits et Burgaud, après les avoir revus, transmettait le tout au prince Bonaparte, avec un rapport motivé sur la valeur des traductions ; celui-ci donnait alors le bon à tirer.

Tous ces rapports sont perdus ou dispersés on ne sait où, sauf celui relatif à la traduction de l'*Evangile* en patois bourguignon, confiée à M. Mignard, de Dijon.

Nous avons retrouvé, dans les papiers de Burgaud, une copie de ce compte rendu, que nous publions *in-extenso* au n° 2 de l'Appendice, pour montrer avec quel soin méticuleux ce savant avait dirigé cette entreprise considérable.

M. Mignard ne voulut sans doute pas se plier aux observations du rapporteur, aggravées de celles du prince Bonaparte, car sa traduction ne fut pas publiée dans la collection.

Avec le rapport sur le travail de M. Mignard, se trouvait une chemise de papier gris ayant pour titre : « Evangile selon St-Mat-

---

(1) Adresse : « à Madame Georgina Faure, à Jarnac (Charente) ». Cachets de la poste : Paris, 17 février 1872— Jarnac, 18 février 1872.

thieu, traduit en patois du pays Messin d'après la traduction française de Lemaistre de Sacy, par Albert de La Fizelière. » et contenant de nombreux brouillons de la traduction patoise.

A. de La Fizelière écrivait à Burgaud, quelques années plus tard:

« Société   « Paris, le 22 avril 1869.
        des
    Aqua-fortistes.
        —

Cabinet du Président.
        —   Cher ami,

Vous seriez bien aimable de m'envoyer dans un bout de lettre les signes définitivement adoptés pour indiquer la prononciation de nos voyelles patoises *in* (i, hongrois), *o* (comme *a* anglais dans *hall*), *e* dans les deux prononciations messines de *mé mère* par exemple, etc.

Voulez-vous bien me dire aussi quels sont les patois qui figurent déjà dans la collection du prince Lucien Bonaparte avec cette nouvelle méthode de prononciation figurée.

Vous serez bien gentil, bien gentil, et sur ce je vous offre mes compliments les plus affectueux. Votre Albert de La Fizelière, 16 rue Gaillon[1]. »

*
* *

On voit que La Fizelière continuait sa collaboration aux travaux dirigés par Burgaud des Marets. Mais cette lettre ne s'applique pas à la traduction de l'*Evangile* en patois messin, pour la bonne raison que celle-ci était faite à cette époque, et non par A. de La Fizelière, mais bien par Burgaud des Marets !

En effet, les 221 feuillets relatifs aux différents essais de traduction de l'*Evangile* en patois messin trouvés dans les papiers de Burgaud, sont tous de la main de ce dernier. On y voit la lettre suivante, moitié en patois messin, moitié en français.

« Qu'a-ce que s'e pèssè, men émi ? ateuf moû ? se l'ateû, fèyeulmo sawé, éfi que mé huleréye vos écompêgnisse juche qu'o Nanfé.

—

(1) Le lecteur trouvera au n° 6 de l'Appendice une traduction en patois messin des *Chat à ma nièce*, de Burgaud, par A. de La Fizelière. C'est une petite curiosité par suite de sa rareté d'abord, et ensuite à cause de ce côté peu connu des aptitudes de cet écrivain.

Se vo ne l'ateû me, boué jo, Elber, boué jo ! vate émi Beurga a
maléte. I n'è me lé fieufe, i n'a me pérélitique : l'a malète, pè ce
que l'èran besan de vo veûr [1].

Avec le boulet que vous traînez, rien ne me semble facile. Si
vous étiez assez aimable pour me colloquer les accents sur les
mots qui suivent et me renvoyer la *machine accentuée*, je vous
serais reconnaissant. A vous. H. B. »

Suivent quatre pages et demie remplies de mots du patois messin. Cette liste est revenue à Burgaud avec les accents marqués au
crayon. Il est probable que La Fizelière, occupé par d'autres travaux, n'aura pu tenir sa promesse de traduire l'*Evangile* pour l'é-
poque fixée, et Burgaud se sera mis lui-même à la besogne pour
seconder son ami. Cette traduction contient de nombreux brouillons et une version complète. Celle-ci n'a pas parue dans la collection du prince Lucien Bonaparte, nous ignorons pourquoi.

Burgaud des Marets a dépensé, dans toutes ces occupations à
coté, un temps précieux et un savoir dont on ne connaîtra jamais
assez la valeur.

*
* *

Toujours en 1864, parut chez Didot un opuscule de huit pages,
sans titre, qui était comme le ballon d'essai du dictionnaire saintongeais. C'est, sur quatre colonnes, une longue suite de mots,
(plus de 2.000) sans définition. Cette liste de vocables est très rare.

Tout en s'occupant de Montaigne et de Rabelais dont il préparait la seconde édition, Burgaud recueillait un peu partout livres
et manuscrits pour sa collection. En correspondance avec plusieurs amateurs et savants épris de la langue basque, tenu au courant de leurs découvertes bibliographiques, il amassa, grâce à
cette aide, une grande quantité de matériaux. C'est ainsi qu'il put
constituer la partie basque de sa bibliothèque, qui ne comprenait
pas moins de 337 numéros (293 dans la 1re partie du catalogue et
44 dans la seconde). Comme tribut à la langue euskarienne, il
publia, en 1866, d'après un manuscrit de la Bibliothèque impé-

____

(1) *Traduction :* « Qu'est-ce qui s'est passé, mon ami ? êtes-vous mort ?
si vous l'êtes, faites-le moi savoir, afin que mes plaintes vous poursui-
vent jusque dans les enfers. Si vous ne l'êtes pas, bonjour, Albert,
bonjour ! votre ami Burgaud est malade. Il n'a pas la fièvre, il n'est
pas paralytique : il est malade parce qu'il aurait besoin de vous voir... »

riale, les *Notes de A. Oihenart pour le glossaire basque de Pouvreau*, brochure qui n'a pas été mise dans le commerce.

Ces différentes recherches dans le midi de la France au sujet des patois, l'avaient depuis longtemps mis en correspondance avec son ancien ami Ant. d'Abbadie, à Urrugne, et Gustave Brunet, à Bordeaux.

Burgaud rêvait de fonder une vaste société qui aurait rassemblé tous les patoisants de France et peut-être de l'étranger. Ant. d'Abbadie l'encouragea et le seconda dans cette entreprise utile, d'où sont certainement issues les sociétés actuelles de philologie et de linguistique.

Ant. d'Abbadie, comme Burgaud, fut ami intime du prince L.-L. Bonaparte. Il entretint avec celui-ci une vaste correspondance, conservée aujourd'hui au Cabinet des manuscrits de la Bibliothèque nationale. Cette correspondance ne concerne que la littérature basque. La correspondance générale se trouve à la Bibliothèque de l'Institut, mais avec une lacune importante que personne n'a pu nous expliquer. Il est donc probable que beaucoup de lettres de Burgaud des Marets ont disparu ou ont été égarées dans quelque étude de notaire, au moment du règlement de la succession d'Abbadie.

Ce savant voyageur était aussi un grand philanthrope. Il avait fait construire, d'après ses plans, le beau domaine d'Urrugne, qu'il a légué à l'Institut de France. Une des vastes salles de cette demeure seigneuriale est ornée de devises morales empruntées à toutes les langues du globe.

Situé dans un site admirable, au centre d'une région des plus pittoresques, ce château rayonnait comme un phare de bonté sur toute la région. Ant. d'Abbadie organisait des concours poétiques en langue basque ; des comices agricoles, dont les nombreux lauréats recevaient par ses soins des prix en espèces. Sa charité s'étendait aussi aux grandes familles, aux pauvres paysans dont les récoltes avaient été compromises par les orages. Il était pour tout dire la providence du pays.

Remarquablement instruit, très curieux, causeur éloquent, d'une originalité sans égale, Ant. d'Abbadie est certainement une des personnalités les plus remarquables de cette époque. Il n'est que de lire quelques-uns de ses ouvrages, sa correspondance, et les livres où il est parlé de lui, pour voir que l'on a devant soi un homme supérieur à tous les points de vue.

La correspondance d'Ant. d'Abbadie ne renferme malheureusement que six lettres de Burgaud, dont quatre doivent prendre place ici :

***

« Paris 1864, sept. 7.

Très honoré Maître,

Vos angoisses m'ont touché ; mais, je vous en prie, ne vous faites pas tant de souci, dans le cas où le Pouvreau se *réégarerait.*

Je prends la liberté de vous soumettre l'épreuve d'Oihenart ; bientôt je vous adresserai celle de votre lettre au comice d'U. [rrugne]. Merci des bonnes nouvelles que vous m'annoncez de Sare et de St Sébastien.

Je suis charmé d'apprendre que la traduction de M. Duvoisin touche à sa fin. Quand le volume sera complet, je tâcherai de l'aider pour la vente de ses exemplaires.

Agréez l'assurance de ma haute considération.

H. Burgaud des Marets. »

***

« Paris 1864, sept. 20

Très honoré Monsieur,

Voici venir enfin l'épreuve de la *fameuse lettre.* Veuillez la corriger et me la renvoyer.

Vous la trouverez accompagnée du projet des statuts de la Société philologique. Je me flatte que vous serez content, car je me suis conformé à vos idées.

Les membres du comité supérieur devaient être :
MM. A. d'Abbadie, c. [orrespondant] de l'Institut.
Cte Jaubert, de l'Institut.
Cte de la Villemarqué, de l'Institut.
M. Moquin-Tandon, de l'Institut.
M. A. Dinaux, c. de l'Institut.
M. Rathery, du comité de l'inst.[ruction] p.[ublique].
M. Michelan [t], de la bibl. imp.
M. Burgaud des Marets.
MM. Moquin-Tandon et A· Dinaux sont morts trop tôt à tous égards.

Vous remarquerez, cher Monsieur, que le feuillet sur lequel je vous écris tient la place du titre. Je vous prie de vouloir me le donner.

Agréez, très honoré Monsieur, l'assurance de mes sentiments les plus dévoués.   H. Burgaud des Marets. »

*
* *

« Paris, 11 oct. 1864.

Très honoré Monsieur,

Veuillez jeter un dernier coup d'œil sur l'épreuve que je vous adresse. A la première ligne de la page 8 je lis *Abadiak*.

Pourquoi votre nom est-il écrit tantôt avec *un*, tantôt avec *deux* *b* ? Je recevrai avec joie les deux petits volumes basques dont vous me parlez et que je n'ai point.

Un membre de l'Académie des sciences me disait l'autre jour qu'à la prochaine élection votre nomination était certaine, Dieu soit loué ! [1].

Avez-vous pensé à mon épreuve d'Oihenart ?

Votre respectueux et sympathique.

H. Burgaud des Marets. »

*
* *

« Paris, oct. 17, 1864.

Très honoré Monsieur,

Voici une nouvelle épreuve avec pas mal de fautes encore. Veuillez la relire avec votre soin ordinaire.

Avez-vous eu l'occasion de soumettre ma feuille d'Oihenart à quelque savant basque ? Je vous prie de le faire, si cela ne vous dérange pas trop, et de vouloir bien la rapporter.

J'ai modifié l'article des *statuts*.

Je vais m'absenter pour quelques jours, à mon retour, je me livrerai exclusivement à notre œuvre.

Mille mercis pour les volumes basques que vous me faites espérer. Ne vous serait-il pas facile de demander que chaque année on

(1) A. d'Abbadie ne fut élu à l'Académie des sciences qu'au mois d'avril 1867.

nous tirât quelques exemplaires de l'Almanach sur un beau papier, en se gardant de les rogner ?

L'ombre du nouveau testament s'efface pour le moment. Mais je ne perds pas espoir pour l'avenir. Comptez en toute circonstance sur mon ardeur, quand il s'agira de vous être agréable.

Votre respectueux et dévoué,   H. Burgaud des Marets [1]. »

***

Le *Pouvreau* dont il est question dans ces lettres est sans aucun doute un des deux rares ouvrages de cet auteur possédés par Burgaud des Marets (n°ᵒˢ 246 ou 247 du catal. de 1873), qui le prêta à ses amis basques, et en particulier à l'abbé Inchauspe [2].

Dans la lettre du 20 sept., Burgaud donne le nom des érudits qui devaient former le comité de la future société de philologie. Ces patoisants étaient fort bien choisis, et chacun d'eux représentait une partie importante de la France : Ant. d'Abbadie, le pays basque ; le comte Jaubert, les provinces du centre ; de la Villemarqué, la Bretagne ; Moquin-Tandon, le sud-ouest et le midi ; A. Dinaux, le nord. Rathery, Michelant et Burgaud des Marets complétaient au mieux cette phalange de philologues.

La feuille d'Oihenart dont parle la dernière lettre était une épreuve des *Notes d'Oihenart pour le glossaire basque de Pouvreau*, que Burgaud publia chez Didot en 1866. Plus bas on voit le bibliophile toujours soucieux d'enrichir sa collection avec de beaux exemplaires. L'Almanach qu'il désire sur grand papier et non rogné est le suivant, imprimé assez longtemps à Bayonne, par Lamaignière : *Escualdum Laboriaren adiskidea eta conseilaria... Egunaria edo almanaca*. Enfin, l'allusion au nouveau testament s'applique à l'Evangile de saint Matthieu dont Burgaud venait de terminer la traduction en patois saintongeais.

***

(1) Bibl. natᵉ. Mss. Correspondance de Ant. d'Abbadie relative à la littérature basque. Fonds franc., nouv. acq. in-folio. n° 21.746. T. Iᵉʳ A-B. Pièces 733 à 736.

(2) Inchauspe (Emm.-Théod.). Né en 1815. Littérateur français. A publié de nombreux et bons ouvrages sur la langue basque.

Quant à G. Brunet[1], de Bordeaux, également passionné pour la
bibliographie et les vieux dialectes, nous n'avons pu retrouver de
sa correspondance avec Burgaud des Marets que cette intéressante
lettre :

« Bordeaux, 26 déc. 1866.

Cher Monsieur,

Je vous remercie de votre dernier billet. J'y réponds succincte-
ment. Du moment que vous ne voulez pas (et avec raison) étendre
le nouveau Rabelais que vous préparez[2], je ne vois pas trop ce
qu'on pourrait convenablement ajouter aux notes très substantielles, et à la fois succinctes et savantes de votre 1re édition.
J'examinerai la chose et je vous en reparlerai.

Je serai heureux de recevoir de bonnes nouvelles au sujet des
projets d'études patoises. Je ne sais rien des projets du docteur
P.[ayen] au sujet de Mont.[aigne]. Peut-être avez-vous appris que
j'ai acheté les manuscrits de Quérard. J'ai l'intention de continuer
celles des publications commencées par cet infatigable bibliographe qui peuvent être achevées. Je m'occupe des *Supercheries
littéraires*. Quant à l'*Encyclopédie du bibliothécaire* pour laquelle
il avait réuni des matériaux immenses, il ne faut pas songer à
l'imprimer. De longues années et beaucoup d'argent seraient nécessaires, mais il serait bien à désirer que ce travail gigantesque,
que personne ne recommencera, restât à la disposition des travailleurs. Je l'ai acquis pour le sauver des chances de destruction,
mais je n'entends pas le garder. Pensez-vous que la bibliothèque
du Louvre, où vous avez des amis fut disposée à faire cet achat.
Il serait mieux là que rue de Richelieu.

Je vous transmettrai une note détaillée si vous pensez qu'une
négociation fut dans le cas d'être ouverte. Quant au prix il serait
très modique. Pardon de la peine, cher Monsieur, mais si vous

---

(1) Gustave Brunet (1807-1896), fécond bibliographe, émule de son
homonyme J.-Ch. Brunet ; était secrétaire de la Bourse de Bordeaux.
Nous donnons 1807 comme date de sa naissance, mais d'après Tamizey
de Larroque, il faudrait la reculer de deux ans et la reporter par conséquent en 1805. [*Cf. Bulletin du Bibliophile*, 1896, 8°, p. 130-136. *Gustave
Brunet* par Maurice Tourneux].

(2) Il s'agit de la deuxième édition, dont le 1er volume parut en 1870.

jugez que la proposition fut acceptable, vous m'obligerez en m'en reparlant.

Votre tout dévoué,　　　　　　　G. Brunet, à la Bourse[1]. »

***

Nous n'avons pas la réponse que Burgaud dut faire à l'offre de Brunet. Nous ignorons aussi ce que sont devenus les papiers de Quérard et ceux de G. Peignot.

En 1867, le *Bulletin du Bibliophile* (p. 48) publiait une note disant que son collaborateur G. Brunet s'était rendu acquéreur des papiers de M. Quérard. Longtemps après, en 1892, M. J.-C. Wigg inséra dans l'*Intermédiaire des chercheurs et curieux* (col. 473-474), une note demandant ce qu'étaient devenus les manuscrits de G. Peignot et de Quérard achetés par G. Brunet, les premiers 400 fr. (1867, 14ᵉ Catal. Téchener).

G. Brunet répondit lui-même à cette note (*Intermédiaire*, 1892. 2ᵉ semestre, col. 139-140), sous le pseudonyme bien connu de Philomneste Junior. Après avoir parlé des manuscrits de G. Peignot qu'il reconnaît avoir achetés, G. Brunet raconte ceci :

« ...J'arrive à ce qui concerne Quérard. Après sa mort, son cabinet fut dispersé. L'éditeur Paul Daffis se rendit possesseur, par l'intermédiaire d'Auguste Aubry, d'un certain nombre de volumes sans valeur et de plusieurs volumineux paquets manuscrits (ces deux derniers sont morts il y a déjà assez longtemps). Le prix convenu fut, je crois, de 1.600 francs. On choisit dans les manuscrits les notes recueillies par Quérard et destinées à une seconde édition des *Supercheries littéraires*, édition qui a vu le jour chez Paul Daffis. Les autres papiers se composaient presque exclusivement de fiches manuscrites offrant les noms d'un grand nombre de livres, de titres de livres destinés à trouver place dans l'Encyclopédie du Bibliothécaire, trop vaste publication dont Quérard avait formé le projet et dont il avait publié un prospectus. Il avait même recueilli un certain nombre de souscripteurs, mais il mourut, laissant seulement des matériaux presque informes pour un ouvrage qui aurait exigé une congrégation de bénédictins. Je

---

(1) L'autographe fait partie de notre collection. La lettre porte au dos : « Monsieur Burgaud des Maretz (*sic*), rue La Bruyère, 21, Paris. » Cachet de la poste.

crois que ces papiers, qui ne pouvaient être utilisés, n'ont pas été conservés. Philomneste Junior. »

Cette note est ambiguë et ne répond pas exactement à la question posée. Pourquoi G. Brunet ne dit-il pas qu'il acheta les papiers de Quérard comme il avait acheté ceux de G. Peignot ? La note du *Bulletin du Bibliophile* et la lettre à Burgaud des Marets sont formelles à ce sujet, puisqu'il proposait, en 1866, de céder ces papiers à la Bibliothèque du Louvre. Il les possédait encore en 1873, époque où il publia deux ouvrages extraits de ces notes[1], et sans doute bien longtemps après. Alors pourquoi écrit-il dans l'*Intermédiaire* « que ces papiers, qui ne pouvaient être utilisés, n'ont pas été conservés » ?

Ils pouvaient si bien être utilisés que Brunet publia d'après eux les deux ouvrages cités plus haut, et peut-être plusieurs autres dont il n'avoua pas la source, c'est du moins ce que l'on est en droit de supposer.

Comment se peut-il qu'un homme comme Brunet, habitué pendant une longue vie à manier livres et manuscrits et devenu possesseur des papiers de deux éminents bibliographes, se soit désintéressé d'eux au point de répondre : « Je crois que ces papiers n'ont pas été conservés » ?

Nous n'avons pu résoudre cette énigme qui, malgré tout, laisse un doute sur la sincérité de G. Brunet. Nous avons vainement fouillé de nombreuses bibliothèques publiques et particulières pour essayer de retrouver ces manuscrits. La Bibliothèque de Bordeaux n'a reçu à la mort de Brunet qu'un lot de livres de bibliographie sans grande valeur. Brunet avait une sœur dont il nous a été impossible de retrouver la trace.

On peut reprocher à G. Brunet de n'avoir pas répondu franchement à une question qu'il lui était loisible de laisser sans réponse. Mais quand on veut cacher quelque chose, on ne pense jamais à tout et l'on est pris à son propre piège.

*
* *

De tous les admirateurs de Montaigne, le plus passionné fut cer-

---

(1) *Livres perdus et exemplaires uniques.* Bordeaux, Lefebvre, 1872-8°. OEuvres posthumes de J.-M. Quérard publiées par G. Brunet. *Livres à clef*, Bordeaux, Lefebvre, 1873, 2 parties en un vol. 8°. Tiré à 300 ex. L'exemplaire de la Bibl. nationale porte le n° 19. (Q. 5782-5783).

tainement le docteur Payen[1]. Ce savant qui s'est fait un nom dans la médecine et une belle renommée dans les lettres, avait voué un véritable culte à l'auteur des *Essais*. Il publia son premier travail en 1837, sous ce titre : *Notice biographique sur Montaigne*. A partir de cette date il ne cessa d'accumuler étude sur étude, et de préparer cette édition monumentale des *Essais*, qui devait être le *nec plus ultra*.

Dès le 9 janvier 1858, les *Notes and Queries* apprenaient au public que l'édition, aussi complète que possible, paraîtrait dans la *Bibliothèque elzévirienne* de P. Jannet[2]. En 1862, seulement, dit M. G. Richou, M. Payen prit pour collaborateur M. Reinhold Dezeimeris ; mais des divergences de vue s'étant élevées entre les deux érudits, l'édition fut ajournée[3].

La collection Payen contient des lettres de R. Dezeimeris à partir de 1861, et jamais, malgré leur désaccord littéraire, ces deux savants ne cessèrent de correspondre. C'est au début de 1866 que le docteur Payen songea à s'associer Burgaud des Marets, déjà préparé par ses recherches sur le xvie siècle et tout désigné, par conséquent, pour collaborer à ce beau travail· L'entente fut parfaite entre les deux amis, et l'*optima editio* des *Essais* aurait vu le jour sans la mort du docteur Payen en 1870, suivie de celle de Burgaud, en 1873.

L'admirable collection qu'avait formée M. Payen fut cédée par les héritiers à la Bibliothèque nationale moyennant la somme de

---

(1) Payen (Jean-François) né à Paris en 1800, mort dans la même ville en 1870. Savant médecin et non moins savant littérateur et bibliophile. Il s'occupa beaucoup des eaux minérales, et avait recueilli sur ce sujet plusieurs milliers d'ouvrages qui le disputaient en curiosité à sa collection sur Montaigne. M. Payen a publié une foule de brochures sur la médecine, les eaux minérales, et enfin sur l'auteur des *Essais*. Il a collaboré à la *Gazette des hôpitaux*, à la *Nouvelle biographie générale*, au *Bulletin du Bibliophile*. Quelques-uns de ses écrits sont signés du pseudonyme : D. Souberbielle.

(2) *Inventaire de la Collection des ouvrages et documents réunis par J.-F. Payen et J.-B. Bastide sur Montaigne.* Rédigé et précédé d'une notice par Gabriel Richou, suivi de *Lettres inédites de Françoise de Lachassagne.* Paris, Téchener, 1878, 8°, xvii-397pp. — Notice, *passim*.

(3) M. R. Dezeimeris n'abandonna pas Montaigne pour cela ; il en donna l'édition suivante, en collaboration avec M. H. Barckhausen : *Essais de Michel de Montaigne.* Texte original de 1580, avec les variantes des éditions de 1582 et 1587. Bordeaux, Féret, 1870-1873, 2 vol. in-8°.

31.000 francs. Une clause expresse du contrat stipulait que cette collection, au lieu d'être versée dans d'autres fonds, serait maintenue dans son intégrité et déposée en un cabinet spécial sous le titre : *Collection Payen*[1].

Bien que renfermant un assez grand nombre de pièces manuscrites, cette collection a été classée au département des imprimés de la Bibliothèque nationale, où elle a conservé les numéros d'ordre de l'*Inventaire* établi par Gabriel Richou. C'est d'elle que nous avons tiré les cinq lettres suivantes de Burgaud des Marets, ainsi que quinze lettres ou extraits de G. Brunet, J. Delpit, R. Dezeimeris, A. Péricaud et A. Lemerre, relatifs au même Burgaud ; correspondance qui va nous montrer celui-ci dans cette nouvelle entreprise[2] :

*
* *

« Bordeaux, 14 février 67.

Mon cher docteur,

Je m'empresse de répondre à votre lettre reçue hier.

Je suis heureux, bien heureux de ce que vous m'apprenez de vos arrangements avec M. Burgaud des M. J'ai l'avantage de le connaître un peu. C'est un *gentleman* très instruit, ayant le feu sacré. Avec lui votre grand travail est certain de marcher. Il reste seulement à le commencer le plutôt (*sic*) possible, et cela prendra encore du temps..... Je n'ai pas besoin de vous dire que je serai très heureux de voir ici M. Burgaud des M. Faites, je vous prie, remettre à l'occasion le morceau de papier inclus à Téchener et jeter à la poste le billet ci-joint.

Tout à vous de cœur.   G. Brunet, à la Bourse. »

*
* *

(1) *Inventaire... op. cit. p.* IX. — Les livres du Dr Payen étrangers à Montaigne, firent l'objet d'une vente publique, le 28 avril 1873, et les neuf jours suivants, presque au même moment où se dispersait la bibliothèque de Burgaud (5 mai suivant), et par les soins du même commissaire-priseur. Cette seconde bibliothèque du Dr Payen se composait d'ouvrages rares et précieux en tous genres : opuscules de G. Peignot ; livres sur les eaux minérales, l'histoire naturelle, etc...

(2) Ces pièces portent les numéros 70, 71, 75, 77, 78, 80, 81, 83, 87, 88, 89, 90, 91, 141, 143, 160, 162, 187, 291 et 428, du volume in-folio de la Bibl. nationale coté : Z. Payen, 656. On trouvera au n° 5 de l'Appendice quelques extraits de correspondance qui n'ont pu trouver place dans ce chapitre.

« Bordeaux, 3 mars 1867.

Mon cher docteur,

... Je serai heureux d'apprendre que vos projets de concert avec M. B. des M. marchent d'une façon satisfaisante, et que des mesures efficaces sont prises pour arriver enfin à l'accomplissement de cette édition *optima* qu'il faut que vous donniez, parce que seul au monde vous pouvez la faire...

Tout à vous,   G. B⟨t⟩, à la Bourse. »

Voici une première lettre de Burgaud des Marets, non datée, mais incontestablement de la première quinzaine d'août 1867, comme le montrera plus bas un extrait de lettre du 15 août 1867, de G. Brunet :

« Cher Maître,

Il résulte de mes renseignements que c'est en définitive au Ministre de l'Intérieur que notre demande devrait être adressée. Je n'aurais là que des recommandations de seconde main. Ce serait insuffisant dans une pareille affaire.

Renonçons, si vous y consentez, à cette entreprise que vous avez toujours jugé impossible de mener à bonne fin.

Je viens de recevoir quelques mots de M. Brunet. Il n'a pas vu M. Dezeimeris (retour de Paris) et qui est reparti dans ses terres pour deux mois. Voici ce que je réponds à M. Brunet. Si la lettre vous semble convenable, jetez-là à la poste, sinon jetez-là ailleurs.

Quant au manuscrit de Bordeaux, à notre première entrevue nous déciderons comment et à quelle heure j'opérerai.

D'ici là, je vais mon petit bon-homme de chemin.

Il me semblerait indispensable de travailler *ensemble* au moins tous les huit jours, ne fût-ce qu'une heure.

Nous pourrons tailler bien des pierres, que nous n'aurions qu'à poser à l'heure dite. Si la chose vous va, je me rendrai à votre signal et à votre heure.

A vous, Maître,   H. Burgaud des Marets.

Lundi matin [août 1867]. »

« 19 août 67.

Cher Maître,

Le jour qui me conviendrait le mieux serait le jeudi. Puisqu'il ne vous déplaît pas, je le choisis. Donc jeudi : vers 4 heures, je serai chez vous. Je ne manquerai pas de vous rapporter le volume annoté par M. Delpit[1].

Si cela vous est agréable, j'admets toutes vos appréhensions : il n'y a aucun inconvénient, au contraire. Il m'est avis que dès notre première entrevue nous pouvons donner une forme à l'édition. Le plan, les divisions du travail, tout cela doit être bien déterminé à l'avance, sinon, on fait dix fois plus de besogne souvent inutile.

A jeudi, et à vous.   H. Burgaud des Marets. »

*
* *

Deux extraits de lettres de G. Brunet au docteur Payen se rapportent à cette même époque et contiennent des passages relatifs à Burgaud :

« Bordeaux, 16 avril 1867.

Mon cher ami,

Voici bien longtemps que je n'ai pas de vos nouvelles, et à ma connaissance du moins, on n'en a pas à Bord[x]. J'espère toutefois que votre santé s'est améliorée, et que le feu sacré brille toujours. M. Burgaud des Marets s'occupe, j'espère, de concert avec vous, de préparer cette édition des *Essais* qui restera le dernier mot de la critique à cet égard... »

*
* *

« Bordeaux, 15 août 1867.

Mon cher ami, j'ai reçu ce matin votre lettre du 14 contenant une page de M. Burgaud des Maretz (*sic*)... Je crois que la question que M. B. des M. désirait que je fisse à M. Dez.[eimeris] (qu'il n'a jamais vu ce me semble), lui était dictée par un sentiment de délicatesse exagérée peut-être, et que vous n'avez nullement à vous en préoccuper... »

*
* *

(1) M. Jules Delpit, littérateur, membre de l'Académie de Bordeaux.

Ce « sentiment de délicatesse exagérée » qui montre une fois de plus la susceptibilité du scrupuleux Burgaud, doit s'appliquer à sa collaboration aux *Essais*. Il devait, dans cette page, prier G. Brunet de l'excuser auprès de M. Dezeimeris, dont il a pris la place. Burgaud avait bien tort d'avoir de tels scrupules, car la lettre suivante nous dévoile la pensée intime du docteur Payen et de R. Dezeimeris. Ces deux érudits étaient inquiets de voir Burgaud chasser sur leurs terres et, pour éviter que ce concurrent redoutable ne prît les devants dans une publication des *Essais*, le docteur Payen se l'attacha :

« Bordeaux, le 25 mars 1866.

Bien cher Monsieur,

« ... Ce que vous me dites de M. Burgaud des Marets me réjouit. On m'avait fait appréhender de lui un projet rival du nôtre. Je vois qu'il n'en est rien. Cette crainte m'avait fait hâter la composition de la dissertation ci-dessus mentionnée. Je voulais, en cas de nouvelles alarmantes, être prêt à prendre les devants et être, avec vous bien entendu, le premier à indiquer la bonne voie, avant qu'un autre se soit avisé de la découvrir à son tour. Votre lettre me sort de cette préoccupation... »

R. Dezeimeris. »

Il avait été entendu que Burgaud des Marets se rendrait à Bordeaux dans les premiers mois de l'année 1868, pour y consulter, à la Bibliothèque de cette ville, les ouvrages concernant Montaigne. Le docteur Payen en avait avisé ses amis bordelais : Brunet et Delpit. Une lettre de ce dernier annonce que l'exemplaire des *Essais* annoté par l'auteur, a été demandé par une haute personnalité et qu'il est de toute urgence que Burgaud prenne les devants :

« Izon 31 mars 1868,

Bravo, cher Monsieur, bravissimo ! je vous croyez (*sic*) mort pour Montagne, mais vous venez de me répondre.

Les gens que vous tuez se portent assez bien ! j'en suis ravi, vous voilà aussi vigoureux que jamais et je n'ai plus qu'à vous dire : *Macte animo, generose puer !* !...

Il vous a suffi d'un peu de contradiction pour vous désengourdir ; j'en bénis presque M. Guillaume (1).

J'espère que quelque longues que soient les mains de M. son père, et j'en sais quelque chose, elles ont atteint pour moi, au fond de la Bibliothèque de Wolfenbüttel, un manuscrit que le bibliothécaire avait l'outrecuidance de ne pas vouloir me prêter[2], mais, j'ai mis un peu le feu aux étoupes ; le bibliothécaire, M. Dezeimeris, M. Brunet, moi et beaucoup d'autres feront de leur mieux pour ne pas laisser voyager le ms. de Montagne.

Son auteur se trouva très mal de ses voyages, demandez plutôt à M. James Constantin [3], le ms. peut tenir quelque chose de la constitution de son auteur, déjà une première excursion lui a valu une opération chirurgicale des plus pénibles, la tranche dorée, qui sait... je n'achève pas. Dans tous les cas et de toute manière l'arrivée de M. Burgaux Desmarets (*sic*) sera le spécifique le plus puissant pour forcer le malade à rester chez lui. Engagez donc votre collaborateur à venir le plus tôt possible. La sagesse des nations prétend qu'il ne faut jamais remettre à la *semaine suivante* ce qu'on pourrait faire la veille et pour continuer à la faire parler cette susdite sagesse, j'ajoute avec elle : A bon entendeur, salut...

Jules Delpit »

Au dos de cette lettre, le docteur Payen ajouta : « Lisez et renvoyez-moi cette lettre s. v. p. J.-F. P. » Burgaud répondit au-dessous : « Compris ! j'entrevois la naïveté de l'honnête petit Guillaume et la patte crochue du grand sauveur des monarchies. »

(1) Frédéric-Guillaume, fils de Guillaume 1er, roi de Prusse.

(2) Ce manuscrit a été publié sous le titre suivant : Notice d'un manuscrit de la bibliothèque de Wolfenbüttel intitulé *Recognitiones feodorum* et où se trouvent des renseignements sur l'état des villes, des personnes et des propriétés en Guyenne et en Gascogne au xiiie siècle, par MM. Martial et Jules Delpit. Paris, Imprimerie royale, 1841. 4° de 163 pp.

(3) James (Constantin) 1813-1888. Savant médecin français qui publia, entre autres nombreux ouvrages, une étude sur *Montaigne, ses voyages aux eaux minérales en 1580 et 1581*. Paris, 1859, 8°.

J. Delpit donne quelques renseignements [1] sur cet ouvrage de Montaigne qui n'est pas un manuscrit, mais bien un exemplaire des *Essais*, édition de 1588, couvert d'additions et de corrections de la main de l'auteur.

Au début du XIXᵉ siècle, le bibliothécaire de Bordeaux était un M. Monbalon qui, fier de voir ce volume emprunté par Didot, Nai-geon, Amaury-Duval, jugea bon de lui donner un habit en rapport avec sa célébrité. L'exemplaire fut relié en maroquin noir, orné de filets d'or et la tranche dorée. A cet effet, le relieur, sans nul souci de l'écriture du célèbre philosophe, abattit de son couteau une partie des marges et supprima ainsi plusieurs lignes dans les marges horizontales et le quart des lignes dans les marges verticales.

Les érudits bordelais avaient donc raison de craindre les voyages lointains pour cette rarissime édition des *Essais*, et surtout le voyage de Prusse, où l'héritier du trône, pour on ne sait quel motif, désirait le consulter.

« Bordeaux, 1ᵉʳ avril 1868

Mon cher ami,

..... Peut-être (et j'en ai l'espoir) parviendrai-je à m'échapper vers le 15 ou le 16 de ce mois afin d'aller passer quelques jours à Paris. Je m'empresserai d'aller vous voir ; je serai si content de vous trouver bien, de voir chez vous M. Burgaud des Marets, d'apprendre que l'édition *optima* qui doit faire le couronnement de vos immenses travaux est en bonne voie. En attendant que j'aie ce bonheur, recevez derechef, mon cher docteur, l'expression de mes sentiments les plus dévoués. G. Brunet, à la Bourse. »

« Bordeaux, 27 avril 1868

..... C'est égal, croyez-moi, envoyez-nous le plus tôt possible M. Burgaud Desmarets (*sic*) et travaillez le plus possible. Toujours à vous. Jules Delpit. »

(1) Catalogue des Mss. de la Bibl. municipale de Bordeaux. Bordeaux. Delmas, 1881. 4° T. 1 (seul paru). p. 201-204.

Les savants bordelais sont dans la plus grande impatience de voir arriver Burgaud des Marets. Cependant, si Gustave Brunet est venu à Paris vers le 16 avril, il n'aura pas trouvé celui-ci, enfin parti pour Bordeaux depuis le commencement du mois.

Burgaud fit une longue pause à Jarnac, son pays natal, d'où il écrivit au docteur Payen les deux lettres suivantes :

« Cher Maître,

Votre élève perche actuellement dans le noir pays de la trahison. Pourtant n'attendez jamais de lui un coup de *Jarnac*.

Dès qu'il sera édifié sur les jours de vacances de la Bibliothèque de Bordeaux, il prendra ses cliques, pour arriver à point.

Vous serez instruit de l'état des choses et des esprits. Pour agir je ne prendrai conseil que de vous ; donc soyez plein de calme et de confiance.

Tout vôtre, H. Burgaud des Marets.

Mes hommages à Mlles Payen.   Jarnac (Charente) 8 avril » [1868]

* *

« Maître,

C'est toujours Dieu qui dispose. Depuis que je vous ai écrit, toute ma maisonnée a payé à la fois son tribut à une sorte d'épidémie.

Aucun n'est mort, et je, votre serviteur, me sens assez bien pour pouvoir vous affirmer que je serai enfin à Bordeaux dans peu de jours. C'est de là que je vous écrirai longuement.

A vous plus que jamais. H. Burgaud des Marets.

P^re [prière] offrir mes hommages à Mlles Payen. »

[de Jarnac, fin mai 1868].

* *

Nous n'avons pas, malheureusement, la longue lettre promise, pleine sans doute de détails intéressants sur Montaigne. Le billet suivant de Gustave Brunet au docteur Payen a permis de dater approximativement la lettre de Burgaud :

« Bordeaux, 25 mai [1868]

Cher docteur, de retour ici un peu fatigué, je me suis empressé d'aller à la Bibliothèque demander si on avait vu enfin M. Burgaud des Maretz (*sic*). On n'en a entendu parler d'aucune façon..... je serai charmé de voir enfin M. B. des M. et je vous écrirai ce qu'il en aura dit, si je parviens à le découvrir. Mille amitiés bien cordiales. G. Bᵗ. »

Les extraits suivants ne nous apprennent pas grand chose ; on ne voit Burgaud nulle part. Notre poète doit musarder dans quelque hameau perdu de la Saintonge, rimant une fable ou recueillant des œufs d'oiseaux pour sa collection ?

« Bordeaux, 18 juin [1868]

Cher Docteur, que devenez-vous avec ces chaleurs excessives, presque aussi fortes, je crois, à Paris qu'à Bordeaux, et qui compensent les rigueurs du dernier hiver ?

Je ne sais si vous avez quelque nouvelle de M. B. des M., mais à notre Bibliothèque, on n'en a point encore entendu parler. Voilà plus de deux mois qu'il met à franchir l'intervalle entre Paris et Bordeaux.....

Votre affectionné. G. Bᵗ. »

« Bordeaux, 21 août 1868.

Cher Docteur, je suis depuis longtemps privé de vos nouvelles; je n'ai jamais entendu parler de M. Burgaud des M. Je ne pense pas qu'il vienne à Bordeaux au moment où notre Bibliothèque va prendre deux mois de vacances... G. Bᵗ. »

« Bordeaux, 2 octobre 1868,

Cher Docteur,... Ce que je voudrais surtout savoir, c'est que votre *optima editio*, si longtemps méditée, se prépare enfin. Je n'entends plus parler de M. Burgaud des M. Je crains qu'il ne vous seconde pas comme vous l'espérez. Si je résidais à Paris, je vous offrirais bien mon concours, quelque insignifiant qu'il fût, mais je suis cloué ici... G. B^t. »

Gustave Brunet, copieux écrivain, s'impatiente beaucoup trop de la lenteur de nos deux montaignophiles. Il ne comprend rien à leur idéal de la perfection. Il n'a pas vu Burgaud des Marets ! Mais celui-ci qui connaît Bordeaux, puisqu'il y a passé une grande partie de son enfance, a très bien pu venir dans cette ville plusieurs fois et sans prévenir personne. La distance peu considérable qui sépare Jarnac de Bordeaux, lui aura permis d'accomplir facilement ces petits voyages.

Quoiqu'il en soit, le docteur Payen lui-même a perdu toute trace de son collaborateur. Ne sachant plus à quel saint se vouer, il recourt à l'éditeur Lemerre, qui lui répond :

« **Paris**, 15 déc. 1868.

Cher Monsieur Payen, je viens, sans perdre de temps, comme vous le voyez, vous donner l'adresse de M. Burgaud des Marets. Il est, m'a dit M. Rathery, à Jarnac, dans son pays, ou à Bordeaux, mais votre lettre adressée à Jarnac lui parviendra sûrement où il est. Je suis, Monsieur, votre très dévoué serviteur. A. Lemerre. »

G. Brunet continue à faire toute sorte de suppositions sur les intentions de Burgaud des Marets dont, à notre avis, il n'a pas su pénétrer le caractère.

« Bordeaux, 15 février 69.

..... Je serais heureux de savoir s'il y a quelque chose de neuf pour Montaigne. M. Corbet, rue Lhomond, que je n'ai jamais vu d'ailleurs, m'a écrit que l'éditeur Lemère (*sic*) (passage Choiseul) désirait publier une édition des *Essais* et qu'il s'entendait là-dessus avec vous (est-ce vrai ?). Il aurait voulu recevoir de moi l'indication d'une personne établie à Bordeaux et qui aurait assez de temps et d'intelligence pour relever *toutes* les corrections, etc. autographes de Mont. [aigne].

Je lui ai répondu que j'étais dans l'impossibilité complète de lui signaler quelqu'un qui pût faire ce travail très long et très diff:-

cile. Je crois devoir vous donner cet avis pour votre gouverne.
Quant à M. Burgaud des M., je pense qu'il a renoncé à ses projets.
Votre très affectionné. G. Brunet, à la Bourse. »

*
* *

Dans une autre lettre du 29 mars 1869, G. Brunet écrit : « que
devient M. Burgaud des Maretz ? (*sic*). Etes-vous enfin parvenu à
le fixer à votre besogne projetée ? »

Burgaud vint enfin à Bordeaux, *officiellement*, dans les pre·
miers mois de 1869, mais nous n'avons pas trouvé de correspondance susceptible de nous instruire sur le séjour qu'il fit dans
cette ville. Notre savant repassa par Jarnac, y demeura quelque
temps, puis revint à Paris reprendre sa collaboration auprès du
docteur Payen, auquel il adressa cette dernière lettre :

« Excellent et bien aimé maître,

Je suis impoli, mais pour *perdu* ou égaré, point ne le suis. Je
m'étais juré de vous porter, *à ma première visite*, une petite
preuve de mon *besognage*.

Lundi, vous l'aurez. Si rien ne s'y oppose, après votre dîner,
j'irai causer une demi-heure. *Ne s'y oppose !* de votre part bien
entendu. Je veux vous éviter tout travail matériel ; mais, même
pour ce qui est de la manœuvre, votre avis et votre décision doivent seuls me guider.

Il entrait dans mon plan, avant de passer sous vos ordres, d'établir *l'index général des mots*, chose énorme, qui est en bon train,
mais que je n'achèverai que si vous m'approuvez. Si nous persis-
tons dans notre système d'orthographe, et si nous tenons à la perfection *dans ce genre*, le travail dont je vous parle est indispensable.

A lundi soir, à moins que vous ne préfériez un autre jour ou
une autre heure, *passé demain*. A vous, à vous, noble cœur.

8 mai 69.   H. Burgaud des Marets. »

*
* *

Cette lettre est intéressante à plus d'un titre : on y voit que
Burgaud veut éviter tout travail matériel au docteur Payen, autre·
ment dit, c'est lui qui se chargera de la partie la plus ingrate et

la plus difficile : notes, lexicographie, collation de manuscrits, copies, recherches dans les bibliothèques ; car il tient à la *perfection* en tout et pour tout.

Les critiques de G. Brunet et de J. Delpit tombent devant le fait que Burgaud, loin d'être resté inactif pendant sa longue absence de Paris, apporte à son collaborateur « une petite preuve de son besognage », ce qui veut dire, sans aucun doute, une ample moisson de notes et de documents.

En outre, il est maintenant prouvé que Burgaud s'occupait de Montaigne depuis longtemps, puisqu'il entrait dans son plan d'établir l'*index* « avant de passer sous les ordres » du docteur Payen.

On a vu plus haut que M. R. Dezeimeris redoutait la concurrence de Burgaud, et ce n'était pas sans raison, car notre savant travailla toute sa vie aux éditions critiques de Rabelais et de Montaigne. La Bibliothèque nationale possède un carnet manuscrit in-12 [Z. Payen, 730] sur lequel le docteur Payen a écrit : « M. Burgaud des Marets, qui me donne ce livret, me dit que pendant son professorat au Collège de France, M. Ampère a fait une série de leçons sur Montaigne. Je l'ignorais. »

Ce sont les notes prises au cours de ces conférences que Burgaud recopia pour les offrir au docteur montaignophile. Elles sont du plus grand intérêt, en ce sens qu'elles ont été saisies sur le vif, et qu'elles donnent un aperçu sérieux de la critique orale de J.-J. Ampère ; le lecteur les trouvera au n° 4 de l'Appendice.

Enfin, dans l'avertissement de la deuxième édition de Rabelais (1870, T. I), Burgaud dit ceci en parlant de l'orthographe adoptée par les divers éditeurs de Rabelais : « Cette manière de déguiser les mots sous des formes compliquées et impossibles a eu son temps. J'ai compté dans une édition très estimée de Montaigne plus de trente mille *mascarades* orthographiques ajoutées aux éditions originales et qui feraient le désespoir du philosophe gascon. »

Tout cela montre le travail considérable que s'imposa Burgaud et la part non moins importante qu'il eut dans l'entreprise malheureusement demeurée sans résultat du docteur Payen.

Pendant son séjour à Bordeaux, Burgaud des Marets avait par sa présence réconforté Gustave Brunet, car dans ce dernier extrait de lettre, le secrétaire de la Bourse parle de notre érudit avec moins de pessimisme :

« Bordeaux, 6 juin 1869.

... Rappelez-moi au bon souvenir de M. Burgaud ; il étend sans doute sa belle collection patoise. Que devient son projet de former une société pour l'étude de ces idiomes si intéressants et pour lesquels j'étais passionné ?

Mille amitiés. A vous bien sincèrement.   G. B^t. »

Le docteur Payen mourait l'année suivante, laissant inachevée son édition des *Essais*[1]. Sentant déjà les approches du mal terrible qui devait le tenir terrassé pendant trois ans, Burgaud terminait péniblement les notes et le glossaire de Montaigne. Au lieu de s'étendre, la belle collection patoise dont parle Brunet fut vendue. Quant à la société pour l'étude des patois, elle ne fut pas fondée ; la guerre éclata, et Burgaud, malade, abandonna différents projets ; mais n'anticipons pas.

(1) La liste des médecins qui se sont occupés de Rabelais et de Montaigne est longue et mériterait d'être dressée. Après bien d'autres, le docteur Payen a transmis le flambeau au docteur Armaingaud et celui-ci, plus heureux, vient de mettre au jour une belle et bonne édition de Montaigne qui doit comprendre douze volumes, dont six sont parus (Paris, L. Conard, 1924-1927).

CHAPITRE V

(1870 - 1873)

La guerre et la commune. — La Bibliothèque du Louvre. — Burgaud des Marets bibliophile. — Vente de ses livres. — Sa mort.

Jusqu'en 1869, Burgaud des Marets ne manqua jamais d'aller, chaque année, passer quelques mois de vacances à Jarnac. Pendant l'un de ses derniers séjours dans sa ville natale, on lui avait présenté une jeune institutrice, qui depuis, se maria avec le docteur Vivier. Une riche famille de Jarnac désirait confier l'éducation de ses deux enfants à cette personne, mais elle exigeait la connaissance du latin, Mlle X***, désolée de cette exigence, alla confier ses transes à Burgaud qui, sans s'étonner, lui répondit doucement : « Qu'à cela ne tienne, acceptez la place qu'on vous offre ; je me charge de vous apprendre assez de latin pour vous mettre à même d'en inculquer les éléments à vos deux jeunes élèves. »

Ce qui fut dit fut fait. Burgaud avait, paraît-il, une méthode à lui si excellente que ses élèves — il en eut quelques-uns — faisaient en peu de temps des progrès rapides. Mme Vivier garda toute sa vie la plus vive reconnaissance à Burgaud des Marets qu'elle admirait profondément : « Il était si bon, disait-elle, si noble, si généreux... »

A cette époque — comme toujours du reste — Burgaud vivait en la compagnie de Rabelais et de Montaigne. Il achevait de revoir les épreuves de la deuxième édition des *Œuvres* du premier de ces deux auteurs et continuait le commentaire et le glossaire des *Essais*. Le premier volume du *Rabelais* parut au commencement de l'année 1870. Le livre, amendé par de nombreuses corrections et augmentations, se rapprochait davantage de la perfection tant désirée par le savant. La critique en fit de nouveau l'éloge, et l'édition s'écoula dans les mêmes bonnes conditions que la première.

Puis vint la guerre avec le cortège inévitable des calamités qu'elle traîne à sa suite. Le chagrin que lui causèrent nos défaites. le mauvais état de sa santé, la rigueur de l'hiver, tinrent Burgaud calfeutré chez lui, dans l'angoisse des lendemains.

Il recevait de temps à autre quelques rares visiteurs. Un des plus assidus parmi ceux-ci était le fils d'un de ses amis, René Vallery-Radot, alors âgé de dix-sept ans. Ce jeune homme reçut lui aussi les fameuses leçons de latin dont nous venons de parler, et ses souvenirs confirment ceux de Mme Vivier.

Burgaud ne s'en tint pas là. Toujours enthousiaste, malgré tant de douleur, il voulait apprendre à son jeune ami plusieurs langues à la fois, et l'on devait débuter — tout simplement — par la traduction des *Lusiades*. Mickiewicz n'avait donc pas accaparé toute l'admiration de Burgaud.

Les grands génies étrangers l'ont toujours intéressé. Sa bibliothèque renfermait plusieurs exemplaires des poésies du poète portugais, dont l'édition originale (Lisboa, 1595), et la deuxième de 1598, ainsi que de belles et rares éditions de Cervantes, de Dante, de Pétrarque, de Boccace et de l'Arioste.

« Quel homme délicieux, nous a souvent raconté M. René Vallery-Radot, quel enchanteur à qui nul ne savait résister ! Tout en lui était bonté gracieuse et modestie exquise. Combien de fois n'eus-je pas la surprise — pendant le siège — de trouver à mon arrivée, rue La Bruyère, Burgaud occupé à faire cuire sous la cendre — à la mode saintongeaise — quelques rares pommes de terre que nous savourions ensemble, et ce régal était accompagné de dissertations et de citations appropriées au sujet. »

La Commune succéda aux jours terribles du siège de Paris et Burgaud, malade, assista, terrifié, aux crimes sans nom des nouveaux barbares. Il est probable que les souffrances morales qu'il endura dans ces tristes moments aggravèrent son état et précipitèrent le dénouement fatal.

Admirateur de nos gloires nationales, traditionnaliste par essence, Burgaud, au dire de ses amis, ne surmonta jamais la douleur que lui causèrent les désastres de la guerre et les ravages de la Commune qui fit périr tant d'œuvres d'art. Au nombre de celles-ci on peut ranger la Bibliothèque du Louvre que fréquentait assidûment Burgaud, et dont les conservateurs, comme nous l'avons vu, étaient tous ses amis.

On sait que cette magnifique bibliothèque fut incendiée par les communards dans la nuit du 23 au 24 mai 1871 [1]. Il ne reste de ce désastre irréparable que quelques lignes dans les périodiques de l'époque et dans les dictionnaires. Mais on ignore généralement l'essai de reconstitution tenté au lendemain du sinistre par E. Bégin, Burgaud des Marets et F. de Caussade. Aucun des rares auteurs qui ont écrit sur la bibliothèque du Louvre n'a parlé de ce vaste projet [2]. Une brochure trouvée par hasard sur les quais nous mit sur la piste de cette tentative aussi hardie que généreuse et bien digne de nos bibliophiles.

(1) D'après les renseignements de Mme Bégin et de sa nièce, Mme Moreau, qui l'avait souvent entendu raconter par Emile Bégin lui-même, les livres précieux de la bibliothèque du Louvre avaient été descendus dans les caves, où ils restèrent pendant toute la durée du siège. Mais aussitôt la guerre terminée, M. Barbier, malgré les sages avis de ses subordonnés, aurait donné l'ordre de remonter les livres dans les salles où ils furent anéantis peu de temps après.

(2) a. *Pertes éprouvées par les bibliothèques publiques de Paris pendant le siège par les prussiens en 1870 et pendant la domination de la commune révolutionnaire en 1871. Rapport à M. le Ministre de l'Instruction publique* par M. Baudrillart... 2e édit. revue et corrigée. Paris, L. Téchener, 1892, 8° de 32 pp.

b. Louis Paris. *Les Manuscrits de la bibliothèque du Louvre... op. cit.* Comme introduction à son ouvrage (p. III à XI). L. Paris a publié, presque *in extenso*, la notice historique sur la biblioth. du Louvre par E.-J.-B. Rathery, publiée primitivement dans le *Bulletin du Bibliophile*, 1858. 8°.

c. Marius Vachon. *La Bibliothèque du Louvre et la collection bibliographique Motteley.* Fac-similé du tableau de Hébert. Paris. A. Quantin, 1879. 8° (Tiré à 300 ex.).

d. *Catalogue général des manuscrits des bibliothèques publiques de France. Paris. Bibliothèque de l'Arsenal. T. VIII, Histoire de la Bibliothèque,* par Henry Martin. Paris. E. Plon, 1899. 8°. p. 588. M. Henry Martin a donné, aux pp. 72 à 79 de ce même volume, le catalogue complet des papiers de la famille d'Argenson qui furent anéantis dans le sinistre de 1871. Cette importante contribution complète l'ouvrage de Louis Paris.

Saura-t-on jamais combien de livres rarissimes furent trouvés dans les boîtes de vos bouquinistes, ô vénérables quais de Paris [1] !

Qui fera la riche et piquante bibliographie de ces plaquettes, de ces brochures éphémères, de ces prospectus, de ces pamphlets, emportés par le vent avec les feuilles mortes, et dont on trouve parfois un exemplaire, échappé comme par miracle à toutes les tempêtes qui assiègent les livres ?

Amateur passionné de ces recherches dans les boîtes à bon marché, nous avons essuyé bien souvent les sarcasmes de quelques béotiens qui, eux, ne trouvent jamais rien.

Parbleu ! il faut le *don.* On peut devenir bibliophile à force de temps, de volonté et... d'argent ; mais on naît *trouveur*, comme on naît rotisseur. Le bouquin rare, l'autographe oublié entre deux pages, le livre avec dédicace, se dérobent à la recherche intéressée ou vulgaire.

Il y a un *je ne sais quoi* qui fait mettre immédiatement la main du *trouveur* sur le livre curieux, sur le livre aimé. On dirait même que celui-ci reconnaît son véritable maître dans tel chercheur plutôt que dans tel autre. Et deux amis séparés depuis longtemps ne se retrouvent pas avec plus de joie.

Oh ! caresser le vélin d'un petit livre du xvi⁰ avec sa belle marque d'imprimeur au frontispice ! le nettoyer avec soin, panser quelquefois ses blessures, hélas ! puis le lire, surtout avant de le ranger auprès de ses compagnons de gloire, sur les rayons sacrés de la bibliothèque !

*
* *

Nous musardions un jour sur le quai Malaquais, en songeant à la riche bibliothèque que jadis abritait le Louvre[2], à hauteur du-

---

(1) Il existe une série d'ouvrages plus ou moins intéressants sur les quais de Paris. L'un des plus récents est l'œuvre d'un bouquiniste doublé d'un charmant écrivain : M. Charles Dodeman : *Le long des quais. Bouquinistes, bouquineurs, bouquins...* Les Editions Gallus. Paris, s. d. [1919]. 8⁰. Fig. — M. Ch. Dodeman est revenu à la charge dans un second ouvrage aussi curieux que le précédent : *Le spectateur inconnu. Le journal d'un Bouquiniste.* Illustrations de A. Robida. R. Tancrède, Paris, 1922, 8⁰, Fig.

(2) La Bibliothèque du Louvre occupa jusqu'à 26 salles du Palais : « Aux 13 salles qui existaient à l'époque de la Restauration, treize autres avaient été adjointes successivement. Enfin, il fut décidé qu'elle serait

quel nous nous trouvions à ce moment ; et nous nous récitions, *in petto*, ce sonnet de notre vieil ami François Fertiault [1].

« LA BIBLIOTHÈQUE DU LOUVRE

(1871)

Deux siècles avant nous, pris de sincérité,
Devant nos chers dépôts, un voyageur [2], *notre hôte,*
Nous tenait, vous voyez, en estime si haute
Qu'il nous donnait le pas sur ceux de sa cité.

L'éloge était flatteur. Il était mérité.
Mais ce mérite-là, de nos jours, qu'on nous l'ôte !
Comme des renégats nous sommes pris en faute ;
Nous ne pouvons plus être un modèle cité.

transportée dans l'aile du nord nouvellement construite [en bordure de la rue de Rivoli]. Elle y remplissait la galerie qui s'étend depuis le pavillon faisant face au Palais-Royal jusqu'au pavillon Richelieu. » H. Baudrillart, *op. cit.* p. 11.

(1) Fertiault (François), 1814-1915. Erudit bibliophile et poète charmant, travailleur infatigable, auteur d'une foule d'ouvrages marqués au coin de l'esprit le plus français. Cet homme admirable, dont nous sommes fier d'avoir été l'ami, doit être cité comme un exemple de toutes les vertus. Sans fortune, F. Fertiault a conservé son emploi de comptable dans une grande banque parisienne jusqu'à l'âge de 93 ans et, nous racontait-il, « si jamais je n'ai fait une addition à la maison, jamais non plus je n'ai fait un seul vers à mon bureau. » Cette scrupuleuse honnêteté, cet énorme labeur, n'ont pas empêché F. Fertiault de devenir centenaire. Et, détail remarquablement triste : à sa naissance comme à sa mort, le sol de la patrie était piétiné par la botte des barbares.

Cet ami des livres avait rassemblé une énorme quantité d'ouvrages : « je n'ai pas le temps d'aller dans les bibliothèques publiques, disait-il, je dois donc avoir tout chez moi. »

Les nombreuses pièces d'un double appartement de la rue Clauzel regorgeaient de livres. Tous les meubles en étaient pleins. Nous l'avons vu, à près de cent ans, être assez souple pour ramper jusqu'au bas d'un buffet d'où, parmi les assiettes et les plats, il retira un bouquin qu'il désirait nous montrer.

On trouvera au Catalogue des auteurs, à la Bibliothèque nationale, la liste à peu près complète des ouvrages dus à la plume élégante de ce « bourguignon salé » digne émule du grand Bernard de La Monnoye.

(2) Martin Lister, médecin et naturaliste anglais (1638-1712). Il parle des bibliothèques de Paris dans un ouvrage ayant pour titre : *Journey to Paris in the year* 1698. London, 1699. 8°, Fig. — Cet ouvrage a été traduit, annoté et publié par la Société des Bibliophiles françois. Paris, 1873, 8°.

> *Un palais... non, un temple abritait ces richesses,*
> *Des âges écoulés véritables largesses,*
> *Sources de tous labeurs, délices des savants.*
>
> *Tout tremble, — et le pétrole aux morsures sauvages*
> *A travers ces trésors active ses ravages...*
> *Ne laissant que fumée et cendre éparse aux vents !!...*

F. Fertiault [1]. »

* * *

Nous jetions, de temps à autre, un regard investigateur dans les boîtes qui garnissent les parapets. Un bouquin à cinquante centimes attira tout à coup notre attention. Son dos de chagrin vert portait en lettres d'or le titre suivant : « Brochures diverses. Wolowski ; Ed. Thierry... Viollet-le-Duc, Bégin... » eh ! eh ! Bégin était un ami de Burgaud ; voyons un peu. D'une main respectueuse nous sortons le volume. Plusieurs brochures de formats différents le composaient, la plupart avec des envois à Henri Lehmann, à qui ce livre a certainement appartenu. Lehmann était bon peintre, mais piètre bibliophile. Qu'il lui soit pardonné !

Ah ! voici, parmi plusieurs, une brochure à couverture muette, avec ces mots manuscrits : « Au nom du Comité, Emile Bégin. » Nous tournons cette couverture sans trop d'impatience, et nous lisons :

« A Messieurs les secrétaires d'Académie, bibliothécaires, bibliophiles, libraires-éditeurs et journalistes de l'Europe et des Etats-Unis d'Amérique.

Paris, le 1er octobre 1871.

Messieurs,

L'ex-Bibliothèque du Louvre .... »

Impatient cette fois de savoir qui avait bien pu s'adresser aux amateurs des deux mondes, nous sautâmes à la fin de ce prospectus qui se terminait ainsi : « Nous avons l'honneur d'être, Messieurs, vos très humbles et très obéissants serviteurs.

Les membres du Comité de reconstitution de la Bibliothèque du Louvre.

Emile Bégin, Burgaud des Marets, de Caussade[2]. »

---

(1) *Les Légendes du Livre.* Paris. A. Lemerre, 1876, 8° (p. 86).
(2) Brochure 8° de huit pages, sans titre. Il s'en trouve un exemplaire à

Ces signatures pleines de promesses étaient suivies d'un *Nota*, mais « nous ne lûmes pas plus avant ce jour-là. » Après avoir payé, sans marchander, le bouquiniste, nous introduisîmes dévotement le bouquin dans notre poche, et nous reprîmes notre promenade en méditant à perte de vue sur les rapports mystérieux des êtres et des choses.

*
* *

Après la joie de la découverte, il n'y a pas de plus grand plaisir que celui de feuilleter et d'examiner à loisir une « trouvaille » dans le calme et le silence du cabinet. Qu'allait nous apprendre cette circulaire signée de trois noms que nous connaissions si bien ? Voici :

« Messieurs,

L'ex-Bibliothèque du Louvre se composait d'environ cent dix mille volumes, de trois mille manuscrits et d'un nombre considérable d'autographes ; elle a été consumée entièrement par l'huile de pétrole, dans la nuit du 23 au 24 mai dernier. La disposition de son vaisseau splendide, ses livres de luxe, sa destination spéciale à l'usage des souverains qui l'enrichissaient incessamment de leurs dons, ne permettaient pas d'y introduire le premier venu, mais avec une autorisation spéciale, on pouvait y travailler tous les jours, depuis onze heures du matin jusqu'à quatre heures du soir : on obtenait même des prêts de plusieurs volumes à la fois, et d'habitude huit cents volumes circulaient entre les mains de cent cinquante à deux cents personnes privilégiées, artistes, gens de lettres ou savants pour la plupart. Quant aux étrangers, simples curieux, on les admettait comme visiteurs un jour dans la semaine. Du reste, jamais écrivain, jamais homme sérieux voulant élucider un fait quelconque n'a vainement réclamé l'intervention officieuse de M. l'Administrateur en chef, ni d'aucun de ses collaborateurs. La Bibliothèque du Louvre n'était donc point un *noli me tangere*, et sa perte ne saurait être que douloureusement sentie par ceux qui ont connu le régime libéral et paternel de cette administration littéraire.

Aujourd'hui qu'elle n'existe plus, il s'agit bien moins de la reconstituer comme elle était, que de lui imprimer un caractère,

la Bibliothèque nationale. Catalogue des auteurs, Vᵒ Bégin (Emile), 8ᵒ Q. pièce 36.

une physionomie en rapport direct avec sa situation au centre des monuments divers de la civilisation du monde, de lui faire parler la langue de chacun de ces monuments, et d'y réunir certaines collections bibliographiques sans lesquelles on ne saurait apprécier, d'une manière exacte, ni l'aspect littéraire de chaque époque, ni l'enfantement de chaque siècle, ni le génie respectif des peuples policés, ni la valeur productive, les ressources et la gloire historique des provinces de l'ancienne France.

Nous croyons devoir diviser en cinq sections fondamentales la future Bibliothèque du Louvre[1]... »

Ici, la circulaire décrivait les cinq sections et concluait par un pressant appel au monde lettré :

«... s'inspirant des sentiments de gratitude et d'honnêteté logique qui animent l'administration universitaire de l'immense bibliothèque d'Oxford, reine sans rivale des bibliothèques du monde, le Comité a décidé que chaque ouvrage donné porterait sur le titre le nom du donateur, et que, pour les fonds de livres considérables, il serait dressé avec soin des catalogues nominatifs spéciaux où figureraient, dans l'ordre synthétique, tous les imprimés dont ces fonds se composent, afin de les grouper ensemble, si possible, tels qu'aimaient à les voir leurs propriétaires, tels qu'ils ont dû servir à l'exercice de leurs pensées, au mécanisme de leurs études. Cela n'empêchera point chaque ouvrage d'être compris au Catalogue général, avec l'indication nominale du fonds, dans l'ordre que lui assigne sa nature... »

A la suite des signatures des membres du comité se trouvait un *Nota* que nous donnons *in extenso :*

« NOTA. *Un conseil de patronage et de surveillance,* dont les membres sont choisis dans les cinq classes de l'Institut de France, présidera aux destinées de la Bibliothèque, ainsi qu'à l'application régulière des ressources que lui ménage l'avenir.

Le *Comité,* composé de trois membres seulement, pour qu'il y ait le moins possible de divergences dans l'action, exécutera les décisions du *Conseil,* subordonnées elles-mêmes à la haute approbation du ministre de l'instruction publique.

---

(1) C'est avec intention que nous citons ce large extrait de la circulaire qui montre, en quelques lignes, que le règlement de la Bibliothèque n'était pas aussi draconien que beaucoup de personnes le pensaient.

Quiconque aura fait don d'une valeur de mille francs sera considéré comme *Membre fondateur de la Bibliothèque*, et jouira de certaines prérogatives.

A cette qualification de Membre fondateur s'adjoindra le titre de *Bienfaiteur*, si des dons ultérieurs le comportent.

Des *coopérateurs résidants* et des *coopérateurs correspondants*, nommés par le Conseil de patronage sur la présentation du Comité, formeront le réseau d'influence où fonctionnera ce Comité, tant en France qu'à l'étranger.

S'adresser, pour tout ce qui concerne la Bibliothèque, au palais du Louvre, pavillon Richelieu, ou bien, au Bureau du Comité. rue Labruyère, n° 21. » C'était le domicile de Burgaud des Marets.

*
* *

Nous fîmes part à Maurice Tourneux de cet essai de reconstitution qui ajoutait un petit chapitre à l'histoire des grandes bibliothèques. « Je ne connais rien d'imprimé sur ce sujet, nous dit-il, mais il est une personne qui doit certainement posséder des documents intéressants » ; et Maurice Tourneux nous mit en relation avec Mme Moreau, attachée depuis fort longtemps à la Bibliothèque nationale, et nièce du docteur Bégin. Cette dame voulut bien nous présenter à sa tante, Mme Bégin, qui nous confia toute la correspondance relative à la Bibliothèque du Louvre, parmi laquelle se trouvaient plusieurs extraits de journaux et quinze lettres ou billets autographes de Burgaud des Marets, plus une lettre d'un notaire de Jarnac relative à la succession Burgaud. Ces deux dames poussèrent encore plus loin leur générosité. Enthousiasmées de la description que nous leur faisions un jour de l'admirable bibliothèque saintongeaise de notre ami, M. Maurice Martineau, de Saintes, elles décidèrent d'un commun accord d'offrir à cet éminent collectionneur toute la correspondance de Burgaud des Marets. Voilà donc deux noms de plus à ajouter à la liste des femmes bibliophiles.

Nous allons maintenant raconter, à l'aide des journaux et de cette correspondance assez considérable (cent et quelques lettres), ce qu'il advint de ce projet de reconstitution d'une des plus belles bibliothèques du monde, non par le nombre, mais par le choix exquis des livres qui la composaient.

*
* *

Le projet de nos trois bibliophiles, fort honorable et généreux en soi, comportait aussi une part de sentimentalité bien compréhensible de la part de deux d'entre eux qui figuraient au nombre des gardes de cette belle librairie, et du troisième, Burgaud, le plus assidu des visiteurs, au point que Louis Paris le crût attaché à la Bibliothèque et lui écrivit dans ce sens une lettre que le lecteur trouvera plus loin.

Il n'est peut-être pas inutile de donner, d'après l'*Almanach impérial de* 1870, la composition du personnel de la Bibliothèque du Louvre, au moment où celle-ci fut incendiée :

Barbier (L.-N.) Conservateur-administrateur.
Courson (A. de)
Pilon [Pillon (A.-J.-B.)] } conservateurs.
de St-Georges, conservateur-adjoint.
de Caussade, bibliothécaire.
Bégin, sous-bibliothécaire.

De tous ces bibliothécaires, deux seulement continuèrent, après le sinistre, leur service à la Bibliothèque nationale. A. de Courson y entra avec son grade ; c'est ainsi qu'il figure sur l'*Almanach national pour* 1871-1872 ; E. Begin fut nommé simple commis.

Le projet de reconstitution ne visait à rien moins que de faire de la nouvelle bibliothèque une sorte de sœur jumelle de la Nationale, chose irréalisable et qui dépassait la capacité de pouvoir des trois amis.

C'est au lendemain de l'incendie que ceux-ci décidèrent de se former en comité. Emile Bégin se chargea de toute la correspondance avec la province ; de Caussade et Burgaud s'occupèrent spécialement de Paris et de la mise en ordre des livres reçus. La circulaire dont nous avons cité plus haut de larges extraits s'élabora dès ce moment. Elle existe en minute, sur fiches, dans les papiers qui nous ont été prêtés par Mme Bégin. Elle est entièrement de la main de E. Bégin, mais Burgaud des Marets prit part certainement à sa composition : les allusions de la section philologique, les détails sur les patois laissent entrevoir le bout de l'oreille du philologue et du poète saintongeais.

Dès que le comité se fut assuré le concours de quelques bibliophiles, érudits et libraires de Paris, il communiqua ses intentions à la presse et, dès le 13 août 1871, le *Journal des Débats* publiait la note suivante :

« Parmi les désastres qui ont accablé la ville de Paris, l'incendie de la Bibliothèque du Louvre a particulièrement affligé le public intelligent.

La réorganisation d'une bibliothèque au centre des chefs-d'œuvre artistiques de l'esprit humain ne peut donc qu'exciter sa sympathie. Le public y verrait une nouvelle protestation contre les crimes de l'odieuse Commune. Ce serait aussi une preuve de ce que peut le patriotisme pour rendre pratique une noble idée.

M. Burgaud des Marets, un de nos philologues les plus éminens, MM. Bégin et de Caussade, qui comptaient si honorablement parmi les conservateurs de l'ancienne bibliothèque du Louvre, se sont réunis dans cette pensée et ont cherché les moyens de réaliser ce projet. Tout en réclamant le concours de personnes compétentes, capables de les assister, ils ont l'intention de faire un pur essai d'initiative privée, ne voulant demander aucun sacrifice au budget de l'Etat dans les circonstances présentes.

Un appel aux amis des lettres et des arts, aux sociétés savantes, aux libraires et éditeurs, ne peut manquer en effet d'être entendu. Déjà un grand nombre d'entre eux ont offert spontanément leur concours le plus actif ; plusieurs membres de l'Institut ont promis leur patronage. Ajoutons que quelques bibliophiles célèbres destinent leurs précieuses collections à la nouvelle Bibliothèque du Louvre, qui comptera bientôt une quantité de volumes considérable, si l'on en juge par les dons qui lui sont déjà assurés.

Si, par une politique trop visiblement intéressée, l'Allemagne a pu refaire en quelques mois une bibliothèque à la ville de Strasbourg, la France saura, par l'effort généreux du patriotisme, restaurer celle du Louvre, victime d'un si effroyable attentat.

MM. Burgaud des Marets, Bégin et de Caussade espèrent que le gouvernement français verra sans jalousie cet essai d'initiative privée, qu'il l'encouragera au contraire, et que toute la presse française prêtera à ce projet l'appui de sa publicité. C'est dans ce but surtout que nous nous empressons de publier cette note ».

*
* *

A l'appui de cet article Emile Bégin avait écrit les lignes suivantes sur un carré de papier qu'il destinait sans doute à la presse:

« Parmi les notabilités de la science et des lettres qui ont assuré leur sympathie ou favorisé de leur influence le projet de restauration dont il s'agit, nous citerons entre autres MM. Elie de Beaumont, Cuvilier-Fleury, Ambroise Didot, Larrey, Paul Lacroix, Nisard, Patin, Ravaisson, etc. Aucune œuvre ne saurait être mieux patronée et aucune n'est certes plus digne d'exciter l'intérêt des amis de la saine littérature. »

Nous sommes en mesure de compléter cette liste des « Amis de la Bibliothèque du Louvre » par les noms suivants : Paulin Paris et son frère Louis Paris, Charles Blanc, Arcisse de Caumont, L. Angrand, Gustave Brunet, la marquise de Blocqueville, Jeantin, Louis Auvray et G. Chouquet.

En plus de leur adhésion de principe, certains libraires s'engagèrent à donner immédiatement une assez grande quantité d'ouvrages à choisir dans leurs magasins : Hachette, Lecoffre et Berger-Levrault à Paris ; Garnier à Chartres, Herluison à Orléans : Le Brument à Rouen ; Mame à Tours.

En sa qualité de président de l'Institut des Provinces, le savant archéologue Arcisse de Caumont dressa une liste de tous les érudits et bibliophiles de la France susceptibles de s'intéresser à la future bibliothèque. Ce sont les réponses, presque toutes favorables, de ces amis des lettres, qui forment la plus grande partie de la correspondance du Louvre. Le lecteur comprendra qu'il est inutile de publier toutes ces adhésions qui grossiraient, sans grand intérêt, ce chapitre.

La période d'activité du comité dura près d'un an, du mois de juillet 1871 au mois de juin 1872. Le 11 septembre 1871, le *Journal des Débats* publia cette nouvelle note :

« Le comité formé pour la reconstitution de la Bibliothèque du Louvre continue son œuvre avec zèle. Les dons sont reçus dans ce palais, pavillon Richelieu, chez le concierge de l'ex-bibliothèque, ou rue La Bruyère, 21, au bureau du comité.

Déjà bon nombre de bibliophiles se sont empressés de faire parvenir leur offrande. On en publiera la liste ultérieurement. »

*
* *

Il y eut des offres considérables, comme la promesse faite par plusieurs bibliophiles de léguer leurs collections entières à la nouvelle bibliothèque. Parmi celles-ci il faut citer les offres de

L. Angrand, Emile Bégin, la marquise de Blocqueville, Burgaud des Marets, le baron Larrey, etc.

Quant à la liste des donateurs, plusieurs fois promise, elle ne fut jamais publiée. Tous les noms importants, les choses essentielles, figurent pour la première fois dans ce chapitre. Voici, à peu près dans l'ordre chronologique, la correspondance de Burgaud des Marets et de quelques autres personnages. Toutes les lettres de Burgaud sont adressées au docteur E. Bégin :

*
**

« Cher Maître [sans date]

Après dix autorisations de votre part, je me suis enhardi à décacheter la lettre que je vous envoie.

Je puis dire que je ne l'ai pas lue : hier, je vous l'avais apportée, sans l'ouvrir, à la Bibliothèque. Mille amitiés.

*
**

« Mon cher ami, [sans date]

Toujours et sans réserve à votre service. Vous ne pensez pas que j'ai voulu *me faire valoir* dans cette circonstance.

D'après le nouveau règlement, les livres formant collection ne se prêtent pas. C'est pour cela qu'on m'a limité le temps du prêt. A vous. »

*
**

« Cher Monsieur [sans date]

Je languis de ne plus vous voir. En vain je vous ai *espéré* à la Bibl. Richelieu. Je vous en prie, assignez-moi un rendez-vous, où et quand il vous plaira. Le temps presse ; il fuit et nous ne courons pas comme lui ; nous devrions voler. Mon plan est prêt, j'exécuterai de suite ce que vous approuverez. A vous. H. Burgaud des Marets, 21, rue La Bruyère. » [Adresse : M. le Dr Bégin, 42, rue Fabert, Paris. Cachet de la poste : 25 août 1871].

*
**

« Cher Maître, [sans date]

Demain vendredi, il y a conseil rue de Londres. Donc il serait inutile de s'y représenter ce jour-là. Je vous aviserai de l'heure opportune. Si vous vouliez signer la lettre à M. Auvray, j'en serai bien aise. Tout à vous. H. Burgaud des Marets. Je fais mes visites aux libraires. »

« Cher Monsieur [sans date]

Votre silence absolu commence à m'inquiéter. La visite des garçons devient si rare que je dois soupçonner qu'elle va cesser tout à fait.

Vous êtes un homme trop bien élevé pour prendre avec moi le moindre détour. Je viens donc vous prier de me dire loyalement en quoi j'ai pu démériter de vous et m'attirer cet abandon inexplicable. Je ferai toutes les suppositions honnêtes possibles, avant de croire que vous avez eu la pensée de m'offenser. Quant à moi, Monsieur, si vous m'attribuez quelques torts, je suis prêt à me justifier sur l'heure. Je vous offre, en attendant, l'assurance de mes sentiments dévoués. Burgaud des Marets. »

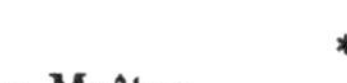

« Cher Maître,

Des amis me montrent à l'instant une petite note insérée hier soir dans le *Temps*. Il y est dit que les livres prêtés par l'ancienne Bibliothèque seront remis rue La Bruyère.

Je suis désolé de cela. Nous n'avons ou plutôt moi je n'ai aucun droit à demander rien de pareil.

Vous savez que je vous ai toujours parlé dans ce sens et je suppose qu'on aura changé votre rédaction.

Il suffit d'une annonce pareille pour nous attirer les plus graves désagréments.

Nous devons éviter à tout prix d'offrir le moindre prétexte à soupçon. Je vous en supplie, avisez au plus vite. A vous. H. Burgaud des Marets. 11 septembre 71. »

On voit par plusieurs de ces billets quelle était la susceptibilité de Burgaud des Marets. Jamais les sentiments de délicatesse n'ont été plus profonds que chez cet homme scrupuleux à l'excès, et à qui on peut appliquer, mieux qu'à personne, ces deux vers du bon La Fontaine :

> « *Les délicats sont malheureux,*
> *Rien ne saurait les satisfaire.* »

La note du *Temps* (n° du 11 septembre 1871) qui motivait les craintes exposées dans le billet cité plus haut, était ainsi conçue : « D'une bibliothèque de 110.000 volumes magnifiquement installée au Louvre, il ne reste que les livres, en très petit nombre, donnés à la reliure et les livres prêtés, dont la restitution s'opère avec lenteur. Ces derniers peuvent être déposés au Palais du Louvre, pavillon Richelieu, chez le concierge, ou au bureau du comité de reconstitution de la bibliothèque, rue La Bruyère, n° 21. Les dons destinés à cette reconstitution y sont reçus également. On en publiera la liste avec un religieux scrupule. » Le docteur Bégin consola son ami de la façon suivante :

« Paris 12 septembre, matin,

Cher maître, tous les mots de l'article sont miens. J'ai trouvé son agencement heureux pour faire sentir au public que la nouvelle bibliothèque continuera l'ancienne.

Voyez au fond l'acte d'un Comité dans lequel se trouvent deux membres de l'ex-Conservatoire parfaitement autorisés à réclamer des livres qui s'égarent et qui laissent au choix des restituteurs ou l'ancien local, ou un lieu où ils font élection de domicile.

La responsabilité de l'article ne me pèse pas. Tout à vous. Emile Bégin. »

*
* *

Plusieurs journaux de Paris et de la province publièrent, à cette même époque, des notes ou des articles analogues à ceux du *Journal des Débats* ou du *Temps*, que nous venons de citer[1]. Continuons la lecture de la correspondance :

---

(1) *Le Moniteur*, 7 sept. 71. — *Le Constitutionnel*, 11 sept. — *La Patrie*, 13 sept. — *Journal du Loiret*, lundi 30 et mardi 31 oct. — *L'Echo de la Haute-Marne*, mercredi, 1er nov. — *L'Avranchin*, dim. 5 nov. — *La Presse Langroise*, mercredi 22 nov., etc.

« Mon cher Monsieur,

J'ai reçu de M. Paris une lettre que je vous transmets. S'il vous convient d'y répondre, vous le pouvez. Quant à moi, j'en suis incapable. Voulant réserver votre liberté tout entière je me suis borné à lui faire savoir mon insuffisance personnelle.

Fort longtemps j'ai pensé que la maladie de Mme Bégin était la seule cause de l'interruption de nos rapports et, par pure délicatesse, je me suis abstenu de vous entretenir, même par écrit, de quoi que ce fût.

J'ai refusé *beaucoup d'argent* [1]. par respect pour notre convention. J'ai aussi reçu quelques petites pointes. Monsieur Feé [2] entre autres a demandé à mon *domestique* [1] s'il s'agissait oui ou non d'une *chose sérieuse* [1].

Il est indispensable que je vous voie. S'il vous plaît de m'assigner un rendez-vous, je m'y trouverai à la minute précise. C'est votre méthode et c'est la mienne aussi. Agréez, cher Monsieur, l'assurance de mes meilleurs sentiments. H. Burgaud des Marets.» [cachet de la poste : 23 octobre 1871].

*
* *

Voici la lettre en question de Louis Paris :

<table>
<tr><td>« N° 5692</td><td>Le Cabinet historique et héraldique</td></tr>
<tr><td>. . . . .</td><td>Paris, 21 Octobre 1871</td></tr>
<tr><td>Bureau à Paris,
rue des Grands-Augustins, 5</td><td></td></tr>
</table>

« Monsieur,

En l'absence de M. Barbier dont je n'ai pas l'adresse certaine, permettez-moi de recourir à vos bienveillants souvenirs pour obtenir un renseignement dont j'ai besoin. Vous savez que je publie, dans le Cabinet historique, le catalogue des manuscrits du Louvre dont j'avais pu prendre note avant le malheureux incendie ; les moins précieux de ces manuscrits n'étaient pas vos catalogues si nombreux et si parfaitement exécutés ; j'en usais tous les jours

(1) Souligné dans l'autographe.
(2) Fée (A.-L.-A.). Naturaliste franç. Membre de l'Académie de Médecine (1789-1874).

pour mes recherches, mais il n'en est pas moins vrai que j'ai omis de prendre note de chacun d'eux ; je voudrais bien éviter une lacune considérable dans le travail que j'imprime [1], je vous serais très reconnaissant, Monsieur, si vous pouviez me donner le titre et le nombre des volumes de chacun de ces catalogues.

Veuillez agréer, Monsieur, l'expression de ma considération distinguée.

Louis Paris. »

Cette lettre prouve jusqu'à l'évidence que la Bibliothèque du Louvre était ouverte *tous les jours* aux travailleurs sérieux. Elle nous montre aussi qu'elle était fort bien tenue, et que ses catalogues, *nombreux et parfaitement exécutés*, sont une véritable perte pour la bibliographie [2].

*
* *

« Mon cher ami,

Voyez la carte que M. Chouquet [3] a remise hier. Il va sans dire que s'il vous convient de recevoir rue Labruyère *votre confrère*, mon chez moi est votre chez vous. Votre dévoué, H· Burgaud des Marets.

Je n'ai pas vu de Caussade depuis notre entrevue. » [cachet de la poste : 13 décembre 1871].

*
* *

« Mon cher maître,

Vous savez que M. Chouquet sera toujours très heureux de vous voir au Conservatoire *d'une heure à trois*.

De Caussade a dû vous dire que M. Chouquet avant d'avoir lu l'exposé de vos idées, s'est trouvé complètement d'accord avec vous. Les savants se rencontrent. *Le local n'arrivant pas*, me conseillez-vous de provoquer la rentrée des livres qui me sont promis et de les placer chez moi ? Je m'occupe de l'offre de Mme G. qui a

---

(1) Les manuscrits de la Bibl. du Louvre... *op. cit.*

(2) « Car plusieurs de ces Catalogues étaient des chefs-d'œuvre de patience et d'ordre, et la bibliothèque du Louvre ne laissait rien à désirer en ce genre d'informations bibliographiques, ce que pourraient lui envier la plupart de nos bibliothèques. » H. Baudrillart, *op. cit.* p. 9.

(3) Chouquet (Ad.-Gustave). Poète et musicographe. Conservateur du Musée instrumental du Conservatoire de Musique (1819-1886).

été faite bien en l'air et dont on ne peut demander la réalisation qu'avec des ménagements. Votre dévoué, H. Burgaud des Marets. Vendredi 27 décembre 71. »

Le docteur Bégin a écrit en haut de cette lettre : « répondu le 28 déc. 71 ». Mme G., dont nous n'avons pu découvrir le nom, est sans doute la généreuse donatrice qui offrit 10.000 francs pour la reconstitution de la future bibliothèque.

*
* *

« Mon cher ami,

Vous nous aviez prévenus que pendant un mois vous seriez *absorbé. Le mois doit être écoulé*, si j'en juge par mon impatience et mon désir de vous voir.

Caussade m'a dit vous avoir écrit sans recevoir de réponse. Un mot, un seul, je vous en prie. Dites-moi que *vous vivez* et que nous nous reverrons bientôt. Sincèrement à vous. Burgaud des Marets. 21, rue Labruyère, 5 mai 1872. »

Le docteur Bégin avait déménagé *au cours de ce mois*, car l'adresse ne porte plus : rue Fabert, mais avenue Duquesne, n° 43.

*
* *

« Mon cher ami,

C'est fait, et pas sans quelques frais d'éloquence. Je tiens à votre disposition les deux gros volumes. Je suis engagé à les rendre samedi. Avisez. Bien à vous, H. Burgaud des Marets.

Caussade fait mon désespoir. Il a toujours de bonnes raisons à donner pour oublier ses rendez-vous. Nous devions nous voir, prendre une décision au sujet de la Bibliothèque. Qu'adviendra-t-il ?

[Cachet de la poste : 9 juin 72].

*
* *

« Mon cher Maître, [sans date]

Je vous remets tout ce que j'ai. Comme j'avais réservé un tiroir pour n'y mettre que la correspondance touchant le Louvre, je ne crois pas avoir mis une ligne ailleurs.

Je suis bien certain de n'avoir jamais eu la lettre de M. Jeantin[1]. Quant à la liste des livres qu'il donne, je l'avais et vous l'envoie. Tout à vous, H. Burgaud des Marets. »

*
* *

Nos trois bibliophiles se débattaient au milieu de mille difficultés. Ils auraient dû, avant de se lancer à fond dans une pareille affaire, méditer les sages conseils de plusieurs de leurs amis. Ils sentaient aussi la sourde hostilité du nouveau gouvernement, qui ne voyait pas sans déplaisir trois particuliers s'occuper de la reconstitution d'une collection formée par la Monarchie, et qui rappelait trop aussi le dernier Napoléon.

Le lecteur verra dans la lettre suivante de Paulin Paris, que M. Baudrillart, inspecteur des bibliothèques, avait été chargé officiellement de recouvrer les livres prêtés, alors que beaucoup de ceux-ci se trouvaient déjà au siège du comité, c'est-à-dire chez Burgaud des Marets. On comprend les scrupules exposés par ce dernier dans sa lettre du 11 sept. 71. Paulin Paris mettait en garde le docteur Bégin :

« Je vous remercie beaucoup, mon cher ami, de votre bonne lettre et de l'offre que vous me faites de me compter au nombre des commissaires ou membres du patronage de votre comité. Mais je vous avoue que je n'ai qu'une idée très confuse de votre entreprise. Voilà une bibliothèque qui appartenait à un palais impérial, royal ou national.

Supposez que l'incendie se soit adressé à celle de la rue Richelieu, à celle de l'Arsenal, etc.

N'est-ce pas le gouvernement qui seul peut songer à reconstituer, à refaire cette bibliothèque ?

J'ai reçu il y a quinze jours la visite de M. Baudrillart, inspecteur général des Bibliothèques, qui m'a assuré que le ministre l'avait chargé de réunir tous les volumes échappés à l'incendie du Louvre, tous les documents qui pourraient servir à faire connaître ce qu'était la collection.

Et vous, simple et très honorable particulier, vous fondez un comité tendant à refaire la Bibliothèque du Louvre !

(1) Nous n'avons pas trouvé ce nom dans les dictionnaires biographiques.

Ainsi, quand vous aurez réuni tous les éléments de cette bibliothèque, vous direz au gouvernement, je vous rends votre bibliothèque du Louvre, vous n'avez plus qu'à remplir les cases laissées vides par l'incendie !

Comment n'avez-vous pas commencé par demander à M. Thiers, à M. Simon ou à M. de Rémusat, une lettre vous chargeant de présider à cette reconstitution littéraire ? En attendant où mettez-vous ces livres ? et comment pouvez-vous espérer d'obtenir de la générosité, du désintéressement des bibliophiles, des dons qui rappellent le moins du monde les richesses que possédait la bibliothèque du Louvre ?

Vous le voyez, rien de cela n'est parfaitement clair dans mon esprit ; je verrai probablement aujourd'hui Saulcy, Ravaisson ou Nisard, j'en causerai avec eux en attendant que vous ayiez le temps d'éclairer les brouillards de mon intelligence.

Entièrement à vous, mon cher et ancien ami.

18 nov. 71.   P. Paris.

P. S. En relisant votre circulaire imprimée, je présume que votre intention est de former une collection systématique qui n'aura rien à demander au gouvernement. C'est un projet de nouvelle bibliothèque publique qui ne sera pas établie au Louvre mais dans un vaste local quelconque. La pensée est belle et véritablement libérale : mais je crains bien que l'application ne présente de grandes difficultés, je le crains, je suis disposé à le craindre, parce que mes yeux sont troublés ; donnez-moi vos lunettes. »

Paulin Paris ne se trompait pas. La tâche était difficile sinon impossible ; mais les bonnes raisons du savant ne refroidirent en rien le zèle du comité, qui recevait chaque jour les concours les plus divers et les plus dévoués. Le gouvernement lui-même ne paraissait pas avoir d'idée bien arrêtée à ce sujet, il avait d'ailleurs des préoccupations autrement graves et plus pressantes. Dans la lettre suivante de Ravaisson-Mollien au docteur Bégin, on ne sent pas du tout l'hostilité gouvernementale, puisque l'architecte Lefuel, personnage officiel, autorise le comité à disposer d'une partie du Palais du Louvre pour y placer les livres reçus :

« Palais du Louvre le 4 déc. 1871,
Monsieur,

Vous m'avez dit que vous aviez refusé une somme de 10.000 francs qui vous était offerte pour aider à la reconstitution de la Bibliothèque du Louvre.

Vos motifs m'ont paru mériter toute approbation. Mais ne serait-il pas possible que l'offre généreuse qui vous a été faite atteignît son but sans les inconvénients que vous craigniez ? On va vendre la Bibliothèque de M. Léon de Laborde si riche en livres d'art et d'archéologie. La donatrice ne pourrait-elle y faire acheter, sur votre désignation, pour 10.000 francs de livres, qu'elle destinerait à la future Bibliothèque du Louvre ? Je vous soumets cette idée.

M. Lefuel n'a aucune objection à ce que des locaux de l'ex-administration des haras, sur le quai, soient mis à votre disposition.

Agréez, Monsieur, mes compliments très distingués et dévoués.

F. Ravaisson-Mollien.

Je crois me souvenir que la vente de Laborde commence ce soir même. »

*
* *

Nous n'avons pu savoir si la somme de 10.000 francs avait été employée comme le suggérait l'érudit conservateur du Louvre. Toujours est-il que l'enthousiasme des premiers mois se refroidit peu à peu et subit un temps d'arrêt. Puis le comité reçoit des lettres anonymes, des lettres méchantes, critiquant son projet ou l'accusant de travailler avec un intérêt personnel à la reconstitution de la Bibliothèque. On comprendra ce que dut éprouver le susceptible Burgaud des Marets, dont l'état de santé n'était guère satisfaisant à ce moment.

Quoi qu'il en soit le zèle du comité se ralentit tout à coup. Peu après celui-ci abandonnait le projet gigantesque qui avait reçu pourtant un très large commencement d'exécution, et suscité la générosité de plusieurs bibliophiles éminents.

Les livres offerts, au nombre de plusieurs milliers, furent remis aux donateurs. Contrairement à ce que dit M. Vachon[1], les quelques manuscrits retirés aux trois quarts consumés des décombres ne purent être déposés à l'Arsenal que pendant fort peu de temps.

(1) Marius Vachon, *op. cit.* p. 7.

Ils se réduisirent sans aucun doute en poussière, car ils n'existent pas dans cette bibliothèque, et nul document n'a conservé la trace de ce dépôt. Par contre, les livres absents au moment de l'incendie furent réintégrés à l'Arsenal au mois de mars 1875 [1]. A part ces rares épaves (environ 200 volumes) la bibliothèque du Louvre a péri tout entière.

*
* *

Burgaud des Marets revint au glossaire de Montaigne, et le docteur Bégin entra à la Bibliothèque nationale en qualité de simple commis. Le plus récompensé des trois protagonistes fut précisément celui dont le rôle est assez obscur dans toute cette affaire, à laquelle il n'apporta qu'un concours relatif. Nous voulons nommer F. de Caussade qui figura comme conservateur à la Bibliothèque Mazarine de 1879 à 1894.

Trois des amis de l'ancienne bibliothèque du Louvre, qui avaient promis de léguer leurs collections à la future bibliothèque, reportèrent leur générosité sur le grand établissement de la rue Richelieu. M. L. Angrand, ancien consul de France, lui légua, en 1887, sa collection d'*Americana* [2]. En 1891, la Nationale reçut la collection lorraine du docteur Emile Bégin. Les doubles furent répartis entre les bibliothèques Sainte-Geneviève (1200 volumes), et de Dôle (500 vol.), pays natal de Mme Emile Bégin.

En 1896, ce fut le tour de la collection du baron Larrey [3]. Enfin, la ville d'Auxerre ayant érigé une statue à Davoust, prince d'Eckmühl, Mme de Blocqueville reconnaissante lui légua dès 1881 et successivement, à des intervalles irréguliers, les papiers de son glorieux père et sa collection personnelle, qu'elle destinait primitivement à la nouvelle bibliothèque du Louvre.

(1) Henry Martin, *op. cit.* p. 588.

(2) Angrand (Léonce), ancien consul général de France, né à Paris en 1808, mort dans la même ville le 11 mars 1886. Ses fonctions diplomatiques en Amérique, où il résida longtemps, lui fournirent l'occasion de réunir une belle collection de livres se rapportant à l'histoire et à la topographie du Nouveau Monde. *Inventaire Angrand*, 1887, avant-propos de Léopold Delisle [Cl. *Bibliographie... de L. Delisle*, n° 1032].

(3) Larrey (F.-H. B[on]). Célèbre chirurgien, fils du grand Larrey, (1808-1895). Il légua ses livres et ses collections au Louvre, à l'Académie et à la Faculté de médecine et à diverses sociétés. La Bibliothèque nationale reçut sa collection napoléonienne et 18 volumes de lettres autographes des personnages de la Révolution et du premier Empire.

La ville d'Auxerre organisa ainsi le musée d'Eckmühl qui comprend en livres et documents les quatre catégories suivantes :

1) Les livres ayant appartenu au maréchal ;

2) Les ouvrages concernant l'histoire du maréchal ;

3) Les documents manuscrits provenant de Davoust : correspondance de Napoléon, de ses maréchaux et autres personnages du premier Empire.

4) Bibliothèque personnelle de Mme de Blocqueville.

L'histoire de la reconstitution de la bibliothèque du Louvre se termine avec ces différents legs.

*
* *

Désolé du résultat négatif de ce vaste projet, inquiet du mauvais état de sa fortune, Burgaud des Marets, dont plusieurs attaques avaient fortement ébranlé l'organisme, se remit à ses travaux délaissés depuis assez longtemps. Voici du reste un billet au docteur Bégin qui nous donne une idée de son état de santé à cette époque :

« Cher ami, Vivat ! vous aurez du cœur tant que vous serez jeune, c'est-à-dire toujours. L'invalide vous serre la main et vous offre ainsi qu'à Madame ses bien sincères compliments. Pourquoi mes compliments sont-ils si tardifs ? c'est que je n'ai plus votre adresse dans ma tête détraquée. Il m'a fallu faire courir après. Toujours votre Burgaud des Marets[1]. »

*
* *

Burgaud des Marets mérite une place au premier rang des plus célèbres bibliophiles. Les principales qualités qui font le véritable ami des livres se trouvaient réunies chez lui : l'érudition, de vastes connaissances bibliographiques, un goût exquis et une persévérance qu'on ne se serait pas attendu à trouver chez un homme à qui l'on a tant de fois reproché son peu d'application. Il faut ajouter aussi cet appoint matériel sans lequel on ne peut rien : la fortune.

(1) Adresse : de la main de Burgaud : « Monsieur le Dr Bégin », et d'une autre écriture : « 43, avenue Duquesne, Paris. » Cachet de la poste : 21 janvier 73.

Le lecteur a vu au cours de ce livre que Burgaud des Marets s'est livré aux entreprises les plus diverses : projets d'ouvrages, collaborations multiples ; fondation de société, collections, reconstitution d'une célèbre bibliothèque. On éprouve une sorte de gêne, de la tristesse même, à voir avorter ces différents projets qui tous avaient des buts utiles ou généreux. On souffre de voir le promoteur enthousiaste de tant de belles choses dépenser sans compter ses forces, sa fortune et son savoir. Loin de nous la pensée de laisser entendre par là que Burgaud ne fut qu'un touche-à-tout. Bien au contraire. Il fut le dilettante par excellence. Il a joui de nombreuses et longues amitiés ; sa curiosité s'est étendue dans les différents domaines où peut se complaire un esprit distingué. Il en a retiré les satisfactions qu'il cherchait, et nous ne pouvons que signaler cette dispersion de l'intelligence, sans avoir le droit de la critiquer ; comme il serait absurde, par exemple, de blâmer les multiples esquisses d'un peintre. Il suffit qu'il reste un bon tableau.

Parmi tant d'ébauches, Burgaud des Marets laisse au moins deux belles œuvres : le Rabelais et sa collection patoise dont deux catalogues nous ont gardé le souvenir. Et on peut ajouter, pour un public plus restreint, son œuvre patoise.

L'amour des livres datait chez Burgaud des premiers temps de sa jeunesse. Il ne fit tirer ses propres ouvrages qu'à un nombre d'exemplaires suffisant pour satisfaire les quelques amateurs susceptibles de s'y intéresser, car il avait horreur de ces tas d'*invendus* qui languissent dans l'arrière boutique des libraires, pour aller mourir ensuite dans les boîtes des quais.

Un trait le distingue de certains bibliophiles, celui d'avoir colligé des livres pour les étudier, pour servir à ses travaux, et non pour les montrer avec ostentation. Sa bibliothèque a été formée dans un but bien déterminé, dont il ne s'écarta jamais : l'histoire des patois dans toutes leurs manifestations. C'est à notre avis une de ses plus belles œuvres.

Pour parvenir à ses fins, Burgaud ne négligea aucune peine, aucune dépense. Il achetait sans compter tout ce qui intéressait son sujet préféré, quitte à remplacer un exemplaire défectueux par un plus beau lorsque les circonstances lui en offriraient l'occasion.

Non seulement il fréquentait les salles de vente, les boutiques de libraires et de brocanteurs, mais aussi les greniers des campagnes où souvent moisissent ces vieux livres populaires de plus en plus introuvables : almanachs, contes, noëls, livres de liturgie, etc. Il cherchait aussi certains manuscrits, souvent dédaignés, ou se procurait des copies faites avec soin de ceux qu'il ne pouvait acheter.

Lié d'amitié avec le savant imprimeur et bibliophile Ambroise-Firmin Didot, qui savait comprendre une passion égale à la sienne, il fit tirer, sur les presses de celui-ci, une foule d'opuscules et d'extraits patois d'ouvrages rarissimes. Ces plaquettes étaient ensuite cartonnées ou reliées délicatement, selon leur importance, par Capé ou par Trautz-Bauzonnet[1]. Toutes ces impressions n'ont été tirées qu'à peu d'exemplaires, souvent deux ou trois, sur des papiers de choix ou de couleur, que Burgaud se faisait une joie d'offrir à quelque savant de ses amis. Il achetait parfois des livres dont le sujet ne rentrait pas dans le cadre de sa collection, mais qu'il offrait soit à un dépôt public, soit à un homme de lettres peu fortuné[2]. Ces délicatesses de grand seigneur le rattachaient aux mécènes d'autrefois, dont le type le plus original est l'illustre Fabri de Peiresc.

On se souvient des dons faits par Burgaud à la Bibliothèque du Louvre, et la part qu'il prit à la reconstitution de ce magnifique dépôt. « Enfin, dit Edouard Fournier, nous même, il y a cinq ou six ans, n'avons-nous pas, de concert avec notre savant ami. M. Burgaud des Marets, fait acheter par la Bibliothèque impériale trois ou quatre feuillets d'un prix inestimable, que le libraire Guillemot avait découverts en décartonnant un mauvais petit livre d'heures qui provenait de la vente des doubles de la bibliothèque d'Orléans. Ces feuillets n'étaient pas moins que des *fragments* de deux des Almanachs que Rabelais fit imprimer à Lyon, de 1533 à 1550, et au sujet desquels il y avait, depuis tantôt cent ans, dispute envenimée entre les biographes du grand Alcofribas [3]... »

C'est ainsi qu'on trouve le nom de Burgaud des Marets dans

---

(1) A peu d'exceptions près, c'est Capé qui était chargé des demi-reliures en maroquin ; quant à Trautz il montrait son talent dans les demi-reliures en veau fauve et dans les reliures pleines, en veau ou en maroquin.

(2) A. de La Fizelière. *Bulletin du Bouquiniste.* 1873, 8°, p. 244.

(3) *Gazette des Beaux-Arts.* Paris, 1862, vol. XIII, p. 39 ; reproduit dans l'*Art de la reliure en France*, par Ed. Fournier. Paris, E. Dentu, 1888, in-16, p. 40.

une foule de documents bibliographiques. Les auteurs du supplément au *Manuel du Libraire* mentionnent à chaque instant le catalogue de sa bibliothèque [1].

« M. Louis Jouve nous cite un savant philologue, M. Burgaud des Marets, qui s'est composé une bibliothèque spéciale de tout ce qui s'est écrit, de tout ce qui s'écrit chaque jour en patois et sur les patois. De cette Babel où sont entassées tant de richesses bibliographiques, doit sortir quelque jour, un véritable monument sur les patois de la France [2].. »

Un des libraires qui lui fournirent le plus de raretés fut M. Caen, avec qui le lecteur a déjà fait connaissance au cours de ce livre. Mais Burgaud avait des correspondants partout, même à l'étranger ; payant au poids de l'or tout ce qui pouvait enrichir son sujet préféré [3]. Il poussait encore plus loin l'embellissement de sa bibliothèque : lorsqu'un auteur lui faisait parvenir un de ses ouvrages, Burgaud s'arrangeait de façon à se procurer le manuscrit autographe ou une lettre relative au sujet traité, et reliait le tout en tête.

Tous les volumes dont la première reliure laissait à désirer, étaient remis entre les mains des deux maîtres ès-reliure nommés plus haut, qui réparaient avec art l'œuvre à eux confiée.

Le cabinet de Burgaud de Marets était réputé partout en France. Joanne le cite parmi les principaux de la capitale [4]. Le libraire François place Burgaud au rang des principaux bibliophiles, il l'inscrit même, avec juste raison, au nombre des bibliographes patois [5]. En effet, des connaissances bibliographiques étendues

---

(1) Les bibliothèques de Burgaud des Marets et du prince L.-L. Bonaparte sont citées aussi dans un article signé : G. B. [Gust. Brunet]. Des bibliothèques spéciales. *Bull. du Bibliophile*, 1867, 8°, p. 83.

(2) *Revue des Provinces.* T. III. 1864. 8°, p. 553. Art. signé : Ferd. Grimont.

(3) Beaucoup de ses livres provenaient des bibliothèques de grands érudits : Anquetil-Duperron ; B. de Lamonnoye ; César Cantu ; J.-Ch. Brunet ; Walkenaer ; Libri ; A. Deluc ; Renouard ; Ch. Nodier ; Pierquin de Gembloux ; J. Xaupi ; E. Burnouf ; Eloi Johanneau, qui lui-même tenait beaucoup de livres précieux de son ami La Tour d'Auvergne. Quelques autres avaient appartenu à des bibliophiles : Cte de Toulouse ; Louis-Philippe ; Mis de Morante ; Mis de Caumont La Force, Boileau ; Cte Imbonati ; de Rosny ; etc.

(4) *Paris illustré en* 1870. Paris, Hachette, 8° p. 843.

(5) *Le Chasseur bibliographe*, n° 3. Mars 1862, 8°. Préface, et p. 21.

étaient absolument indispensables à notre collectionneur. Peu d'amateurs avant lui s'occupèrent de ce genre d'ouvrages. On faisait fi de ces petits livrets rustiques dont la plupart sont perdus aujourd'hui par suite de la négligence de détenteurs peu soigneux, et aussi par la main ignorante des enfants. Il est donc permis de dire qu'il fut le premier à les recueillir avec une méthode aussi rigoureuse, et sa collection restera le modèle du genre [1].

Tous ceux qui ont eu la faveur de voir les livres de Burgaud des Marets, rangés dans les belles vitrines en bois d'érable de son salon de la rue La Bruyère, en ont gardé un souvenir inoubliable.

On y admirait le *Gueroco guero* de Pierre d'Axular, un des rares exemplaires connus, en maroquin rouge de Trautz[2]. L'*Imitation*, traduite par Chourio, également en maroquin de Trautz. Le *Kalendrera bazco*, imprimé par Pierre Haultin en 1571, un des livres basques les plus rares, habillé d'un maroquin lavallière de Capé. *Lou Banquet*, de Gaillard, 1619, relié par le même Capé. *Lou jardin deys musos provençalos*, 1665, en maroquin rouge de Trautz-Bauzonnet. *Los Fors et Costumas de Béorn*, 1552, de toute rareté. *Lo Tasso napoletano* de 1689, dans une reliure de Capé de la plus pure exécution. Le *Dictionnaire François-Breton* de feu M. de Chalons, 1723, 4 vol. in-4°, manuscrit d'une grande importance, ayant appartenu à Touzée et à Eloi Johanneau. Le *Catechima laburra de Belapeyre*, 1696, ouvrage rarissime comme le *San Frances de Sales* de S. Pouvreau, 1664. *La Gente Poitevin'rie*, 1605. Les *Œuvres de S. Catherine de Sienne*, en Castillan, 1512, rare et belle impression espagnole..., il faudrait tout citer !

Le possesseur de tant de trésors aurait pu mettre sur ses livres : *Burgaudii et amicorum*, à l'exemple de Grolier, car il les prêtait obligeamment à tous. Mais la vanité avait si peu de part dans la passion de ce grand bibliophile, qu'il ne mit aucune marque de

---

(1) « En 1732, M. le comte de Maurepas eut la curiosité de faire mettre dans sa bibliothèque tout ce qu'il y avait de meilleures poésies dans les divers patois du royaume... » Lettre de l'abbé Caldaguès. Voy. cette intéressante lettre dans *Mém. de la Société royale des antiquaires de France*. Paris, 1836, 8°, T. XII. Nouv. série. T. II. p. 350. Bibl. nat[le]. 8° Lc. 18

(2) Au sujet de ce volume voy. le n° 18 de l'Appendice.

possession sur ses livres : nulle signature, nul ex-libris ne s'y rencontrent.

En 1870 la bibliothèque de Burgaud se trouvait à son apogée, et le canon prussien le fit trembler plus d'une fois pour la précieuse collection dont il ne songeait pas encore à se séparer.

Burgaud des Marets possédait une fortune de près d'un million, largement ébréchée à cette époque, non seulement par ses goûts de collectionneur, mais aussi et surtout par sa générosité naturelle, car il ne refusa jamais aux malheureux le secours de sa bourse.

Il essayait depuis quelque temps de ramener la dite fortune à son premier état, mais par des moyens d'une candeur touchante. Ne se mêla-t-il pas de faire des opérations de Bourse, de jouer, ou plutôt de faire jouer pour son compte, et l'on sait ce que cela rapporte aux *non initiés*. Burgaud prouva une fois de plus l'exactitude de cette pensée de Joubert : « Les gens d'esprit traitent souvent les affaires comme les ignorants traitent les livres : ils n'y entendent rien. » Il travailla si bien à donner raison au fin moraliste que son argent passa peu à peu dans la poche des agioteurs et de certains aigrefins. Il ne lui resta bientôt plus que quelques bribes insuffisantes pour maintenir son train de maison.

La guerre, la commune et la perte de sa fortune contribuèrent à aggraver sa santé déjà très précaire. Cependant le philosophe prenait le dessus : il plaisantait en paroles et en écrits ses infirmités, et conservait assez de sérénité pour corriger les épreuves de la deuxième édition du Rabelais et parfaire les notes de Montaigne.

Au mois de juillet 1872, une attaque d'apoplexie le surprit au milieu de ses travaux. Deux lettres à A. d'Abbadie, la seconde principalement, nous font connaître ce douloureux événement :

« Très honoré et très aimé Maître.

Veuillez me pardonner, comme si j'étais criminel. Malgré les apparences, je ne le suis pas : je vous supplie de me croire. Le coupable, ce n'est pas moi, ce n'est pas la poste ; c'est mon *facteur particulier*.

Je vous dois mille remerciements et mille excuses.

J'enverrai mardi, s'il en est temps encore, un commissionnaire plus sûr chercher le précieux volume. Quant à ma justification, je prendrai la liberté de vous la présenter.

Je ne me consolerai jamais d'avoir offensé (bien que sans le

vouloir) l'homme dont je prise tant la science et le noble caractère.

A vos pieds.   H. Burgaud des Marets.
8 juillet 72. »

                              *
                            *   *

          « Très honoré Maître,

Je me suis présenté mardi, comme je vous en avais prévenu,
pour prendre le volume en question. Je n'ai pas trop compris ce
que me réclamait votre domestique ; je croyais qu'il suffisait de
lui donner mon nom.

Je devais retourner chez vous le lendemain, mais une maladie
imprévue m'a frappé comme un coup de foudre. Je vous supplie
donc de ne pas voir dans mon manque de parole un nouveau sujet
de reproche. J'espère, dès que je pourrai sortir, me justifier complètement auprès de vous.

Veuillez agréer,... etc. Burgaud des Marets. 12 juillet 72 [1]. »

                              *
                            *   *

Cette dernière lettre est de l'écriture d'un secrétaire ; Burgaud
n'a pu qu'y ajouter la date et la signer, d'une main extrêmement
tremblante.

L'année 1872 se passa ainsi tant bien que mal, plutôt mal que
bien, car la gêne et la maladie allaient croissant. C'est alors que
Burgaud songea à vendre une partie de sa collection, et tous les
amis des livres comprendront la douleur que dut lui causer cette
détermination.

Le prince L.-L. Bonaparte, affligé des détails que lui donna A.
d'Abbadie, répondit à celui-ci par la lettre suivante :

                    « Londres, le 9 mai 1873.

          Mon cher M. d'Abbadie,

..... Je suis très affligé à cause de ce que vous me dites du
pauvre Burgaud. Malheureusement je ne serai pas un concurrent
très redoutable pour les quatre ou cinq ouvrages qui manquent à
ma collection de plus de mille articles en langue basque, ou sur

____

(1) Correspondance de Ant. d'Abbadie, *loc .cit.* pièces 738 et 739.

le basque. Je ne serai pas un concurrent redoutable, dis-je, car je veux bien payer la valeur, et beaucoup plus que la valeur si cela est nécessaire, des ouvrages basques qui me manquent, mais je ne puis me résigner à payer pour leur reliure française, affreuse pour moi, et d'une très grande valeur pour d'autres. Il ne faut pas oublier qu'il y a des gens qui payent les reliures plus que les livres. Je serai toujours battu par eux.

C'est cette même maudite reliure qui m'empêche d'essayer même d'acheter une bonne douzaine d'ouvrages en langue français que je possède déjà, mais qui ne sont pas si beaux que ceux de notre excellent Burgaud.

En effet, comme je serais obligé de les faire relier de nouveau pour pouvoir les lire et m'en servir, il se trouverait qu'après cette seconde reliure, les ouvrages acquis seraient moins grands et moins beaux que ceux que je possède. J'espère toutefois que cet excellent ami vendra très bien sa belle collection, et après lui-même, j'en suis certain, personne n'en sera plus content que moi-même.....

Croyez-moi toujours votre aff⁶ [affectionné].

L.-L. Bonaparte [1]. »

*
* *

Burgaud espérait que le produit de la vente de ses livres suffirait à dédommager ses créanciers, et à le faire vivre paisiblement jusqu'à sa mort. On verra plus loin combien cet homme éminent se trompait sur ce chapitre, ainsi d'ailleurs que sur tant d'autres.

L'hiver se passa d'une façon lamentable. Des crises de paralysie, consécutives à l'attaque d'apoplexie du mois de juillet, avaient mis le savant dans la plus triste situation. Voyant chaque jour s'aggraver son état, il résolut de vendre sa bibliothèque dans les premiers mois de 1873. Il s'adressa dans cette intention à **MM.** Maisonneuve et Cte qui avaient la spécialité des ouvrages de linguistique.

Dès le mois de mars 1873, M. Maisonneuve lança un prospectus de seize pages (les 16 premières pages du grand catalogue ; langue basque, du n° 1 au n° 163) annonçant la vente pour le courant d'avril ; mais celle-ci ne commença que le 5 mai suivant. Au verso

---

(1) Correspondance de Ant. d'Abbadie, *loc. cit.* pièce 620.

de la couverture de ce prospectus se trouve une note des libraires qui fait l'éloge de la bibliothèque, et qui débute ainsi :

« La collection que nous mettons en vente est une véritable bibliothèque dans l'acception complète du mot. Elle est, sans contredit, dans sa spécialité, la plus curieuse et la plus riche qui ait jamais été faite en France. C'est, en résumé, l'œuvre d'un chercheur passionné et infatigable qui a consacré quarante années de sa vie à la former..... »

L'éloge n'est pas outré [1]. Cette bonne bibliographie patoise fut établie d'après les notes et les conseils de Burgaud des Marets. Peu après fut imprimé le catalogue général de la vente qui eut lieu le 5 mai ; elle dura douze jours, mais son succès fut loin d'atteindre ce qu'en espérait Burgaud. Cependant il faisait bonne figure et se montrait satisfait pour ne pas chagriner ses amis, et ceux-ci le croyaient sur parole :

« Aldergrove Lodge, High Beech. Essex. le 30 mai 1873.

Mon cher M^r d'Abbadie,

Je vous remercie de la bonne nouvelle que vous me donnez de la vente des livres de Mr Burgaud. Je suis vraiment content qu'elle lui ait été profitable..... Votre aff^e [affectionné].

L.-L. Bonaparte [2]. »

* * *

Le peu de succès de la vente était dû aux récentes calamités. Au lendemain de la guerre et de la commune, beaucoup d'amateurs ne vinrent pas qui en d'autres temps eussent accouru en foule. M. Maisonneuve acheta pour son compte plus de la moitié des livres, soit 1.367 numéros sur les 2.275 que comportait le catalogue. Le reste fut acheté par d'autres libraires et quelques rares amateurs. 173 numéros furent retirés à la vente ; il y eut 11 manquants ; en outre, les numéros 802, 1.035 et 1.036 n'existent pas sur le catalogue.

(1) A. de La Fizelière consacra à la Bibliothèque de son ami Burgaud un article qui parut dans le *Bulletin du Bouquiniste*, 1873, 8° (p. 243-245).

(2) Correspond. de Ant. d'Abbadie, *loc. cit.* pièce 626.

Exception faite de quelques volumes qui atteignirent un prix respectable, le tout se donna pour une somme dérisoire. Le numéro 193, *Kalendrera bazco...* imprimé à La Rochelle en 1571, par Pierre Haultin, en maroquin lavallière de Capé, fut adjugé 900 fr. A ce sujet, les auteurs du *Supplément au Manuel du Libraire*, [v° Kalendrera] disent que ce volume, relié en vélin, fut acheté 10 fr. par Burgaud à la vente Renouard, en 1854, et que sa reliure de Capé, qui ne changeait guère sa valeur (?) ne justifiait pas le prix considérable de 900 fr. auquel cet ouvrage s'adjugea en 1873. Par contre, les mêmes auteurs jugent ainsi la vente du n° 2044 : *Pedennou har instructionou Christen...*, par Ch. Le Bris, Brest, 1712, 8°, en maroquin lavallière de Trautz-Bauzonnet ; adjugé en 1873, à 25 fr « cette somme, disent-ils, ne représente pas le prix de la reliure. »

Ces deux notes se contredisent. Il est évident que les prix de vente ne prouvent rien quant à la valeur intrinsèque des livres. Il suffit de deux amateurs désireux d'acquérir le même ouvrage pour que celui-ci, longuement disputé, s'adjuge à un prix souvent élevé, hors de proportion avec la valeur réelle du volume. Le manque d'amateurs produit l'effet inverse. Mais que diraient P. Deschamps et G. Brunet devant les prix fabuleux auxquels s'adjugent aujourd'hui les livres à l'Hôtel Drouot ?

Seize volumes seulement atteignirent ou dépassèrent 100 fr. ; cinq dépassèrent 200 fr.; deux, 300 fr.; deux, 400 fr.; et le prix le plus élevé, 900 fr., fut atteint par le n° 193, dont nous venons de parler plus haut. Des manuscrits inédits, des ouvrages très rares, uniques, en reliures impeccables, se vendirent à des prix de brocanteurs.

Sur un exemplaire du catalogue, avec les prix d'adjudication, appartenant au libraire L. Gougy, à Paris, le total de la vente s'élève à 21.919 fr. 65. D'après notre exemplaire (également avec les prix) provenant du libraire L. Joly, le total serait de 27.140 fr. Enfin, pour mettre l'accord, nous avons eu recours aux registres de Mᵉ Desvouges, commissaire-priseur et successeur, après Mᵉ Delestre, de Mᵉ Delberque-Cormont qui dirigea la vente. Ces documents officiels accusent un total de 21.778 fr. 75 nets, ce qui met les volumes à 9 fr. 50 environ, l'un dans l'autre.

C'est donc pour cette somme dérisoire qu'a été adjugée la plus belle collection patoise qui fut jamais. On devra toujours regretter qu'un généreux amateur, une ville, ou même l'un des grands établissements de Paris, n'ait pas eu l'idée d'acquérir en bloc cette bibliothèque si parfaite à tous les points de vue et qu'on ne refera jamais.

Burgaud des Marets retira donc à peine le dixième de ce que lui avaient coûté ses livres, et le produit de la vente ne fut qu'une atténuation légère à ses besoins d'argent. Il lui restait encore une grande quantité d'ouvrages qu'il réservait pour ses travaux futurs, mais la mort vint et ceux-ci, achetés en bloc par le libraire Maisonneuve, formèrent, en 1874, un second catalogue à prix marqués.

Il est curieux de noter que pas un livre polonais, pas une traduction de Burgaud, aucune de ses œuvres françaises, ne figurent dans ces deux catalogues. Il est vraisemblable que par délicatesse, ou pour tout autre motif, Burgaud les aura fait disparaître d'une manière quelconque.

Dans le catalogue de 1874, M. Maisonneuve a fait figurer quelques volumes qui n'ont jamais appartenu à Burgaud des Marets : Le n° 2318, *Dictionnaire basque-français*, de Van Eys, édité par Maisonneuve, 1873. Le n° 2909, *Corpus inscriptionum Italicarum*, de Fabretti, qui est suivi de la note suivante : « Nous avons acquis tout le fonds de cette importante publication, en société avec MM. Bocca frères, de Turin. Nous ne vendrons que peu d'exemplaires à ce prix (91 fr. 20). » Le n° 3400, *Ethnogénie gauloise*, de Roger de Belloguet, également suivi de longues notes de réclame, dont nous ne retiendrons que ces mots : « On vend séparément : vol. I. *Glossaire gaulois*... » etc.

Ces notes prouvent que le libraire possédait ces ouvrages en nombre. A côté de doubles, de raretés et de curiosités de toute espèce, le catalogue de 1874 contient quelques ouvrages médiocres. Chose extraordinaire, malgré cette seconde vente, il restait encore, ou il avait été vendu à part et d'une façon qui a échappé à nos recherches, une certaine quantité de livres précieux. La hâte fébrile avec laquelle on procéda, avant et après la mort de Burgaud, à la vente de ce qui restait de sa collection et de ses meubles, nous a toujours étonné. Nous en citerons pour preuve les exemples suivants :

Notre regrettable ami François Fertiault acheta, peu après la mort de son voisin Burgaud, chez un brocanteur du boulevard Haussmann, un manuscrit cartonné avec dos de vélin portant ce titre : Marchadier. *Patois Cognaçais*. Ce manuscrit contenait huit lettres de M. Marchadier à Burgaud des Marets [1], 37 pages de glossaire et 34 pages de rondes, branles et chansons en patois saintongeais. Nous sommes heureux que cet intéressant ouvrage ait été cédé par notre entremise à M. Maurice Martineau. Ce dernier bibliophile acheta à son tour chez le libraire L. Gougy, qui le tenait lui-même de M. de Caussade, le manuscrit autographe du *Lexique Jarnacais*, si souvent annoncé par Burgaud sur les couvertures de ses ouvrages patois. Ces deux manuscrits, précieux pour l'histoire littéraire de la Saintonge, n'ont pas figuré sur les catalogues de vente. Il est permis de supposer que d'autres ouvrages se sont trouvés dans ce cas.

Enfin, M. René Vallery-Radot trouva, chez un antiquaire de la rue Vanneau, le pupitre en bois d'érable ayant appartenu à Burgaud des Marets, et portant inscrutées ses initiales : B. M. L'antiquaire n'avait jamais voulu se séparer de cet accessoire de bureau dont les initiales répondaient précisément à celles de sa jeune fille, qui se servait de ce pupitre pour écrire ses devoirs d'écolière. M. Vallery-Radot, qui désirait ardemment se souvenir d'un ami, finit, à force de supplications, par obtenir qu'on le lui cédât. Voilà donc un autre débris du mobilier de Burgaud sauvé pour longtemps.

*
* *

Nous avons fait jadis plusieurs démarches auprès de M. Maisonneuve dans le but d'obtenir de son obligeance quelques détails sur la vente de la fameuse collection patoise. Après nous avoir assuré de son concours, M. Maisonneuve revint sur sa promesse, dans une lettre qu'il nous écrivit alors. Il redoutait notre travail parce que, disait-il, « la plupart de ces ouvrages sont encore en vente chez moi... » M. Maisonneuve avait bien tort de craindre nos révélations, car notre ouvrage paraît plus de quinze ans après cet incident et ne saurait, par conséquent, lui causer aucun préjudice.

On a vu que le total de la vente de 1873 avait produit 21.788 francs 75. Or, les 1367 n°ˢ achetés par M. Maisonneuve, qui repré-

---

(1) Nous avons publié une grande partie de cette correspondance. Voy. *supra*.

sentent près des deux tiers du catalogue (2275 numéros), figurent
à la fin du catalogue de 1874 pour la somme de 30.162 fr. 35.
Quant aux ouvrages décrits dans ce dernier (1285 numéros), ils
atteignent des prix beaucoup plus en rapport avec leur valeur
(total : 27.123 fr. 55). D'après ces chiffres seulement, on peut dire
que si la vente de cette admirable bibliothèque avait eu lieu de
nos jours, le produit aurait largement dépassé 300.000 francs.

En 1911, M. Maisonneuve possédait encore, comme il le dit
dans sa lettre, une grande quantité de livres provenant de cette
collection. Peu après, il publia quelques catalogues à prix marqués, dans lesquels il inséra, çà et là, plusieurs de ces précieux volumes. Nous avons eu la légitime curiosité de comparer les prix
de la vente de 1873 à ceux de 1911-1912 ; cet examen nous a permis de constater que M. Maisonneuve n'avait pas fait une trop
mauvaise opération en achetant la plus grande partie de la bibliothèque de ce pauvre Burgaud [1].

Il en a été de même des livres achetés par d'autres libraires,
mais il faut dire que ceux-ci leur firent subir une augmentation
plus discrète. Dans un catalogue du libraire Fontaine [2], nous
trouvons trois ou quatre volumes ayant appartenu à Burgaud des
Marets, dont les principaux sont les numéros 1031 et 1032, correspondant aux numéros 979 et 1185 du catalogue de 1873. Achetés
respectivement 235 et 240 fr. à la vente, ils figurent l'un et l'autre
dans ce catalogue au prix de 350 fr.

(1) Le lecteur curieux de pousser plus loin la comparaison pourra,
avec l'aide du Catalogue de 1873, retrouver beaucoup de livres de Burgaud des Marets dans les Catalogues suivants :
2° *Bulletin d'un beau mélange d'ouvrages anciens et modernes en toutes langues...*, par J. Maisonneuve, ex-libraire-éditeur... Paris, s. d. [vers
la fin de 1911] broch. in-8° sur pap. vert.
3° *Bulletin... ibid.* sur pap. gris.
4° *Bulletin... ibid.* sur pap. jaune.
*Bulletin de livres anciens et modernes en toutes langues sur les cinq
parties du monde...*, par J. Maisonneuve. Paris, janvier 1912, broch.
in-8° pap. rose.
(2) *Catalogue de livres anciens et modernes, rares et curieux de la
librairie Auguste Fontaine.* Paris. A. Fontaine, libraire. 1875, gr. in-8°

Nous ne pouvons terminer ce chapitre sur la bibliophilie sans dire quelques mots des ouvrages patois de Burgaud des Marets, qui ne sont à dire vrai que de simples plaquettes tirées à très petit nombre. Il n'y en a que peu d'exemplaires dans le commerce, la majeure partie de ceux-ci se trouvant dans les bibliothèques publiques et, de ce fait, leur rareté augmente de jour en jour. Telle de ces brochures dont le prix de vente était de 2 ou 3 fr., monte aujourd'hui à 35, 40 ou 50 fr., et davantage si l'exemplaire est en papier de chine ou de couleur ; 100 et 150 fr. sur peau de vélin, en reliure de Capé. Le mot rarissime, dont abusent certains libraires sur leurs catalogues, n'est pas exagéré quand il s'applique aux ouvrages de Burgaud des Marets.

Ces fables et ces contes, écrits dans un patois vigoureux, qui n'exclut pas la finesse la plus matoise, la verve la plus spirituelle et la plus endiablée, ont fait les délices des contemporains de l'auteur. Cette admiration pour le plus grand poète patois de la Saintonge s'est transmise à la génération suivante et, aujourd'hui, les habitants des deux Charentes réclament avec insistance une réimpression complète de ces œuvres qui non seulement sont précieuses pour l'histoire littéraire de notre province, mais sont aussi un merveilleux antidote contre la neurasthénie contemporaine.

Nous apporterons le plus grand soin à cette édition à laquelle nous travaillons depuis longtemps. Bien placé, par le présent travail, pour une entreprise de ce genre, nous avons relevé toutes les variantes, toutes les notes éparses dans les papiers de l'auteur et dans certaines bibliothèques particulières ou publiques.

Nous ne manquerons pas d'y joindre *La Maleisie à Piarre Bounichon*, cette rarissime bluette : *Molichou et Garçounière*, et quelques poésies inédites. Mais la guerre de 1914-1918 ayant eu pour effet de prolonger d'une durée de six ans la propriété littéraire de ces œuvres, notre édition ne pourra voir le jour — sans danger de procès — qu'en 1929 exactement. Elle tiendra en un copieux volume in-12, dont le prix sera à la portée des bourses les plus modestes.

*
* *

A dater du moment où il se sépara d'une partie de sa bibliothèque Burgaud des Marets n'eut plus qu'une existence précaire et douloureuse. Privé d'un œil et de l'usage complet du bras gauche, la bouche déformée, le corps tordu par la souffrance, le savant n'est plus qu'une triste épave dirigée par le cerveau demeuré lucide. C'est ainsi que l'ont vu, sur son lit de douleur, Ant. d'Abbadie, Th. Baudement, Em. Bégin et Mme Bégin, Ladislas Mickiewicz, Désiré Nisard et Vallery-Radot.

Burgaud a conservé des livres et les manuscrits des ouvrages projetés. Des poésies ébauchées, où le rimeur s'efforce de plaisanter son mal, gisent çà et là, près de lui, à côté des commentaires plus graves de Rabelais et de Montaigne. Il met de l'ordre dans ses papiers ; il classe les uns, détruit ou brûle les autres. Il écrit à Ant. d'Abbadie :

« Très honoré Maître,

En triant ce qui ne m'appartient pas, j'ai trouvé quelques articles vôtres, et je vous les adresse.

Si vous pouvez faire revenir le glossaire de Pouvreau [1], resté entre les mains de l'abbé Inchauspe, je vous en serai fort reconnaissant.

Veuillez agréer l'assurance de ma haute estime et de mon dévouement.

9 mai 1873.   H. Burgaud des Marets, 21, rue Labruyère. »

Sur cette lettre, écrite d'une main tremblante de malade, Ant. d'Abbadie a mis en note « Visité, mai 10 ». Celui-ci s'empressa de faire connaître la gravité de l'état de leur ami commun au prince L.-L. Bonaparte qui lui répondit :

« Aldergrove Lodge, Highbeech, Essex. le 27 juin 1873.

Mon cher M^r d'Abbadie,

J'aurais dû vous accuser plus tôt réception du petit volume de Fabre, qui est arrivé à Londres en condition parfaite... Je vous remercie pour les nouvelles que vous me donnez de mon pauvre Burgaud. Espérons toujours qu'il puisse se remettre...

V/aff^e [votre affectionné].

L.-L. B. »

*
* *

(1) Il s'agit sans doute du n° 247 du Catalogue de 1873. Cet ouvrage figurait sur le Catalogue de vente ; c'est pourquoi Burgaud le réclamait avec insistance. Ant. d'Abbadie le lui rapporta peut-être le 10 mai, lors de sa visite, car le volume fut adjugé le 17 mai suivant, au prix de 390 fr.

Devenu pauvre, Burgaud n'a plus pour le soigner que sa vieille et fidèle servante, dont le mari est mort récemment. Cette brave femme, qui ne reçoit plus de gages, demeure quand même auprès du savant. Elle fait mieux encore, elle entreprend des ménages dont le produit lui permettra d'adoucir les derniers jours de son maître bien aimé. Ce dévouement admirable mérite d'être fixé ici, mais d'une manière incomplète, car nous n'avons pu trouver le nom de cette modeste héroïne.

Le bel appartement de la rue La Bruyère jure avec la détresse du savant qui songe à terminer ses jours dans un cadre mieux en harmonie avec sa pauvreté. Dans cette intention il prie Mme Bégin de lui trouver un asile plus modeste. Cette dame s'empresse de satisfaire au désir de Burgaud qui reçoit la lettre suivante, dont nous conservons l'orthographe ; lettre touchante et respectueuse d'une femme du peuple :

« Monsieur,

Je regrette beaucoup que mon marri ne puisse aller vous rendre réponse pour les app^t [appartement] que nous avons trouvé pour vous. Mais il est malade au lit depuis 2 jours et je ne puis le quitter ; et cependant j'aurais bien désiré allez chez vous Monsieur vous donner le détaille de celui qui me paraît devoir le mieu vous convenir qui est celui de la rue de Monceau au rez-de-chaussée. Si vous pouviez Monsieur prendre une voiture avec l'aide de votre bonne vous me prendrez en passant, si toute fois Monsieur cela peut vous être agréable, et je me ferais un plaisir Monsieur de vous accompagner, la rue Monceau est près de chez nous à deux pas du Parc, Alexis pourra avoir l'honneur de vous offrir son bras pour vous promener.

Si d'ici mardi matin nous n'avons pas eue l'honneur de vous voir, Alexis prendra une voiture à 8 heures du matin avant qu'il fasse trop chaud et il ira vous prendre Monsieur car l'app^t du 9 rue Monceau est je le vois celui qui vous conviendra vu le jardin.

Agrée Monsieur je vous prie l'assurance de tous mes respects.

f^e Gillet.

Ce dimanche [fin mai 1873], 17, rue Téhéran, près la rue de Lisbonne. »

*
* *

Puis Burgaud change d'avis ; tantôt le logement lui convient, tantôt il abandonne toute idée de s'y retirer. De nouveaux scrupules le harcèlent, il ne sait plus que faire, et il écrit à Mme Bégin :

« Paris, 2 juin 1873,

Chère Madame,

Des circonstances nouvelles me mettent dans un grand embarras par rapport à la location projetée. Je vous demande mille pardons de la peine que je vous ai laissé prendre ; mais je ne puis encore m'arrêter à rien, ma bonne n'ira pas vous déranger demain. Mille amitiés au docteur et pour vous mes respectueux hommages. Votre respectueux serviteur, Burgaud des Marets. »

Mme Moreau, alors petite enfant, accompagnait sa tante dans les nombreuses visites que cette dame et son mari firent à leur malheureux ami Burgaud. Mme Moreau a retenu deux souvenirs de cette époque : la bienveillance du savant et sa bonne humeur, malgré les souffrances endurées. Burgaud lui tapotait les joues et lui attachait des cerises aux oreilles. L'enfant s'aperçut aussi que l'appartement se vidait peu à peu, si bien qu'au mois de septembre il ne restait plus guère de meubles.

Les visites au chevet du savant deviennent de plus en plus rares, mais il reçoit fréquemment les encouragements et les secours matériels de ses fidèles amis. Voici probablement le dernier billet qu'il écrivit au docteur Bégin :

« Paris, 14 juillet 1873.

Mille mercis, cher ami. Si mes yeux ne sont plus curieux de rien, mon cœur est toujours sensible aux bonnes pensées. Merci donc, âme charitable, âmes charitables, devrais-je dire, puisque vous faites le bien en partie double.

S'il est une fleur qui me doive charmer jusqu'à la fin, c'est la fleur du souvenir. Merci encore, âmes charitables.

Burgaud des Marets. »

La famille de Burgaud ignore la situation lamentable du savant qui se garde bien de trop l'éclairer. Il veut mourir seul, loin

de tous, pour n'infliger à personne la vue de sa triste déchéance.
Chaque jour qui s'écoule fait descendre le poète d'un degré dans
le cercle infernal de la douleur et de la mort. Il songe amèrement
aux travaux qui encombrent sa table de travail : *Le livre des
Pèlerins polonais*, d'Adam Mickiewicz [1], dont la traduction est
achevée ; les notes et le glossaire de Montaigne fort avancés ; des
commentaires sur le cinquième livre de Rabelais et sur la lettre à
Guillaume Budé ; le dictionnaire saintongeais ; des fables nouvelles en patois ; un ouvrage sur les poètes hongrois[1], sa correspondance, et peut-être d'autres travaux dont on ne saura même
jamais le titre.

Le poète se proposait de donner une quatrième édition de ses
œuvres patoises. Dans ses papiers se trouve une chemise qui devait contenir les pièces destinées à entrer dans cette publication,
et sur laquelle il avait écrit : « *Rimes saintongeaises*, par H. Burgaud des Marets, 4° édition revue et augmentée, Paris, 1873. »
Nous donnons à l'Appendice (n°ˢ 10, 12, 13 et 14) plusieurs poésies inédites, qui devaient vraisemblablement figurer dans cette
édition.

*
* *

Un jour, Burgaud, se sentant plus mal, fait un effort et se
traîne vers la cheminée qu'il bourre de tous ses papiers, et y met
le feu, ne voulant pas sans doute laisser tant de travaux inachevés.
C'est au plus bel instant du sacrifice qu'un cousin de Mme E. Vivier
arrive à l'improviste et assiste, impuissant, à cette destruction[2].
Peu de papiers ont échappé au feu, ce qu'il en reste est passé dans
les mains de son cousin, M. Faure, de Jarnac, qui a bien voulu
nous les communiquer en nous offrant généreusement d'en conserver une partie : quelques lettres, une étude avec de nombreuses
variantes sur la lettre de Rabelais ; quelques poésies inédites ou

(1) Ces deux ouvrages étaient complètement terminés et prêts pour
l'impression, car ils sont annoncés au verso de la couverture inférieure
du T. I. des *OEuvres de Rabelais*, 2ᵉ édition. Paris, Didot, 1872. Sous
presse : *Le Livre du Pèlerinage des Polonais*, traduit de A. Mickiewicz,
par H. Burgaud des Marets, 1 vol. in-18 jésus. 2 fr. *Les Poètes hongrois*,
par H. Burgaud des Marets, 1 vol. in-8°, 8 fr. — Malgré de laborieuses
recherches, les manuscrits de ces ouvrages n'ont pu être retrouvés.

(2) Fait confirmé par M. Faure, cousin de Burgaud, par M. Eutrope
Lambert et par Mmes E. Bégin et E. Vivier.

corrigées, une traduction de l'Evangile en patois messin, des
notes pour le glossaire saintongeais. Depuis, M. Faure a cédé à
M. M^{cc} Martineau tous les papiers qui lui restaient. [Voy. la Bibliographie].

Débarrassé du souci qui l'obsédait, Burgaud recouvre un peu
de sérénité. Pour subvenir à ses besoins, il vend de temps à autre
quelque meuble ou objet. Le docteur Bégin, qui désirait posséder
un souvenir de son ami, avait jeté les yeux sur les belles vitrines
de la bibliothèque, mais par délicatesse il n'osa en parler, et ce fut
F. de Caussade qui les obtint pour une bouchée de pain. D'autres
pièces moins importantes échouèrent chez les brocanteurs du voisinage.

Dans le courant du mois de septembre une terrible attaque
ébranle tout son être et cloue définitivement le savant sur son lit.
Voici l'automne, avec la traînée mélancolique des feuilles jaunes
roulées par le vent. Burgaud sent qu'il approche de la fin. Son
intelligence n'a pas faibli un seul instant, mais sa bouche contractée par la paralysie prononce difficilement les mots de reconnaissance à l'adresse de sa vieille domestique. Il veut lui laisser
des souvenirs, de l'argent. Il possède encore quelque bien à Jarnac, quelques objets à Paris, qui pourront dédommager ses derniers créanciers. Cet homme si bon, si expansif, a dû souffrir
cruellement de ne pouvoir exprimer d'une façon convenable ce
que lui dictait son cœur.

Le 6 octobre, Burgaud, assiégé par cette pensée, veut la matérialiser, et, pour donner plus de poids à ses dernières volontés, il
envoie sa servante acheter une feuille de papier timbré [1]. Lorsqu'elle revint, Burgaud des Marets venait de rendre le dernier
soupir ; il était onze heures du matin.

. . . .

Prévenu quelques jours auparavant de l'état critique du savant,
son neveu, le docteur Paulet, n'arriva à Paris qu'après le décès de
Burgaud. Ce fut lui qui s'occupa des derniers devoirs à lui rendre
et qui fit établir l'acte mortuaire [2].

(1) Renseignement verbal de M. Ladislas Mickiewicz.
(2) « Extrait des minutes des actes de décès du 9e arrondissement de
Paris. L'an mil huit cent soixante-treize, le sept octobre à neuf heures
trois quarts du matin acte de décès de Jean Burgaud, avocat, âgé de
soixante-sept ans, né à Jarnac (Charente), décédé hier matin à onze heures, en son domicile, rue La Bruyère 21. Célibataire. Dressé par nous

Il n'y eut aucune cérémonie à Paris, et la plupart des amis de Burgaud n'apprirent sa mort que par la lettre de faire-part. Notre ami, P.-P. Plan nous a offert celle qui fut adressée à Marty-Laveaux. En voici la teneur :

« M

Monsieur le docteur Paulet et Madame Paulet, Monsieur le docteur Durieux et Madame Durieux et leurs enfants ; Monsieur Auguste Picot, Receveur d'Enregistrement et ses enfants, ainsi que ses cousins et cousines ;

Ont l'honneur de vous faire part de la perte douloureuse qu'ils viennent de faire en la personne de

Monsieur JEAN-HENRI BURGAUD DES MARETS, Docteur en droit.

leur oncle et cousin, décédé le 6 octobre 1873, en son domicile, 21, rue de La Bruyère, à l'âge de 67 ans, muni des Sacrements de l'Église.

Priez pour lui [1]. »

*
* *

Les journaux de Paris n'ont pas dit un mot de la mort de Burgaud des Marets ; ceux de la région saintongeaise n'ont guère été plus loquaces, témoin cette note de l'*Indicateur de Cognac* du 9 octobre 1873 : « Nous apprenons la mort à Paris de M. Burgaud des Marets, originaire de Jarnac. »

La dépouille mortelle du savant arriva peu après à Jarnac, et fut déposée dans une chapelle de l'église. L'inhumation eut lieu le vendredi 10 octobre 1873 par une triste matinée d'automne, au milieu d'une grande affluence de parents et d'amis. Les registres de la paroisse ont conservé le souvenir de cette cérémonie, on y lit : « L'an 1873, le 10 octobre, à onze heures du matin, le corps de Monsieur Henri Burgaud, décédé le 6 du présent mois dans sa maison à Paris, paroisse de la Sainte-Trinité, rue de [La Bruyère, 21], a été inhumé dans le cimetière de cette église par nous soussigné curé en présence de M. Philippe Paulet, son neveu, docteur

Albert-Henri Yver adjoint au Maire, officier de l'état-civil du 9e arrondissement de Paris. Sur la déclaration de Charles Berthier, âgé de trente-huit ans, clerc d'avoué, demeurant même maison, et de Philippe-Pierre Paulet, âgé de cinquante-sept ans, docteur médecin, demeurant à Jarnac, neveu du défunt, qui ont signé avec nous après lecture. Suivent les signatures. »

(1) Au dos, on lit, d'une large écriture : « Monsieur Marty-Laveaux. »

en médecine et de M. Frédéric Chemineau, négociant. Signature omise [Cognet, curé]. »

Burgaud des Marets dort son dernier sommeil dans un caveau de famille du cimetière de Jarnac. La chapelle qui le surmonte porte sur sa face nord quatre plaques de marbre noir avec des inscriptions en lettres dorées. La plaque concernant Burgaud est la troisième en partant de la gauche du spectateur. On y lit les mentions suivantes :

> « Ici reposent jusqu'à la Résurrection
> Françoise-Félicité
> Burgaud des Marets[1].
> Décédée à Jarnac le 21 juin 1820
> à l'âge de 18 ans.
>
> —
>
> Jean-Henri Burgaud des Marets,
> Décédé à Paris, le 6 octobre 1873,
> à l'âge de 67 ans. »

Les discours de rentrée de la Cour d'appel contiennent généralement l'éloge funèbre des avocats décédés dans le courant de l'année. Aidé de M. Ch. Boucher, bibliothécaire à la bibliothèque des avocats, nous avons cherché vainement les traces de l'éloge qui aurait pu être prononcé après la mort de Burgaud des Marets.

Cette omission ne peut s'expliquer que de deux façons, ou Burgaud avait donné sa démission avant de mourir, ou bien il avait demandé à ce qu'aucun éloge ne fut prononcé. Nous penchons pour cette dernière hypothèse.

Les renseignements relatifs à son décès ont été fournis à ce moment au secrétariat par un de ses amis, M. E. Agnel [2].

(1) Sœur aînée de Burgaud des Marets.
(2) Agnel (Emile). 1810-1879. Avocat et hommes de lettres ; a publié différents ouvrages de droit usuel : une traduction en vers des *Métamorphoses* d'Ovide (1852-1854), et des *Observations sur la prononciation et le langage rustiques des environs de Paris*. — Paris, Schlésinger, 1855. in-12.

Les derniers débris de la fortune de Burgaud des Marets ont été liquidés par les soins d'un notaire de Jarnac, M⁰ F. Oré, qui écrivit à Emile Bégin la lettre suivante :

Mᵉ Félix Oré   « Jarnac, le 1ᵉʳ mai 1874.

Notaire   Monsieur le docteur Bégin, à Paris,

Jarnac (Charente)   Les formalités judiciaires nécessaires pour la vente des immeubles de la succession de M. Burgaud ont été plus longues que je le supposais. L'adjudications des immeubles a été fixée au 7 juin. Aussitôt la vente faite et les formalités hypothécaires remplies, je m'occuperai sans retard de la distribution des prix de ventes aux créanciers.

Bonne note a été prise de votre créance.

Agréez, Monsieur, etc...   Félix Oré. »

Le docteur Emile Bégin et les autres créanciers de Burgaud furent désintéressés en 1874, soit par la famille, soit par les soins du notaire de Jarnac.

*
* *

IN MEMORIAM

Il est des hommes qui naissent avec une étoile au front. Rassemblées autour de leur berceau, les fées leur prodiguent les souhaits les plus magnifiques. Mais la fée capricieuse et malfaisante qu'on oublie souvent d'inviter est toujours là, cachée dans l'ombre, épiant le moment où elle pourra contrarier les prédictions de ses sœurs.

Burgaud des Marets a été l'un de ces hommes marqués par la fortune, mais la méchante fée a déjoué tous ses projets et, comme une véritable Euménide, elle s'est acharnée sur lui jusque dans la mort.

Ses amis, ses travaux, sa correspondance, ont été dispersés à travers l'Europe, et même beaucoup plus loin. Les documents qui le concernent semblent fuir sous la main, comme emportés par un vent jaloux. On lui dispute ses œuvres ou on les massacre en des réimpressions clandestines. Son nom, si sonore et si français, est sans cesse défiguré par tous ceux qui le citent ; les dates de sa naissance et de sa mort varient au gré de ses rares biographes.

Jamais la fatalité ne mit plus de soins à dérober sa victime aux investigations des curieux.

La plupart de ses travaux sont si parfaitement cachés sous le voile de l'anonymat que son nom aurait à jamais péri s'il n'eût été gravé dans le cœur de ses amis et au frontispice de l'un des plus beaux livres de la langue française, celui de Rabelais.

Beau, riche et savant, Burgaud des Marets a vécu comme ces artistes universels de la Renaissance, semant à tous vents les fleurs de son esprit et l'argent de son escarcelle.

Il est mort en chrétien résigné, dans la douleur subie stoïquement, dans la pauvreté, dans l'oubli...

Cet homme, d'un si beau caractère et d'une si grande intelligence, n'a cherché le bonheur que dans les joies de l'amitié, de l'admiration due au génie et de la charité envers son prochain.

On ne disparaît jamais complètement avec d'aussi nobles sentiments, parce que les élans du cœur et les hautes aspirations de l'âme échappent aux arrêts du plus cruel destin.

DEUXIÈME PARTIE

BIBLIOGRAPHIE

DES TRAVAUX DE

BURGAUD DES MARETS

(1830-1873)

BIBLIOGRAPHIE

MANUSCRITS

IL est inutile de reprendre ici les quelques travaux manuscrits de Burgaud des Marets qui, du reste, sont reproduits, avec des notes et l'indication des sources, soit au cours de notre travail, soit à l'Appendice.

Nous ferons exception pour les manuscrits réunis en volumes qui, eux, méritent une petite description.

*
* *

Recueil des Manuscrits de Burgaud des Marets. 3 vol. in-fol. (0,370 × 0,262). Ces trois volumes contiennent 719 pièces manuscrites.

Le docteur Ph. Paulet, neveu par alliance de Burgaud, hérita des papiers de son oncle. Ils appartinrent ensuite à Mme Faure-Chemineau, cousine de Burgaud. Cette dame me les confia, en m'offrant d'en garder tout ce qui me plairait. Très touché de cette offre généreuse, je me suis permis de conserver une partie de ce qui avait trait au patois saintongeais et à Rabelais.

A la mort de sa mère, M. Faure reçut à son tour le reste de ces papiers qu'il céda par la suite à M. Maurice Martineau, de Saintes.

Après nous être entendus, M. Martineau et moi, nous résolûmes de réunir nos deux lots. Je classai toutes les pièces, j'y ajoutai une courte notice et des tables, puis M. Martineau les fit relier. Voici ce que renferment ces trois volumes qui représentent, avec l'ouvrage suivant, tout ce qui reste des papiers que Burgaud avait résolu de détruire par le feu.

1er vol. Notice et tables. Pièces 1 à 253 : Correspondance, Patois saintongeais et autres patois. Fables et contes en patois saintongeais.

2e vol. Pièces 254 à 474. Notes sur Rabelais.

3e vol. Pièces 475 à 719. Fragments de traductions d'œuvres d'Adam Mickiewicz et traduction de l'Evangile selon saint Matthieu en patois messin.

*
* *

Dictionnaire du patois de Jarnac. 1 vol. in-4° (0,281 × 0,222), sur papier vergé de couleur. Manuscrit entièrement de la main de Burgaud des Marets. A chaque lettre de l'alphabet correspond une couleur différente. Il est composé de 373 feuillets non chiffrés, reliés en un cartonnage de toile verte. Il contient 3.917 mots.

Le manuscrit commence par ces mots : « L'alphabet jarnacais se compose des lettres suivantes... » (2 pages) ; suit la conjugaison des verbes : *avoir*, (3 pp.) ; *aimer*, (1 p.) : *finir*, (1 p.) ; *voir*, (1 p.) ; *boire* et *croire*, (1 p.) ; puis vient ce titre : « *Alphabet jarnacais* » et enfin commence la lettre A.

Malheureusement cet ouvrage est inachevé ; une grande quantité de mots ne sont pas définis. Mais avec l'aide des notes contenues dans le 1er vol. du Recueil des manuscrits, nous pourrons compléter ce travail qui mérite d'être publié.

A la mort de Burgaud, ce manuscrit tomba entre les mains de M. F. de Caussade, ancien bibliothécaire au Louvre et à la Mazarine, et ami de l'auteur. Après le décès de M. de Caussade, il fut acheté par le libraire L. Gougy, à Paris, qui le céda peu après à M. Maurice Martineau, dans la collection duquel il figure actuellement, et pour n'en plus sortir, espérons-le.

IMPRIMÉS

Plusieurs bibliothèques des régions poitevine et saintongeaise possèdent des ouvrages de Burgaud des Marets, mais nous avons cité de préférence la Bibliothèque nationale (avec les cotes), et surtout celle si riche de M. Maurice Martineau où se trouve la plus grande partie de l'œuvre de Burgaud, en exemplaires superbes.

1830

1. KONRAD WALLENROD, roman historique traduit du polonais d'A. Mickiewicz. Paris, Gagniard, libraire-éditeur, quai Voltaire, n° 15. A.-J. Denain, libraire, rue Vivenne, n° 16, 1830 [sans le nom du traducteur].

Imprimerie de J. Tastu, rue de Vaugirard, n° 36.

In-18, de xi-163 pages. [Préface] i à xi. Texte : 1 à 153 ; 1 feuillet blanc non chiffré ;

Notes : 157 à 163. Tiré à très petit nombre.

Faux-titre : KONRAD WALLENROD. Au verso du titre se lit l'épigraphe suivante, tirée du *Prince* de Machiavel (chap. XVIII), disposée de la façon suivante :

> « Dovete adunque sapere come sono due
> generazioni da combattere... bisogna
> essere volpe e leone. »

Bibl. nat. Néant.

Bibl. polonaise, à Paris : N° 487.

C'est la première traduction française de l'œuvre de Mickiewicz ; elle est de la plus grande rareté.

Dans son *Essai d'une Bibliographie des traductions françaises de la littérature polonaise*, (Paris, H. Champion, 1911, 8°, Extrait de la

Revue des Bibliothèques, N°ˢ 4-6, avril-juin 1911, p. 117-172), l'auteur, Mˡˡᵉ Christine Beresniewicz, cite ainsi cet ouvrage : « N° 179, KONRAD WALLENROD, roman historique trad. du polonais par Bourgaud de Maret, (*sic*) 1830. In-18 de 7 feuilles 1/2. Imp. de Tastu à Paris. A Paris, quai Voltaire, n° 15, Denain. (Journ. de la Libr., 1830) ».

Mˡˡᵉ **Chr. Beresniewicz** n'a pas vu ce volume. Elle s'est contentée de copier le *Journal de la Librairie* et Estreicher qui, tous les deux, fourmillent d'erreurs en ce qui concerne Burgaud des Marets, dont le nom est sans cesse déformé et comme à plaisir. Le *Journal de la Librairie* (n° 3068 ; prix du vol. 3 fr.) ne cite pas le nom de Burgaud des Marets. KONRAD WALLENROD figure à la Table des anonymes. C'est Estreicher (Karol Estreicher, *Bibliographia Polska*, Krakow [Cracovie], 8°, T. ɪ à ᴠɪɪ, *passim*) qui signale cette traduction comme étant de Bourgaud de Maret (*sic*). Voy. p. 37 la lettre à B. Janski.

Il existe une pièce de théâtre portant ce nom, et jouée à Reims en 1895 ; *Konrad Wallenrod*, drame lyrique, paroles de P.-B. Gheusi, musique de Lefèvre. Cette pièce comprend beaucoup de scènes étrangères à l'œuvre de Mickiewicz.

1833

2. Fragments des *Dziady*, poème d'Adam Mickiewicz, traduits en français par Burgaud des Marets. *Le Polonais*, journal des intérêts de la Pologne. Paris, au bureau du journal, rue Vivienne, n° 12, sept. 1833. 8° (Vol. I, de la p. 179 à la p. 189).
Première traduction française de ce poème.
Non cité par Estreicher. Non cité par Mˡˡᵉ Chr. Beresniewicz.

1834

3. Fragmens des *Dziady*, poème d'Adam Mickiewicz, traduits en français par Burgaud des Marets. IVᵉ partie. *Le Polonais...* ibid. Vol. II. Février 1834 (de la p. 71 à la p. 77).
Non cité par Estreicher. Non cité par Mˡˡᵉ Chr. Beresniewicz, qui n'a même pas pris la peine de parcourir les tables du *Polonais*.

4. Fragmens des *Dziady*, poème de Mickiewicz. IVᵉ partie, suite, [sans le nom du traducteur : Burgaud des Marets]. *Le Polonais, ibid.* Vol. II, mars 1834. (de la p. 115 à la p. 120).
Mˡˡᵉ Chr. Beresniewicz cite ainsi cette suite de la IVᵉ partie : « n° 156. Mickiewicz (Adam). Les Aïeux. Fragments de la IVᵉ partie des « Dziady ». (Les Aïeux). Trad. anonyme. *Le Polonais.* (Journal). 1834. p. 115-120 »

5. *La Switezianka* [1]. Ballade de Mickiewicz. *Le Polonais, ibid.* T. III. Juillet 1834 (p. 31-34). Sans nom de traducteur.

---

(1) Nom des nymphes qui, d'après une croyance populaire, habitent les eaux de la Switez. [Note du traducteur.]

Le manuscrit de la traduction de cette ballade se trouve, ainsi que le manuscrit de la IVe partie des *Dziady*, non parue dans *le Polonais*, au Musée-Bibliothèque polonais de Rapperswill (Suisse). Les écritures identiques de ces deux manuscrits et des lettres autographes de B. Janski à Ladislas Plater (rédacteur en chef du *Polonais*), relatives à la publication des *Dziady*, ont permis à M. Adam Lewak, bibliothécaire à Rapperswill, d'attribuer, sans aucun doute possible, à Burgaud des Marets, la traduction de la *Switezianka*.

Chr. Beresniewicz. N° 203. anonyme.

6. DZIADY OU LA FÊTE DES MORTS, Poème traduit du polonais d'Adam Mickiewicz, 2e et 3e parties. [sans le nom du traducteur : Burgaud des Marets.] Paris, Clétienne, rue du Fg. Poissonnière, n° 33 *bis*, 1834. Typographie de A. Pinard, quai Voltaire n° 15. in-16. iii-174 pp. Couverture imprimée reproduisant le titre.

Le faux-titre porte : *Dziady ou la Fête des Morts*. Il y a une faute sur le faux-titre de l'exempl. de la Bibl. nat^le qui est en papier ordinaire. On y voit : *Dszzdy* pour *Dziady*, faute corrigée au cours de l'impression.

Tiré à 60 exempl. dont quelques-uns sur grand papier de couleur. La Bibliothèque polonaise, à Paris, possède l'exempl. (sur papier jonquille) ayant appartenu à George Sand.

Bibl. nat^le : Ym. 568.

Bibl. polonaise : n° 346, exempl. en papier ordin. avec la couverture jaune.

Id. : n° 364, exempl. sur papier jonquille. (Ex. de G. Sand).

Cette traduction est, ainsi que *Konrad Wallenrod*, d'une extrême rareté.

Mlle Ch. Beresniewicz cite ainsi cette traduction, sous le n° 157 de sa bibliographie : « *Dziady* ou la Fête des Morts. Poème trad. du polonais d'A... M... (trad. anonyme), IIe et IIIe parties, 1834. In-16 de 5 feuilles 3/4. Impr. de Pinard à Paris. A Paris, chez Clétienne, rue du Faubourg Poissonnière, n° 33 *bis*. En scènes. (Journ. de la libr., 1834).

Elle la cite aussi sous cette forme : « N° 159. — *Dziady ou la Fête des Morts*. Poème, trad. du polonais d'Adam Mickiewicz, 2e et 3e parties par Boyer-Nioche. 1834. In-16 de 5 f. 3/4. Impr. de Pinard à Paris. A Paris chez Clétienne, rue du Faubourg Poissonnière, 33 *bis* (Journal de la Libr.) »

Puis cette autre : « n° 160. *Les Aïeux*. 3e partie. Trad. par Bourgaud Marets. (*sic*) Paris, 1834. in-12. (Estreicher. T. III, 1876, p. 110). »

Mlle Ch. Beresniewicz n'a vu aucun des volumes dont elle parle ; elle a copié servilement le *Journal de la librairie* qui, lui-même, a commis une grosse erreur en attribuant à Boyer-Nioche une traduction (n° 159) dont la description bibliographique est exactement la même que celle du n° 157, qu'il donne comme anonyme. La Bibl. nat^le possède de nombreux ouvrages de Boyer-Nioche, mais n'a pas de traduction des *Dziady* par cet écrivain.

Estreicher a de même commis une erreur, (n° 160) la 3e partie des

Dziady trad. par Burgaud des Marets, n'ayant jamais paru *seule* en volume.

Enfin, sous le n° 162 de sa *Bibliographie*, Mlle Chr. Beresniewicz attribue à George Sand la traduction des passages des *Dziady* cités dans son article de la *Revue des Deux-Mondes*. Nous avons vu au cours de ce livre que George Sand s'est servi de la traduction de Burgaud des Marets, pour faire son étude sur Mickiewicz. Néanmoins, nous citons ci-après le n° 162 de Mlle Beresniewicz pour montrer combien son travail est peu sérieux :

« 162 — *Dziady*. Les Aïeux. Extr. des traductions en prose de Mme Georges (*sic*) Sand, dans le volume : *Autour de la table*. Paris, 1882, Levy. (Citations faisant partie d'une étude sur le drame fantastique de Gœthe, Byron, Mickiewicz, pp. 172-193). »

[COMPTE-RENDU.] Littérature. *Dziady ou la Fête des Morts*, poème de Mickiewicz, traduit par M. Burgaud des Marets, signé : J. M. [Justin Maurice]. *Le Polonais*, journal des intérêts de la Pologne. Paris, au Bureau du Journal, rue Vivienne, n° 12, 8°. (vol. II. juin 1834 ; pp. 257-261).

1835

7. ZBIGNIEW, tragédie en trois actes par Niemcewicz, musique de Kurpinski. Traduit en français par Bourgaud-Desmaret (*sic*) en 1835. (Estreicher, T. III., 1876, p. 231).

Cette traduction, citée par Mlle Chr. Beresniewicz (n° 223) d'après Estreicher, n'a jamais été imprimée ; elle n'existe dans aucune des nombreuses bibliothèques polonaises que nous avons consultées.

Il est très possible, il est même probable que Burgaud des Marets a traduit *Zbigniew* et d'autres poésies de Niemcewicz, mais ces traductions anonymes sont restées manuscrites.

Nous devons ajouter que K. Estreicher a farci sa bibliographie de tout ce dont il avait entendu parler, soit manuscrits, soit simples projets, ce qui doit être le cas pour la traduction de *Zbigniew*. Il faut donc le consulter avec circonspection. (Opinion de M. Ladislas Mickiewicz, bon juge en la matière).

1849

8. FABLES EN PATOIS CHARENTAIS. (dialecte du canton de Jarnac). Vignette. Paris, Librairie de Firmin-Didot frères, rue Jacob. 56, 1849. Couverture imprimée reproduisant le titre. Le verso de la couverture inférieure mentionne : « Sous presse ; par le même :

    1. Lexique Jarnacois .... 1 vol. in-18.

    2. Théories des patois de la France ...... 1 vol. gr. in-8°.

in-8° de 21 pages chiffr. — Tiré à petit nombre, dont un exemplaire sur papier whatman fort et quelques autres sur papier de couleur.

P. 7. *Aux gens de Jarnat*, avertissement signé : H. Burgaud des Marets. Ce recueil ne contient que quatre fables : *Le Renard é lés guilan ; Le Renard é la grole ; Lés fumelle é le seugret ; Le Renard é la Cigougne ;* un petit glossaire ; pas de table.

Bib. nat^lc. Rés. Y^e 3993. Exempl. sur papier jonquille.

L'exemplaire unique, sur wahtman fort, en demi-maroq. rouge de
Capé, et enrichi d'une fable autographe : *Le louc é l'ignâ,* (datée du 26
février 1850) a figuré au *Catal. de la Bibl. paloise de feu M. Burgaud
des Marets,* 2e partie, 1874, n° 2537, au prix de 30 fr. Ce volume se
trouve aujourd'hui dans la bibl. de M. Martineau, à Saintes. La fable
autographe ajoutée offre de nombreuses variantes avec la même, publiée
pour la première fois, en 1852, dans le *Noveau fabeulier Jarnacoès,* p. 17.

Un exempl. sur pap. vert, bien complet, avec la couvert., ne contient
pas le petit glossaire. (Bibl. de M. M. de Jarnac de Gardépée, à Cognac).

1850

9. BIBLIOTHECA SCATOLOGICA, *ou catalogue raisonné des livres traitant des
vertus, faits et gestes de très-noble et très-ingénieux messire Luc (à
rebours), seigneur de la Chaise et autres lieux, mêmement de ses descendants et autres personnages de lui issus. Ouvrage très utile pour
bien et proprement s'entretenir ès jours de Carême-prenant. Disposé
dans l'ordre des lettres K, P, Q. Traduit du prussien et enrichi de notes
très-congruantes au sujet, par trois savants en us.* [MM. P. Jannet, J.-F.
Payen et Aug. Veinant]. Vignette.

Scatopolis, chez les marchands d'anterges, l'année scatogène 5850.
[Paris, P. Jannet, 1850]. in-8° XXXI-144 pp.

« Cette facétie, dont le titre donne un avant-goût assez prononcé, n'a
été tirée qu'à 150 exempl., savoir : 1 sur peau vélin, 1 sur pap. de
hollande, 2 sur pap. de chine, 2 sur pap. de diverses nuances, 4 sur
pap. vélin anglais, 25 sur pap. scatochrome, 115 sur pap. vergé fort.
Prix de l'exempl. du dernier pap. 7 fr. 50. La Vignette du titre représente les trois auteurs. » (Brunet, *Manuel*).

Les Supercheries littéraires, T. III, col. 857-858, à « Trois savants en
us » donnent plus de détails : « Débauche de gens d'esprit qui a été
donnée comme complément du T. II, année 1848, du *Journal de l'Amateur de livres,* mais il a été fait un titre pour les exemplaires destinés
à être vendus séparément... Nous empruntons à la *Petite Revue,* VIIIe
trimestre [samedi, 28 oct. 1865], p. 156, quelques détails sur ce volume : Les trois auteurs ont leurs portraits dans la vignette du titre,
entés sur des corps grotesques, empruntés aux estampes de Callot.

La dédicace à M. Q. prince des Bibliognostes, c'est-à-dire à M. Quérard. Les pièces liminaires, signées d'initiales, sont dues au docteur
Huguette ; à M. Pillon, helléniste habile, conservateur-adjoint à la Bibliothèque du Louvre ; à M. Edouard Fournier ; à M. Brugnière du
Cayla, dit Dupuy ; à M. Charles Leroy Dufougeray ; à M. Arthur Vau-
guérin ; à M. H. BURGAUD DES MARETZ (*sic*) connu par son excellente
édition de Rabelais ; à M. Anders, employé à la Bibliothèque impériale ;
à M. Sobolewski, bibliophile russe ; à M. Hermann Haensel (pseudonyme de M. P. Jannet)... »

En réalité, et d'après un de nos exemplaires, la *Bibliotheca* formait le
complément du T. II du *Journal de l'Amateur de livres,* année 1849, et

non 1848, comme le dit Quérard. Ce complément a été imprimé par
Guiraudet et Jouaust, avec couverture muette, et l'édition à part l'a été
par Bonaventure et Ducessois. Cette dernière contient, après la table
des matières, un feuillet de plus pour les errata ; la vignette du titre
figure aussi sur la couverture. Si nous ajoutons la différence des caractères d'impression, nous aurons là deux éditions bien distinctes.

Voici la pièce signée de Burgaud des Marets :

> « Ma gran' foé, m'sieu' l'savant, dedans tout Petignat
> Je vous bail' mon biyet qu'o gn'at
> Ouquin d'nou gens ni de nous béte
> Qui ne veurissian beun veuz avoer peur leû maite.
> Tou nou curé unis n'avan jamais poiut
> Amener tretous tant de brut
> Qu'avé tieu p'tit livret veu l'avez seul soiut.

Petignat, Chérente.   H.[enri] D.[es] M.[arets]. »

Traduction. — Ma grande foi, M. le savant, dans tout Petignac —
Je vous donne mon billet qu'il n'y a — aucun de nos gens ou de nos
bêtes — qui ne voulussent vous avoir pour maître. — Tous nos curés
ensemble n'ont jamais pu — faire tout le bruit — que seul vous avez su
faire avec ce petit livre. Pétignac, Charente. (Pétignac, petit bourg de
la Charente, dont le nom, traduit en patois, forme un jeu de mot
congruant au sujet du livre, comme le comprendront bien les Saintongeais et « moult autres »).

1852

10. Noveau fabeulier Jarnacoès qu'at été compousé Lindi venant a hier
peur l'ébaudissement d'ine Saintongeoèse in p'tit feugnon. (Vignette sur
bois). Paris, Librairie de Firmin Didot frères, imprimeurs de l'Institut,
rue Jacob, 56, 1852.

En bas du verso du faux-titre : Paris, Typographie de Firmin-Didot
frères, rue Jacob, 56. Couverture imprimée reproduisant le titre. Pas
de nom d'auteur. Le verso de la couverture inférieure indique : « Sous
presse, par le même :

    Vocabulaire Jarnacois .... in-12 .
    Etudes comparatives sur les formes grammaticales
      des dialectes vivants de la France .... gr. in-8° »

in-18. signatures 2 (13) 2. (17) 3 (25) 3. (29)[1]. — 33 pages et un feuillet non
chiffré pour la table, que voici : « D'dan tieù p'tit live o yat : *Un mot
aux philologues*, 5. [signé : H. Burgaud des Marets, docteur en droit].
Ine peurface, 7. — *Le Mauricot*, 11. — *La Cigale et l'Feurmit*, 14. —
Le Louc et l'Ignâ, 17. — *La Fumelle nigée*, 21. — *Le Louc et l'Renard*, 25.
— *Le Pigeon et la Pigeoune*, 30.

---

(1) Nous avons cru bien faire en ajoutant les signatures de certains volumes à la suite
du format indiqué par nous. C'était la meilleure façon de fixer une fois pour toutes ces
formats qui subissent tant d'appellations fantaisistes dans les catalogues où ils sont cités.
Ce sont en général des in-16 (mêmes signatures que l'in-8°) ou des in-18 en trois cahiers.

Tiré à très petit nombre, dont 1 exemplaire sur peau de vélin, un sur pap. jonquille et quelques autres sur whatman.

Bibl. nat^{le} : Y^e 16. 401.

M. Martineau possède deux exempl. de.cette édition : l'exempl. unique sur peau de vélin en maroq. rouge de Capé, et un exempl. sur wahtman en demi-maroq. lavallière.

Mlle A. Bolleau tient de M. Oscar Clerc, de Saint- Maixent, l'exempl. unique sur pap. jonquille en demi-maroq. bleu de Capé.

L'exemplaire sur peau de vélin offre quelques variantes avec l'exempl. en pap. wahtman. Les deux premiers vers de la p. 27 de ce dernier exempl. ne figurent pas sur l'exempl. en vélin ; par contre celui-ci contient, p. 27, trois notes explicatives, de même p. 28-29 ; notes qui ne sont pas dans l'exempl. en papier. L'exempl. en vélin a, p. 30, trois notes explicatives au lieu de deux sur l'autre ; et p. 31, deux notes qui ne figurent pas sur l'exempl. en papier. Sept vers de la p. 32 ne figurent pas sur cet exempl.

L'exempl. en papier jonquille mérite une attention spéciale ; bien qu'il porte le même millésime, il paraît être d'un autre tirage. Le titre offre d'abord cette particularité que les lettres des deux mots « *d'ine saintongeoèse* » sont plus espacés que dans l'édit. ordinaire. L'orthographe de la firme diffère complètement des autres exemplaires : « Paris, Librairie de Firmin-Didot frère, Imprimoùr de l'Institut, rue Jacob, 56. 1852. »

En outre, p. 21 de cet exempl., il y a deux renvois, le premier au 2e vers, après le mot *torsour* (renvoi : châtreur) ; le 2e est à la fin du 3^u vers, après le mot *jau* (renvoi : coq). Les deux derniers vers de la p. 25 de cet exempl. sont reportés à la page suivante dans l'édit. ordinaire. La p. 26 se termine par ces deux vers qui se trouvent à la p. 27 de l'édit. ordinaire.

> « *Et keument é-t-ou donc, qu'o faut que je m'y prenge*
> *Peur que je mange ?* »

Ces nombreuses variantes permettent de dire qu'il y a eu au moins deux tirages sous la même date, et des modifications au cours de ces tirages.

COMPTE RENDU. — Voy. 1853. *Parabole de l'Enfant prodigue.*

1853

11. PARABOLE DE L'ENFANT PRODIGUE, EN DIALECTE SAINTONGEAIS (DU CANTON DE JARNAC). Paris, Librairie de Firmin Didot frères, Imprimeurs de l'Institut, rue Jacob, 56, 1853. in-18 de 11 pp. chiffrées. [Sans le nom de l'auteur. — Barbier, III, 773]. Tiré à 20 exempl. numérotés à la presse, dont 2 sur peau de vélin et quelques autres sur papier de chine et de couleur.

Bibl. nat^{le}. Rés. A. 8314. (Porté au Catalogue des absents).

M. R. Vallery-Radot. Exempl. n° 11 sur papier rose.

Voici la description de l'exempl. de M. Martineau : Ex. n° 2 sur peau de vélin, en maroq. bleu de Capé. Le faux-titre porte : « *Parabole de l'enfant prodigue.* Tiré à 20 exemplaires. N° 2. — Le titre et le faux-titre sont encadrés d'un double filet noir ; trois feuillets blancs, faux-titre, titre, 11 pages et 3 feuillets blancs. Les *Règles de la prononciation* occupent la p. 5 et la moitié de la p. 6. La *Parabole* occupe les pp. 7 à 11. Au verso de la p. 11 on lit : « Sous presse, par H. Burgaud des Marets. *Glossaire des principaux termes du patois saintongeais,* 1 vol. in-12. *Etudes comparatives sur les formes grammaticales des dialectes vivants de la France,* 1 vol. gr. in-8°. »

Aucun exempl. de la *Parabole* n'a figuré à la vente de 1873. Le Catal. de 1874 contient l'ex. n° 1 sur peau de vélin (n° 2534) en demi-maroq. bleu de Capé, au prix de 75 fr. — Vente A. de la Fizelière (1878), n° 305. chine, broché, avec envoi en patois, 3 fr. 50 (?).

Comptes rendus :

Epite en saintonjouis qu'at été adeursée à M. B.[urgaud] au seujet de son conte de l'enfan proudigue, par M. T.[ilhard]. s. l. n. d. [Paris, Didot, 1853]. in-8°. Tiré à quelques exemplaires.

L'exempl. qui a figuré au Catal. de 1873 (n° 662, vendu 14 fr. 50) était imprimé sur coquille rose ; il se trouve aujourd'hui dans la bibl. de Mlle A. Bolleau. En voici la description : 2 feuillets. L'*épite* occupe le premier feuillet ; le recto du 2e feuillet contient un petit vocabulaire de 19 mots. On a relié en tête le ms. original (3 pp. in-8°) daté du 22 avril 1853. M. Martineau en possède aussi un exempl. sur pap. ordin. avec une copie du ms.

Compte rendu du *Noveau fabeulié jarnacoais* et de la *Parabole de l'enfant prodigue,* signé : A. Mourier. *Le Charentais,* d'Angoulême, 22 juin 1855.

12. Molichou et Garçounière, *Coumédie, que le p'pé dau p'pâ dau p'pé d'ma meirine a vuse en son jenne tem d'sous l'âle de Paris et qu'at été afistolée en patoé d'Jarnat, peur qu'a seuje joée d'dan lés pension de jenne damoeiselle de lieû pays.*

Paris, Typographie et librairie de Firmin Didot frères, rue Jacob, 56. 1853.

Couverture imprimée reproduisant le titre : in-16 de 24 pp. (*Voy. le n° 16 de l'Appendice,* 3734-3735).

Tiré à 10 exempl., à 12, d'après d'autres (selon une note manuscrite sur l'un des deux exempl. appartenant à M. Martineau) dont un sur peau de vélin, un sur papier de couleur, et quelques autres sur hollande.

L'exempl. en pap. de couleur a figuré au Catal. de 1873 (n° 617). il a été adjugé 12 fr. 50 carton.—L'ex. sur peau de vélin, en maroq. citron de Trautz-Bauzonnet, n° 2535 du Catal. de 1874, était marqué 100 fr. Un ex. sur hollande, dos et coins de maroq. bleu, 7 fr. 50 (Vente La Fizelière, 1878, n° 306).

Cette petite comédie est une traduction libre de la *Farce du jeu du Prince des sots,* de Gringoire. Elle est citée à la p. 200 du T. 1er des *OEuvres complètes de Gringoire,* réunies pour la première fois par MM. Ch. d'Héricault et A. de Montaiglon. Paris. P. Jannet, 1858, 2 vol. in-12.

Bibl. nat^{le} : Yth 11.948.

M. A. Favraud, Exempl. sur peau de vélin, avec deux photographies de dessins ajoutées.

M. M. Martineau, 2 exempl., un en pap. vergé, maroq. r. ; l'autre sur pap. ordin., carton. avec deux photographies de dessin ajoutées.

Ces photographies ont été faites d'après des dessins inédits de B. Gautier, le spirituel caricaturiste saintongeais. Ils portent la dédicace suivante : « à Monsieur Oscar Clerc, hommage de respectueuse amitié, B. Gautier. » Ces dessins appartiennent actuellement à Mlle A. Bolleau.

Le premier dessin illustre ce vers de la scène II :

> « Borjoése, i m' appelant Zoudire. »

Le deuxième dessin, ces vers de la scène IV et dernière :

> « Mesieu le juge, grand marcit,
> Rendez b'sarvice à mon maril. »

COMPTES RENDUS : *Lette en patoés saintonjoais que M. T.* [ilhard] *at envoyée à M. B.*[urgaud], *au seujet de la Coumédie de Molichou et Garçounière*, s. l. n. d. [Paris, Didot, 1853]. 2 ff. 8°. Le premier contient la lettre ; le recto du second feuillet un petit vocabulaire de 26 mots. Tiré à un seul exempl. sur coquille rose (Catal. de 1873, n° 663, vendu 5 fr.), carton. avec la lettre autogr. de M. Tilhard. Appartient à M. Martineau.

Almanach de Cognac, 1909, 8°. R. Lacaud, Edit.-impr. (p. 83-86) ; quelques extraits de cette comédie se trouvent à la suite de la notice de M. Eut. Lambert sur Burgaud des Marets.

Il existe une réimpression clandestine de *Molichou et Garçounière*, faite en 1910, par M. L., imp. à Cognac, à l'instigation de M. L.-Ph. Couraud, collectionneur, aujourd'hui décédé. Même titre, même nombre de pages et même format, mais le texte n'est pas disposé de la même façon. En outre, la page de titre (il n'y a pas de couverture) contient une note de quelques lignes disant que cette pièce, imitée de Gringoire, est citée par MM. Ch. d'Héricault et A. de Montaiglon, dans l'édition qu'ils ont donnée de ce poète. Il n'y a aucune indication de lieu ni de libraire. Cette réimpression renferme 43 fautes, sans compter une foule de signes orthographiques et d'accents omis ou mal placés. M. L.-Ph. Couraud avait l'intention d'en faire tirer quelques exempl. pour en faire présent à des amis, mais l'imprimeur, sans doute pris de remords, n'en voulut tirer que deux ou trois exempl. Un de ceux-ci se trouve chez M. P. Templéraud, à Jarnac ; un autre appartient à M. Martineau.

13. EPÔLOGIE DE NOEI DE LAI ROULÔTE ET DU TILLÔ, *pièce de La Monnoye, en patois Bourguignon, publiée avec une traduction interlinéaire et une lettre inédite de l'auteur, d'après un manuscrit de la Bibliothèque impériale.* [sans le nom de l'éditeur : Burgaud des Marets].

Paris, J.-B. Dumoulin, libraire de l'Ecole des Chartes, 13, quai des Augustins, 1853. Pet. in-8° de 23 pp. chiffr.

« Tiré à 25 ex. dont 24 sur pap. de chine et un sur peau de vélin. » Au bas de cette mention : « Typographie de Firmin Didot frères. »

L'ex. unique sur vélin, en maroq r. de Trautz, a été vendu 52 fr. en 1873 (n° 1522) ; un ex. sur chine, 13 fr. (n° 1523).

Non cité par Barbier. — Brunet, *Manuel du libr. Suppl*, col. 769, a imprimé « *boulôté* » au lieu de « Roulôte », en copiant sans doute le Catalogue de Burgaud des Marets (1873), n° 1522, où se trouve cette même faute.

En outre, les auteurs du *Suppl* ont ajouté, à la suite du titre, et comme en faisant partie : « par M. Burgaud des Marets ». Or, le nom de l'auteur ne peut figurer que sur la couverture, ce que nous n'avons pu vérifier sur l'ex. de la Bibl. nat., qui a été relié sans elle.

Bibl. nat^le : Rés. Y^e 4257. (Ex. n° 21).

Une note au crayon sur le faux-titre de cet ex. dit : « (Publié par M. Burgaud des Marets. Voy. la Préface de « *Traduction des Noëls Bourguignons de La Monnoye* ». Bruxelles, 1865).

Cette dernière brochure, elle-même très rare, (Tirée à 100 ex. sur pap. de hollande et à 4 ex. sur chine) ne se trouve pas à la Bibl. nat^le. Nous avons eu la bonne fortune d'en trouver un ex. sur les quais (n° 55). On lit, en effet, aux pp. 7-8 de cet opuscule : « Il [La Monnoye] écrivit également une épilogie (*sic*) très fine et très spirituelle qu'un littérateur fort instruit, M. Burgaud des Marets, a fait imprimer, il y a quelques années, à 25 exemplaires seulement, d'après un manuscrit conservé à la Bibliothèque impériale [1] ».

Et en note : « [1] On doit à M. Burgaud des Marets divers très bons travaux, notamment une excellente édition de Rabelais, publiée de concert avec M. Rathery. Il a formé une collection de livres en dialectes provinciaux, d'une richesse remarquable et tout à fait unique en France. »

1856

14. Passage en langue basque, extrait du Poète basque, comédie de Poisson, édition de Jean Ribou, Paris, 1676, in-12.

Réimpression à 2 ex. sur papier vert, faite par les soins de M. Burgaud des Marets en 1856. Un ex. se trouvait dans la bibl. du prince L.-L. Bonaparte. [*Cf.* Catal. B. des M. 1873. n° 245].

Voy. au sujet de cette pièce : *Un vieux texte basque*, par Julien Vinson, dans *l'Impartial des Pyrénées*, n° du 5 juin 1873, réimprimé dans : *Études de linguistique et d'ethnographie*, par A. Hovelacque et Julien Vinson. Paris, C. Reinwald et Cie, 1878, in-16 (p. 234-238).

1857

15. La Betterave, *chanson sur l'air de* la Treille de sincérité ; [datée] Vendanges de 1856, [signée] : Bacchus. [Burgaud des Marets]. *Almanach de Cognac*, 1857. 1re année. E. Bourquin, libraire-éditeur, 8°, (p. 45-46).

Cette chanson, en vers français de huit syllabes, se compose de six strophes de huit vers, avec un refrain de quatre vers qui revient après chaque couplet.

M. L.-Ph. Couraud, dans les *Addenda* qu'il a donnés à l'édition des *OEuvres de Marchadier*, éditées par M. A. Favraud, Angoulême, Coquemard, 1903, 4°, attribue à tort, selon nous, le pseudonyme de *Bacchus* à M. Marchadier.

Voici ce qui motive notre attribution : D'une lettre (du 3 février 1858) adressée à E.-J.-B. Rathery par un de ses parents, M. André Rathery, son petit-fils, nous a communiqué l'extrait suivant : « ... ainsi que de l'envoi de l'Almanach de Cognac qui m'a intéressé. Veuillez aussi vous charger de mes remerciements pour M. Burgaud-Desmarets (*sic*). La chanson sur la betterave est de bonne guerre contre nos prétentions septentrionales au trois-six. »

16. Conpgliman qu'at été adeursé a S'n Altésse le Prince Loïs Lucien Bounapare peur le jor amniveursaire de sa neissance. 1857. s. l. [Paris, Didot.], un feuillet in-4°.

Tiré à quelques ex. sur pap. de couleur.

Petite pièce de 19 vers, signée : H. B. D. (Voy. l'Appendice, n° 7).

Bibl. nat^{le} : Néant.

Bibl. de M. Martineau : un ex. sur pap. vert.

Vente de 1873 (n° 619), un ex. carton. 3 fr.

Barbier, I. 656, a reproduit le titre d'une manière défectueuse.

17. OEuvres de Rabelais, *collationnées pour la première fois sur les éditions originales, accompagnées de notes nouvelles et ramenées à une orthographe qui facilite la lecture, bien que choisie exclusivement dans les anciens textes,* par MM. Burgaud des Marets et Rathery. Tome 1er Paris, Librairie de Firmin Didot frères, fils et Cie, imprimeurs de l'Institut de France... 1857.

Gr. in-18 de xlviii-671 pages.

1re édition. Il y a eu quelques ex. en grand pap. sur chine et deux ex. au moins sur pap. jonquille. Le libraire Bachelin-Deflorenne a commis une erreur en qualifiant d'unique le bel ex. relié qu'il mettait en vente en 1870 (voy. p. 137), car nous possédons de cette édition un ex. broché imprimé sur pap. jonquille.

L'avertissement (v-xii) est signé : Burgaud des Marets ; la notice biographique sur Rabelais (xiii-xlviii) est signée : E.-J.-B. Rathery ; il y a eu un tirage à part de cette dernière. Elle a paru aussi dans la *Biographie générale*, T. 41, col. 387-401.

Bibl. nat^{le} : Invent. Y^2 10402.

Comptes rendus :

Le Constitutionnel, lundi 9 février 1857 (3e page). Variétés. *OEuvres de Rabelais...*, par MM. Burgaud des Marets et Rathery. (Tome 1er. Paris, Didot, 1857). Article de deux colonnes et demie, signé : Vallery-Radot.

Le Moniteur. Feuilleton du mardi 22 sept. 1857. Revue littéraire. *OEuvres de Rabelais...* T. 1er. Compte rendu signé : Edouard Thierry.

18. La Pibole. (Traduction en berrichon et en saintongeais de *La*

Coccinelle de Victor Hugo). 8°, carton. Extrait du feuilleton du journal *Les Tablettes des Deux-Charentes*. [Cf. *Catal.* de 1873, n° 655].

La Pirvole ou *Pibole*, traduction en patois saintongeais de *La Cocci-nelle* de Victor Hugo, a été publiée dans *Les Tablettes des Deux-Cha-rentes* du 21 nov. 1857 : cette pièce, accompagnée d'un court glossaire, se compose de cinq quatrains en petits vers. Elle a été reproduite (sans le glossaire) dans la *Chronique Charentaise*, de Saint-Jean-d'Angély, 1877, p. 209, 3ᵉ col., sous le titre suivant : « *Poésie patoise en dialecte saintongeais par Burgaud des Marets. La Pirvole...* »

Cette poésie patoise n'est pas de Burgaud des Marets. La plupart des mots employés, et définis dans le petit glossaire qui suivait cette pièce, ne figurent pas dans le dictionnaire manuscrit de B. des M. Lorsque par hasard ils s'y trouvent, ce n'est ni avec la même orthographe, ni avec les mêmes définitions.

Par contre, les mots du petit glossaire, à l'exception d'un seul, qui d'ailleurs n'est pas un mot de notre patois, se rencontrent avec leur or-thographe et leur définition, dans le *Dictionnaire* de P. Jônain (Paris-Royan, 1869, 8°). Les voyelles placées entre deux consonnes, et souvent « mangées » dans le débit du discours, sont remplacées dans Jônain, comme dans les vers de *La Pibole*, par une virgule. Ex. : *v'rdon* pour *verdon*. Nous croyons que Jônain seul a employé, du moins dans un dict. imprimé, cette façon de marquer une particularité de la prononcia-tion saintongeaise. En outre, la pièce est bien de la même facture que les autres poésies de Jônain, qui est certainement l'auteur de *La Pibole*. *Suum cuique.*

La Pirvole est reproduite, sans nom d'auteur, dans le *Glossaire du Poitou, de la Saintonge et de l'Aunis...* par L. Favre, Niort, Robin et L. Favre, 1868, 8°, LII. Or, nous savons que L. Favre utilisa les rensei-gnements de B. des M. au sujet du choix de poésies à insérer dans cet ouvrage ; il n'aurait donc pas manqué de faire suivre *La Pirvole* du nom de B. des M. si celui-ci en avait été l'auteur, et d'autant plus qu'elle est précédée du *Monologue de Bounichon* par *Beurgaud !*

19. LE COCO DE MYSTÛ. [*L'œuf d'âne*, conte de 140 vers patois]. *Alma-nach de Cognac, commercial, agricole, industriel, artistique et litté-raire.* Prix : 1 fr. E. Bourquin, Libr.-édit. (Impr. Durosier, à Cognac), in-8°, 2ᵉ année, 1858 (p. 47 à 50).

20. NE PLEUREZ PAS ; IN AMORE SPES ; DOUTE AMOUREUX. [poésies en vers français] signées : Rollin de Gez [Burgaud des Marets].

ALMANACH DE COGNAC... 1858, *ibid.* (p. 55. 56, 58, 59 et 60).

La première de ces trois pièces présente une si sérieuse ressemblance avec un épisode des *Dziady*, de Mickiewicz, traduit par Burgaud des Marets, qu'on peut sans aucun doute lui en attribuer la paternité, ainsi que celle des deux autres pièces, bien entendu (Au sujet de ces poésies, voy. p. 110 et suiv.).

21. OEUVRES DE RABELAIS..... **T. II.**
Paris. Librairie de Firmin Didot frères, fils et Cie... 1858.
Gr. in-18, de 604 pages ; même tirage que le T. 1er.
Bibl. nat^le. Inv. Y² 10.403.

COMPTES RENDUS :

a) Compte rendu [sans titre] d'une demi-colonne, du 2e vol. des *OEu-vrès de Rabelais*. Signé : Vallery-Radot. *Le Constitutionnel* (3e page), 10 avril 1858.

b) Variétés. De quelques livres vieux et nouveaux et des signes du temps. D'une excellente édition de Rabelais, par MM. Burgaud des Marets et Rathery... (Premier article), signé : Philarète Chasles. Cet article occupe quatre grandes colonnes de la 3e page. *Journal des Débats* du dimanche 3 juillet 1859.

c) Variétés. De quelques ouvrages anciens et nouveaux, et des signes du temps. *Nouvelle édition de Rabelais*, par MM. Burgaud Desmarets (*sic*) et Rathery (second et dernier article), signé Philarète Chasles. Cet article, comme le précédent, occupe quatre grandes colonnes de la 3e page. *Journal des Débats* du dimanche 17 juillet 1859.

d) Quelques traits à ajouter à la vie de Rabelais (*OEuvres de Rabelais...* par MM. Burgaud des Marets et Rathery. Paris, Didot, 1857). Art. signé : J. Quicherat. *La Correspondance littéraire*, n° 18. 20 août 1859 (p. 414-416).

Cet article concerne la Notice biographique sur Rabelais, placée en tête du 1er vol. des *OEuvres*, et signée : E.-J.-B. Rathery.

22. FABEULIÉ JARNACOAIS QU'AT ÉTÉ ENCOÉRE IN COT RAFISTOLÉ ET RABATTUT A CEUL'FIN QU'I NE QUITISSE PAS SIMÉ L'ASPRIT QU'É D'DAN,... S'O Y EN AT.

Paris. Tieû live at été battut peur Ballet d'la prison, cheû lés Messieurs Didot, 56, rue Jacob, s. d. [1858].

In-12, signatures : 2 (25) 2. (33) 3 (49) 3. (57), de 72 pages. Tiré à très petit nombre : quelques ex. sur chine et pap. de couleur. Ce recueil est dédié à M. Vallery-Radot, bibliothécaire au Louvre (Dédicace datée de décembre 1858).

Voici la table des matières :

« *A mes amis*, p. 2 — *à M. Vallery-Radot*, 3 [Dédicace datée de déc. 1858] — *au lactour*, 4 — *Lés deux jau*, 5 — *Le Moricot*, 7 — *Le Renar et la Grole*, 9 — *La Fumelle et le Seugret*, 11 — *La Fumelle nigée*, 13 — *Le Renar et lés Guilan*, 15 — *Le Louc et le R'nar*, 17 — *Le Pigeon et la Pigeoune*, 20 — *Le Renar et la Cigougne*, 23 — *Grav. du Loup et de l'Agneau*, 26 — *Le Louc et l'Ignâ*, 27 — *Grav. de la Cigale et de la Fourmi*, 29 — *La Cigale et l'Fcurmit*, 30 — *La Cagoûye et le Robertâ*, 32 — *Lés Grapiâ qui veurian in aparitour*, 35 — *La Fumelle et la Poule*, 39 — *Le Coco d'Mystu*, 41 — *Le Diâbe à St Meime*, 47 — *Excuses à mes amis*, 55 — *Avertissement sur l'explication des mots*, 56 [paginé par erreur 46 à la Table]. *Explication des mots*, 57 [à 70]. »

Les p. 71 et 72 sont occupées par la Table des matières.

Les deux vignettes des p. 26 et 29 sont les mêmes que celles qui figurent dans le *Recueil de Fables et Contes*. Dans l'édition du *Fabeulié* ce pendant, la tête de la cigale diffère de celle du *Recueil ;* ici la tête est énorme et ressemble assez à celle d'une sauterelle.

Vendu en 1873, sur chine, 19 fr. 50. — sur pap. de coul. 22 fr.

Bibl. nat^le : Y^e, 16.400 et Rés. Y^e, 3639 (ex. sur chine).

Bibl. de l'Arsenal : Poés. 6139.

M. Martineau : Ex. sur chine, carton.

C. Beaulieu : Ex. sur pap. ord.

Comptes rendus :

a) L'Indicateur de Cognac, du dimanche 20 février 1859, note de 21 lignes pour annoncer le Fabeulié, signée : X. [Marc Marchadier].

b) L'Indépendant de la Charente-Inférieure du 6 avril 1859. Variétés. *Le Fabeulié Jarnacoais* par M. Burgaud des Marets. Article accompagné de deux fables avec la traduction : *La fumelle et le seugret, La cigale ec l'feurmit.* Signé : Jean La Châgnée [V. Vallein].

23. Vers adressés a S. A. le Prince L.-L. Bonaparte a l'occasion de l'envoi de mon Fabeulié Jarnacoais. s. l. n. d. [Paris, Didot, 1858.]

Un feuillet in-4° [14 vers patois]. Tiré à très peu d'ex. sur pap. de couleur. Reproduit à l'*Appendice*, n° 8. Vendu 3 fr., carton. en 1873 (n° 641).

Bibl. nat^le : néant.

M. Martineau : ex. sur pap. bleu.

Reproduit dans l'*Almanach-Annuaire de Cognac, Jarnac, Châteauneuf, Segonzac.* 2° série. 4° année, 1911. R. Lacaud, édit-impr. Fig. in-8° (p. 137).

Réimprimé à 8 ex. par les soins et aux frais de M. A. Favraud (distribution privée). Angoulême, Impr. Lagarde, 1911. 2 feuill. in-4° avec couvert de coul. reproduisant le titre.

24. Vocabulaire du patois d'Uchon, canton de Mesvres, arrondissement d'Autun, par M. S. [imonet]. Paris, Didot 1858, in-8° Publié par les soins de M. Burgaud des Marets. Tirage à 10 ex. sur chine, whatman, etc. [Cl. Catal. B. des M. 1873, n° 546-547].

1859

25. Le même. Paris, Didot, 1859. Ex. unique sur peau de vélin. Autre édit. du n° précédent [Cl. *ibid.* n° 548].

26. Lettre au rédacteur du journal *l'Indépendant, de Saintes,* [au sujet du patois saintongeais]. Signé : Un de vos abonnés [Burgaud des Marets ?], et *pour copie conforme :* V. Vallein.

L'Indépendant de la Charente-Inférieure, n° 1243. 8° n° de février 1859. Reproduit dans *Le Charentais* du 2 mars 1859.

Les renseignements contenus dans cet article : lieu de naissance, âge et allusions au passé de l'auteur, permettent d'en attribuer la paternité à B. des M. En présentant cette longue lettre aux lecteurs de l'*Indé-*

pendant, la rédaction le faisait **précéder** de ces mots : « Un de nos abonnés nous écrit de Strasbourg... » Or, d'après nos recherches, B. des M. n'est jamais allé dans cette ville. Peut-être employa-t-il ce subterfuge pour dérouter davantage les curieux ? Attribution douteuse.

27. UN ACHETEUR DE VOLAILLE (Deux acheteurs, une paysanne et son mari). Dialogue en patois de Jarnac. Recueilli en mars 1859.

UNE MARCHANDE DE POISSON ET UNE PRATIQUE. Dialogue en patois de Jarnac. Recueilli en avril 1859 [par Burgaud des Marets]. s. l. n. d. [Paris, Didot, 1859], in-4°, tiré à 10 exemplaires.

Bibl. nat^le : néant.

Vendu 8 fr., carton. à la vente de 1873, n° 609.

Reproduits dans la *Gazette des Bains de mer de Royan* des 29 juin et 24 août 1859.

Réimprimés, in-4° à 2 col. (Tirage, 20 ex. sur papier à bras) en 1888 par Reversé, à Saint-Maixent, aux frais de M. Oscar Clerc. Mlle A. Bolleau, héritière en second lieu de ce collectionneur, possède le reliquat de ce tirage, soit 12 exempl.

Reproduits dans l'*Almanach-Annuaire de Cognac...* 2e série, 4e année. 1911. R. Lacaud, Edit.-impr. Fig. in-8° (p. 136-137).

28. RECUEIL DE FABLES ET CONTES EN PATOIS SAINTONGEAIS, AVEC LA TRADUCTION EN REGARD, par H. Burgaud des Marets. Troisième édition, revue et augmentée. Paris, Librairie de Firmin Didot frères et fils, Imprimeurs de l'Institut, rue Jacob, 56. 1859. Droits réservés [Fig.]. (Le *Journal de la Librairie* donne le prix : 2 fr. 50), in-16 de 128 p. La p. 128 [non chiffrée] est occupée par la table : au bas : Paris — Typographie de Firmin Didot frères, fils et Cie, rue Jacob, 56. Couvert. impr. reproduisant le titre.

L'ouvrage est dédié à M. Vallery-Radot.

Cette 3e édit. contient 21 pièces. Les fables : *L'ajace embobelinée dan dés piume de pahon*, *La cigale et l'jeurmit*, *Le louc et l'ignà*, sont illustrées chacune d'une double vignette, dont l'une, représentant un laboureur conduisant une charrue antique, est répétée deux fois aux dernières fables, dans l'ex. de la Bibl. nat^le, mais non dans l'ex. de M. Martineau. La vignette de la pie affublée des plumes de paon n'est pas mentionnée à la table. Dans l'ex. de la Bibl. nat^le et dans celui de M. Martineau, on lit à la table : Gravure de *ta* cigale et de la fourmi. Enfin, la vignette du loup et de l'agneau est indiquée comme étant à la p. 69 ; c'est p. 60 qu'il faut lire. Les fables offrent quelques variantes avec celles parues précédemment.

Ce recueil est l'ouvrage patois de B. des M. qui a eu le plus fort tirage (Ex. sur chine[1], vergé, couleur, et légèrement teinté, un ex. sur vergé a été tiré de format gr. in-8° 220 $^{m/m}$ × 174 $^{m/m}$).

Bibl. nat^le. Y^e 20.136. Pap. teinté, relié en veau, filets sur les plats .

____

(1) Voy. le n° 19 de l'Appendice.

petite dentelle, tr. dorée. au bas : Bound by Zachnosdorf [relieur à Londres].

Cet ex. est celui de M. Ant. d'Abbadie, Sur une feuille de garde on lit l'envoi suivant :

> « *A Monsieur A. d'Abbadie, le savant astronome.*
> *Mon biâ mon sieu, v'lez-vous de tieû petit écrit ?*
> *Dans tieû cheun de Paris sais b' qu'i f'rat poin fortune*
> *Pourtez-lou, quant ol é qu'irez dedan la lune :*
> *Peut beun qu'i z'y parlant coum'lieû, mon boun amit.*
>
> H. Burgaud des Marets. »

Traduct. : Mon beau Monsieur, voulez-vous de ce petit écrit ? — Dans ce chien de Paris, je sais bien qu'il ne fera pas fortune. — Quand vous irez dans la lune, emportez-le : — Il se peut bien qu'on y parle comme cela, mon bon ami. »

Nous n'avons pu découvrir les noms du dessinateur et du graveur des vignettes.

M. Martineau : 3 ex. dont un sur chine, et les deux autres sur pap. teinté.

C. Beaulieu : Ex. sur pap. teinté, couvert. bleue.

Comptes rendus :

a) *Indicateur de Cognac*, du 24 juillet 1859 : art. sur le *Recueil de fables et contes en patois saintongeais* de B. des M., signé : X. [Marc Marchadier].

b) *L'Indépendant de la Charente-Inférieure*, du 24 août 1859, art. avec quelques citations, et la reproduction intégrale de la pièce : *Au fazour de live de Paris ;* signé : V. Vallein.

c) *Affiches de Saint-Jean-d'Angély*, du 28 août 1859. *Un poète saintongeais* (compte rendu du *Recueil...*, signé : Louis Claude.)

d) A M. Burgaud des Marets, auteur des *Fables et Contes en patois saintongeais*, Paris, Didot [1860], un feuill. in-4°. Poème en patois vosgien[1], signé : Jouve. Tiré à quelques ex. dont un sur peau de vélin et un sur pap. vert. Le manuscrit de deux p. sur peau de vélin est daté du 12 sept. 1859 et appartenait à B. des M.

Bibl. nat^le : 4° Y^e 6292.

29. Le pigeon et la pigeoune. *Almanach de Cognac...* 1859, p. 32.
Les deu jau, *ibid.* p. 33.

La première de ces fables a été reproduite par l'*Indépendant de la Charente-Inférieure* du 22 oct. 1859 sous le titre suivant : *Le pigeon et la pigeoune*, Fable en saintongeais par Burgaud des Marets. Le même n° de ce périodique contient aussi la fable suivante : *Les grapiá qui veurian in aparitour*, texte saintongeais et traduction.

---

(1) C'est une erreur de la part du rédacteur du Catalogue B. des M., la pièce est en patois de Jarnac. L Jouve, patoisant lorrain, a pastiché B. des M., comme le lecteur pourra s'en rendre compte en lisant cette pièce rare et curieuse au n° 17 de l'Appendice.

1860

30. In p'tit pilot d'achet (sauve le raspec de la compagnie) qui sont reinséq' neissut et qu'in noumé Beurgau, de Jarnat, fait prasan a sés cher bons amit lés Saintonjoais peur leû peurmié de l'an 1860.

Ol é lés MM. Firmin Didot frère et fi qu'avan mi lieû live en émolé et ol é zeu otout qui le vendan. I raslan teurjan rue Jacob, 56. S. d. [impr. à la fin de 1859, publié au commencement de 1860].

Couverture imprimée reproduisant le titre, avec la petite augmentation suivante : après les mots « *fait prasan* », le titre de la couverture contient en plus : « *conte quarante sous.* »

In-16 de 32 p. 1re édition, tirée à quelques ex. dont un sur peau de vélin et quelques-uns sur wahtman et pap. de coul. — Il n'y a pas de table. Voici le contenu de ce recueil : Avertissement, p. 5-6 ; — Aux Saintongeais, p. 7-10 ; — Lés chat à ma nièce, p. 11-13 ; — A tiellés qui lichan mes achet, p. 14 ; — Le levra et sés bons amit, p. 15-22 ; — In diâbe dan n'in bénikié, p. 23-32. Toutes ces pièces sont là en première édition.

L'ex. en peau de vélin, carton. a figuré au Catalogue de 1874, au prix de 60 fr. Sur un Catal. de la librairie Maisonneuve, janv. 1912, p. 14, fig. un ex. broché sur pap. de couleur, au prix de 50 fr.

Bibl. nat^{le}. Y^e 15.445.

M. Martineau : un ex. sur pap. ordin. et un 2e sur pap. bleu avec couvert. brique. M. A. Favraud, d'Angoulême, possède l'ex. de Théophile Baudement, avec cette dédicace : « A mon boun amit Baudement, H. Burgaud des Marets. »

Comptes rendus :

a) Lettre adressée par M. le vicaire de Jarnac [M. E. Mesnard] à M. Burgaud des Marets, pour le remercier du *P'tit pilot d'achet...* le 6 janvié 1860. s. l. [Paris, Didot, 1860] un feuill. in-8°. Exemplaire unique sur peau de vélin, auquel on a ajouté la lettre autogr. (n° 2541 du Catal. B. des M., 2e partie, 1874). Appartient à M. Martineau.

b) *L'Indépendant de la Charente-Inférieure*, du 26 février 1860, quelques lignes pour annoncer le compte rendu qui sera donné prochainement du *P'tit pilot d'achet*. Reproduction de la pièce : *Lés chat à ma nièce*.

c) *L'Indicateur de Cognac* du 18 mars 1860. *In p'tit pilot d'achet* par Burgaud des Marets, signé : Z. Berger [Marc Marchadier].

d) Lettre écrite par M. T.[ilhard] à M. Burgaud des Marets. s. l. n. d. in-8° [Paris. Didot, 1860]. Catal. de B. des M. 1873, n° 664. Ex. unique sur pap. de couleur. On a ajouté en tête la lettre autographe, datée de Paris, 3 mai 1860. 123 rue Montmartre.

e) Lettre en vers et en patois d'Arvert, adressée à *M. Bregaud*, le 25 mars 1862. [au sujet du *P'tit pilot d'achet*] par M. Chevallier, docteur-médecin à Arvert, par la Tremblade (Ch^{te}-Inf^{re}). 8° demi-maroq. rouge. Inédit.

31. *L'Indicateur de Cognac* du dimanche 22 juillet 1860. in-8°.

Article de B. des M. qui fait appel aux lecteurs saintongeais pour les inviter à recueillir les compositions patoises et à les lui faire parvenir.

L'Indépendant de la Charente-Inférieure, même date, même appel aux lecteurs « nous les communiquer ou les adresser directement à M. Burgaud des Marets, rue Labruyère, 21, à Paris ». signé : Z. [M. Marchadier].

32. Lés chat a ma nièce, par M. B. D. M. in-8°. Extrait de l'*Indicateur de Cognac*, du 26 février 1860. Cet apologue figure dans le recueil *In p'tit pilot d'achet ;* (voir le n° 30) et dans la 2e édit. de ce recueil (n° 35) avec un titre un peu différent : *Lés chat à ma fiyoule*, et quelques variantes. Il a été traduit en patois messin par Albert de La Fizelière.

La Bibl. nat¹⁰, sous la cote Yᵉ. 5509, possède un ex. sur pap. chamois de cette traduction : un feuillet in-4°, imprimé des deux côtés, et tiré à quelques exemplaires. Voy., au n° 6 de l'appendice, la reproduction de cette pièce très rare. Vente de 1873. n° 452, pap. fort de coul. carton. 5 fr. N° 453, sur peau de vélin, carton. 7 fr. N° 454, sur pap. de coul. avec le manusc. autogr. de La Fizelière, daté du 2 mai 1860, ajouté : 7 fr. Sur un catalogue plus récent du libraire Maisonneuve : *Troisième Bulletin d'un beau mélange d'ouvrages...* s. d. [vers 1911] p. 40, figurent deux ex. de la traduct. La Fizelière : un sur pap. fort, carton. 10 fr., l'autre sur peau de vélin, 30 fr.

33. Me marerai-ji, me marerai-ji pas ? Monologue de Piarre Bounichon, nevour à la nore au drôle à Panurge cadet. Dédié à mes bons amis les Cognaçais. Burgaud des Marets.

Almanach de Cognac ... 1860, in-8°, p. 74-80.

L'Indépendant de la Charente-Inférieure du 22 janvier 1860. Article sur l'*Almanach de Cognac* de 1860 qui contient la pièce ci-dessus, avec un éloge signé : V. Vallein.

34. Lette que H. Beurgau at écrit à mon sieu Marchadié (de Cougnat) le 19 de septembre 1860. s. l. n. d. [Paris. Didot, 1860], un feuillet in-8° Tirée à deux ou trois exempl. dont un sur chine.

Pièce de 18 vers, reproduite dans le *Nouvelliste de Pons*, n° 8 du 25 juin 1881, et dans les *Addenda* aux *OEuvres* de M. Marchadier, *op. cit.* La lettre est datée de *Jarnat*, 24 sept. 1860 au lieu de 19 sept. 1860.

Reproduite également dans la *Revue de Saintonge et d'Aunis. Bulletin de la Société des Archives historiques*. T. xxiii. 1903, in-8°, p. 285.

M. A. Favraud , d'Angoulême, en a donné, à ses frais, une réimpression à 8 exemplaires sur chine : un feuillet in-4°, plus deux feuillets blancs. s. l. n. d. Cette réimpression est mauvaise. Les dix premiers vers sont imprimés à la suite les uns des autres, comme de la prose ; le titre est défectueux : *Lettre* au lieu de *Lette ; septembre* au lieu de *septembe*. M. Favraud l'avait déjà publiée de cette façon dans les *OEuvres de Marchadier* (*op. cit.* p. 271. — Voy. le n° 11 de l'Appendice).

Bibl. natˡᵉ : **néant.**

Mlle A. Bolleau, un exempl.
M. Martineau, *id.*

35. IN P'TIT PILOT D'ACHET (SAUVE LE RASPEC DE LA COMPAGNIE) QU'IN NOUMÉ
BEURGAU, DE JARNAT, AT AMOUCELÉ [pour *amoncelé*] PEUR N'EN GOUGÉ SES
CHER BON-S AMIT LÉS SAINTONJOAIS. Deuxième édition. Ol é lés MM. Firmin
Didot frère et fi qu'avan mi tieû live en émolé encoére in cot et ol é zeu
otout qui le vendan. I rastan teurjau rue Jacob 56. S. d. [1860].

Couverture imprimée reproduisant le titre : in-16 de 36 p., sans table.

2ᵉ édition imprimée à petit nombre, dont un ex. sur peau de vélin,
vendu carton. 10 fr. en 1873 ; et quelques autres sur wahtman et pap.
de coul. L'ex. sur peau de vélin a figuré, vers 1910, sur un catalogue du
libraire Bourdeau, à Parthenay, au prix de 36 fr..

Cette édition contient trois pièces de plus que la première. Voici le contenu du recueil : Avis au lecteur, p. 3, signé : H. Burgaud des Marets,
rue de La Bruyère, n° 21, à Paris. — Aux veurdon d'la Chérente. —
Avertissement de la 1ʳᵉ édition — Aux Saintonjoais. — Lés chat à ma
fiyoule (avec des variantes). A tiellés qui lichan més achet. — Le levra
et sés bon-s amit. — In diàble dan n'in bénikié. — Aux Veurdon. — La
petrace à Piarre Bonichon. — Fin authentique du monologue de Piarre
Bonichon, insérée dans l'*Almanach de Cognac* (1860).

Bibl. nat^le : Y^e. 15.446.

M. Martineau : Ex. sur whatman provenant de la bibliothèque de
M. Clerc, à Saint-Maixent.

36. COMPLIMENT QU'AT ÉTÉ ADREUSSÉ A Mme *** PEUR LE JOR DE SON MARIAGE.
S. l. n. d. [Paris, Didot, 1860], un feuillet in-4° imprimé d'un seul côté.
Ex. unique, marqué 20 fr. au Catal. de 1874, n° 2536.

Cet unique ex. était, en 1884, la propriété de M. O. Clerc, de Saint-
Maixent, qui en fit tirer 10 ex., à ses frais, pour distribuer à des amis.
[Impr. Reversé, 1884, St-Maixent]. Nous avons vu l'ex. de M. E. Lambert, de Jarnac, qui porte l'envoi suivant : « Conforme à l'exemplaire
unique que je possède. Souvenir offert à M. Eutrope Lambert. Témoi-
gnage de sympathie. St-Maixent 27 avril 1884. Oscar Clerc. »

Mme ***, bénéficiaire du *Compliment*, était Mme Philippe Paulet, nièce
de Burgaud des Marets (Voy. le n° 9 de l'Appendice).

Bibl. nat^le : néant.

37. ELOGIO FUNEBRE AL REY NUESTRO SEÑOR FELIPE IV EL GRANDE, EN VAS-
CUENCE. ECRIUIOLO Y DEDICOLA AL TUMULO REAL DE PAMPLONA EL PADRE FRAN-
CISCO DE ALESON. Pamplona, Gaspar Martinez, 1665. in-4°

Pièce en vers d'un feuillet, reproduite par les soins de Burgaud des
Marets, chez Didot, et tirée à 4 ou 5 ex. dont un sur peau de vélin. [Cl.
Catal. B. des M. 1873. n° 5] Vendu carton. 12 fr. en 1873. Acquis par le
libraire Maisonneuve et marqué par celui-ci 50 fr. au Catal. de 1874, p.
125.

La note suivante, trouvée dans les papiers de B. des M., explique
cette publication : « *Aguirre y Alava (don Joachim de). Honores fune-*

bres, que hizo el real consexo de Navarra a la piedosa memoria del Rey Philippo IV. Pamplona, 1665. Poésies et épitaphes de divers auteurs : 43 fr. F. Michel (Brunet, *Manuel...*) » « Le *Manuel* omet d'indiquer que parmi ces pièces se trouve un éloge funèbre, en *langue basque*, de Philipe IV, par le père F. de Aleson. *Gure Erregui Philipe andiaren heristzean. Euscarazco coplac.* Cette mention était d'autant plus nécessaire que, sans la pièce basque, les enchérisseurs, je puis l'affirmer, n'auraient pas voulu de ce petit in-4° pour un franc.

38. LES PASSAGES BASQUES DE RABELAIS TRÈS EXACTEMENT REPRODUITS D'APRÈS LES PLUS ANCIENNES ÉDITIONS. in-4° S. l. n. d. [Paris, Didot, 1860].

Imprimé à un seul ex. sur pap. vert très fort pour M. Burgaud des Marets. [Cl. Catal. B. des M. 1873, n° 250]. Vendu 19 fr. carton. en 1873.

39. PARERGON SIVE SPECIMEN CANTABRICÆ HOC EST VETERIS VASCONUM LINGUÆ EX OPERE EXCERPTUM QUOD DE LITERIS ET LINGUA GETARUM. Anno 1597, Lugd. Batav. édit. Bon. Vulcanius Brugensis. — Parisiis, Didot, 1860. in-8°

Au verso du titre, on lit : « Octodecim tantummodo edita sunt exemplaria. » (dont un sur peau de vélin). Publié par Burgaud des Marets. C'est la réimpression du vocabulaire basque imprimé par Plantin en 1597. [Cl. Catal. B. des M. 1873, n°ˢ 286-287]. L'ex. sur peau de vélin, carton. 8 fr. en 1873. Acheté à cette vente par le libraire Maisonneuve qui l'a marqué 60 fr. sur le Catal. de 1874, p. 125.

Bibl. nat¹ᵉ : Néant.

1861

40. LA FUMELLE BOUKIÉE. (Patois saintongeais, variété jarnacaise). Signé : H. Burgaud des Marets.

Almanach de Cognac, commercial, agricole... Impr. Durosier, à Cognac, 1861, in-8°, p. 78-79.

La fumelle boukiée a été reproduite dans l'*Indépendant...*, 10 janv. 1861.

41. LE MOUNIÉ DE SAINT-ONGE (Patois saintongeais, variété jarnacaise). Signé : H. Burgaud des Marets.

Ibid. p. 79-83.

Le même *Almanach*, (Mentions bibliographiques, p. 103-106) annonce. *in fine, La Maleisie à Piarre Bounichon,* qui devait être représentée incessamment à Cognac. Elle ne fut jouée qu'au mois d'août 1862, à Rochefort.

42. CHANSON PATOISE COMPOSÉE PAR M. X***. in-8° ; opuscule imprimé chez Didot par les soins de M. Burgaud des Marets. (n° 642 de son Catal.) et tiré à quelques ex. seulement. [Cl. Barbier, *Dict. des ouvr. anon. Suppl¹*, col. 40.]

Voici le titre donné par le Catal. B. des M. 1873. n°ˢ 642-643 : « *Chanson patoise composée par M. X*** à l'occasion de sa réforme en 1792. in-8° ;* imprimée sur pap. de chine et tirée à quelques ex. »

Vendue 7 fr. et 4 fr. en 1873. L'ex. sur chine acheté 7 fr. par le libraire Maisonneuve, figure au prix de 20 fr. sur le Catal. de 1874, du même libraire, p. 126.

L'auteur de cette chanson patoise est l'abbé F.-A. de Meschinet, né à Saint-Jean-d'Angély en 1772, mort dans la même ville en 1848. Elle a été publiée par *Les Affiches de Saint-Jean-d'Angély*, n° du 5 février 1848, et par la *Chronique Charentaise* n° du 2 mai 1875. [Cf. Rainguet. *Biogr. Saintong.*, p. 403-405, et A. Favraud, *Œuvres de Marc Marchadier*, p. 359].

M. Marchadier, dans une étude sur *Le patois saintongeais au siècle dernier*, attribue à ce même abbé de Meschinet la *Chanson du conscrit de 1815*, ajoutant qu'à cette même époque [1861] Burgaud des Marets la mettait sous presse chez Didot. [Cf. A. Favraud, *op. cit.* p. 359, note 3].

Nous n'avons trouvé aucune réimpression de cette chanson par B. des M. Voici comment elle est indiquée dans le Catal. de 1873, n° 654 : « *La Jacacerie d'ein conscrit saintonjoais qu'amait meux borer \ son bezot que non pas son fusille.* s. l. 1816, in-12, carton. Quelques pages. Bel exemplaire d'une pièce introuvable. » Achetée 6 fr. en 1873 par le libraire Maisonneuve qui la marqua 12 fr. au Catal. de 1874, p. 126. C'est sans doute la réimpression de 1861, dont parlait Marchadier.

La Jacacerie... a été reproduite par M. Favraud dans son édition des *Œuvres de M. Marchadier*, p. 367-369.

Bibl. nat^le : Néant.

43. Glossaire du patois rochelais, suivi d'une liste des expressions vicieuses usitées a La Rochelle, recueillie en 1780 par M***. Paris, Librairie de Firmin Didot frères, fils et Cie, Imprimeurs de l'Institut et de la Marine, rue Jacob, 56, 1861. in-4° de 8 pp. à 2 col. Couverture imprimée reproduisant le titre. Tiré à 10 ex. dont quelques-uns sur pap. de coul. et un sur peau de vélin.

Publié par Burgaud des Marets d'après le manuscrit qui lui appartenait ; n° 580 de son Catalogue : « *Glossaire du patois rochellois*, 4°, demi-vélin. Ms. de 19 feuillets de bonne écriture ; suivi d'un certain nombre de locutions employées à La Rochelle par le bas peuple, (recueillies en 1780 par le cousin de M. Fleuriau de Bellevue, député). 2 feuillets [1]. »

---

(1) Il existe à la Bibliothèque de La Rochelle un autre ms. sur le même sujet : " Expressions populaires à La Rochelle en 1780 " XVIIIe siècle. Papier. 26 feuillets, dont les 10 derniers blancs. 240 sur 200 millim. Dem. rel. parchemin. (*Catal. des Mss. de La Rochelle*. P. 1889. N° 310 (3385).

Delayant (*Bibliogr. Rochelaise*. 1882. N° 1200) cite ce même ms. en lui donnant 30 pp. Il ajoute que ce ms. forme le fond d'un livre publié chez Didot en 1861 (c'est notre n° 43 ci-dessus). Delayant donne le titre exact suivi de cette erreur : *Montpellier, in-4*. (?)

Comme nous ignorons où se trouve le ms. vendu en 1873, il nous a été impossible de le confronter avec celui de La Rochelle et, par suite, nous ignorons aussi lequel des deux est le ms. original.

Il n'est pas inutile de faire remarquer que les trois descriptions de ces deux manuscrits sont différentes, du moins quant au nombre des feuillets.

Ce ms. a été vendu 5 fr. en 1873, et l'imprimé sur pap. de coul. 10 fr., même vente. Acquis par M. Maisonneuve qui les a fait figurer sur le Catal. de 1874, p. 126, aux prix de 50 fr. pour le ms. et 20 fr. pour l'imprimé. Dans un catalogue du même libraire : 2e *Bulletin d'un beau mélange d'ouvrages...* s. d. [v. 1911] p. 14, un ex. de l'imprimé, sur peau de vélin, carton., 65 fr.

Barbier, *Dict.* II. 547, attribue le *Glossaire* à B. des M., alors que celui-ci n'en est que l'éditeur.

Nous connaissons huit exempl. (sur 10) de cet ouvrage, qui se répartissaient ainsi en 1914 :

1. Bibl. nat^le : Rés. X. 948.
2. Bibl. de La Rochelle.
3. Bibl. de Niort.
4. Collect. de Mlle A. Bolleau.
5. Collect. C. Beaulieu.
6. Collect. A. Favraud.
7. Collect. F. Fertiault.
8. Collect. M. Martineau.

44. Encoére ine traleé d'achet qu'avian rasté d'dan le pot a creite a Beurgau et qui s'ran vendut peur lés MM. Didot frère et fi, rue Jacob, 56. Paris, le dist dau moê de mai de 1861.

Couvert. impr. reproduisant le titre. Prix : 2 fr. d'après le *Journal de la Librairie.* in-18 de 36 pp. sign. 2 (13) 2. (17) 3 (25) 3. (29).

Les pp. 31 à 36 sont occupées par un glossaire. Table p. 36. Voici les pièces de ce recueil : Aux mignoûr d'achet. — L'aragne et le piyerit. — Le mounié de Saint-Onge. — Me marerai-ji ? me marerai-ji pas ? — Lés parchaude et leû nôrissour. — Deux fin-finaud. — Le vipère et l'chenot.

Tiré à petit nombre. Un ex. sur peau de vélin, quelques-uns sur chine et sur pap. fort de coul.

Bibl. nat^le : Y°. 15.447.

M. Martineau : un ex. sur chine.

45. Encoére ine tralée d'achet qu'avian rasté d'dan le pot a creite a Beurgau et que les MM. Didot frère et fi, rue Jacob, 56, avan mi en émolé pe la seconde et darière virée, 1861.

in-18 (sig. 2 (13) 2. (17) 3 (29)...) de 36 p. pour la *tralée d'achet ;* p. 31 à 36, glossaire et table, plus 2 ff. non chiffrés ; le premier porte au recto le titre suivant : *Enteurtien de Jean-l'-sot et de Piarre Niquedouye sus l'moéyen que les vigne gelan pas ;* verso blanc. Le deux. feuillet, recto et verso, est occupé par cette pièce.

Couverture imprimée, avec ce titre : *Le guialogue de Jean l'sot et de Piarre Niquedouye et la trálée d'achet qu'avian rasté d'dan le pot a creite a Beurgau.* Paris. Typographie de Firmin Didot frères et fils, 1861.

Deuxième édition ; même tirage que la première.

Dans certains ex., les deux feuillets de l'*Enteurtien de Jean l' sot* se trouvent placés en tête, ou tout à fait à part, comme dans l'ex. de M. Martineau. Mais soit avant, soit après la *tralée d'achet*, l'*Entcurtien* doit être relié avec cet ouvrage, comme l'indique la couverture.

Table : Aux Saintonjoais, 3 — Aux Mignoùr d'Achet, 4 — L'Aragne et le Piyerit, 6 — Le Mounié de Saint-Onge, 9 — Me mareraî-ji ? Me mareraî-ji pas ? 13 — Lés Parchaude et leù nôrissour, 22 — Deux Fin-finaud, 25 — Le Vipère et l'Chenot, 28 — glossaire et table, 31 à 36. — Il y a erreur dans la table qui ne mentionne pas, p. 6, *La fumelle boulyée*. *L'aragne et le piyerit* est à la p. 5, et non à la p. 6, qui est occupée par *La fumelle*...

Bibl. nat^le : Ye. 15.448.

M. Beaulieu : un ex. sur pap. fort de couleur.

M. Martineau : un ex. sur chine.

M. Favraud, d'Angoulème, un ex. broché avec la couv. chamois, identique à l'ex. de la Bibl. nat^le.

Comptes rendus :

a) *Indicateur de Cognac* du 26 mai 1861, art. signé · Z. M. [Marc Marchadier].

b) *Les Tablettes des Deux-Charentes*, 1er juin 1861, art. avec citations, signé : F. Desrivières. C'est à l'occasion de cet art. que B. des M. fit la pièce patoise reproduite au n° 10 de l'Appendice.

c) *La Saintonge*, 16 juin 1861, compte rendu signé : E. Rémon.

d) *L'Indépendant de la Charente-Inférieure*, 11 juin 1861, annonce du livre, quelques lignes non signées.

e) *Les Tablettes des Deux-Charentes*, 17 sept. 1862. *OEuvres saintongeaises de H. Burgaud des Marets*; long article signé : K. Z. [Marc Marchadier], reproduit dans *L'Indépendant de la Charente-Inférieure* du 2 oct. 1862.

1864

46. La maleisie a Piarre Bounichon, coumédie saintongeoèse qu'in noumé Beurgaud at afistolé p' divarti soédisant lés belle Rochefortoèse. Ol é lés Messieurs Didot, de Paris, qui le l'avant mise en émolé et qui la barant pe reun de conte in p'tit ékiu, toute l'année 1864. [Le *Journal de la Librairie* donne le prix : 3 fr.]. Couvert. brique avec ce titre : *La maleisie à Piarre Bounichon.*

In-18, sig. 2 (13) 2. (17) 3 (25) 3. (29), de 48 pp. chiffrées ; à la dernière page figure l'errata et la mention suivante : Paris, Typographie de Ad. Laîné et J. Havard. Rue des Saints-Pères, 19. Tirée à petit nombre ; il y a eu des ex. sur chine. Cette comédie a été représentée à Rochefort le 16 août 1862, à l'occasion des Fêtes de charité.

Bibl. nat^le : Y^th 10.751. Ex. de M. A. d'Abbadie, avec l'envoi suivant : « A. Monsieur A. d'Abbadie, Hommage du rimeur. H. Burgaud des Marets. »

M. Beaulieu : ex. sur pap. teinté avec la couvert.

M. Martineau : ex. sur chine, carton.

Comptes rendus de la représentation :

a) *Tablettes des Deux-Charentes*, 20 août 1862. Fêtes de charité de

Rochefort. — C. rendu de *La maleisie...* signé : K. Z. [M. Marchadier].

b) *Tablettes des Deux-Charentes*, 23 août 1862. Fêtes de charité de Rochefort. Lussant, 21 août 1862, à Monsieur le Rédacteur des *Tablettes des Deux-Charentes*. [Eloge de *La maleisie*] signé : A. Bonnet.

Compte rendu de l'imprimé :

Indicateur de Cognac, 20 mai 1864. *La maleisie...*, art. avec citations, signé : Jamon [Marc Marchadier].

47. Le saint Évangile selon S. Matthieu, d'après la version française de Lemaistre de Sacy ; traduit en saintongeois de Jarnac, par M. Burgaud des Marets.

Au-dessous de ce titre : une aigle éployée, surmontée d'une couronne de prince ; dans le double ovale qui renferme cette figure héraldique, on lit : *Impensis Ludovici Luciani Bonaparte*. Au-dessous : Londres, 1864.

Faux-titre : *La sainte évangile au dire de saint Matthieu*.

Au verso du titre, la mention suivante : We certify that only 250 copies of this work have been printed, of wich one is on thick paper. Strangeways et Walden, Castle street, Leicester-Square.

In-16 carré de viii-144 pp. Tiré à 250 ex., dont un sur pap. fort, aux frais du prince L.-L. Bonaparte, et non mis dans le commerce.

Les pages v à viii sont occupées par des « Observations sur la prononciation saintongeaise et sur l'orthographe conventionnelle adoptée par l'auteur de cette traduction. » signées : L.[ouis] L.[ucien] B.[onaparte]. Inutile d'ajouter que ces « Observations » ont été préparées par B. des M.

Aucun ex. de cet ouvrage n'a figuré sur les Catal. de 1873 et 1874.

Bibl. nat^{le} : A. 13.758.

Bibl. de Saintes : Ex. du baron Eschassériaux, avec une longue dédicace en patois, reproduite au n° 15 de l'Appendice.

M. Martineau : un ex. relié en maroq. rouge écrasé.

Comptes rendus :

Indicateur de Cognac, 14 janv. 1866, art. signé : Z. Berger. [M. Marchadier].

Almanach-Annuaire de Cognac... 2° série, 4e année, 1911. 8°. R. Lacaud, édit.-impr. [Cognac, 1910]. Fig. — Quelques extraits de la traduction, précédés d'une notice de 19 lignes, non signée. (p. 126 à 128).

48. Sans titre. [*Nomenclature saintongeaise*].

Paris, Typographie de Firmin Didot frères, rue Jacob, 56. s. d. [1864] in-8°, imprimé à 4 colonnes (8 pages). Simple liste de mots (plus de 2.000), sans définition :

>   Abalourdir.
>   Abalourdit.
>   Abandouner.
>   Abarger....

Tiré à quelques ex. non mis dans le commerce. L'ex. qui figurait au Catal. de 1873 (n° 608) a été adjugé 22 fr., à la Bibliothèque de Saintes.

Bibl. nat^{le} : néant.

M. Favraud, d'Angoulême : un ex. sans couvert.

M. Martineau : une copie manuscrite.

49. Essai d'un glossaire des patois de Lyonnais, Forez et Beaujolais, par M. J.-B. Onofrio. Lyon, Scheuring, 1864. 1 vol. in-8°. Compte rendu signé : H. Burgaud des Marets.

Revue des Provinces. Décentralisation littéraire et scientifique. Rédacteur en chef : M. Edouard Fournier. T. V. 1re livraison. 15 oct. 1864. in-8°, p. 178-179. — Bibl. nat^{le}. [Z. 46.695].

1866

50. Le diabe et la crénoline. Conte en vers paru seulement dans *l'Annuaire administratif, judiciaire, commercial, géographique, historique et statistique de l'arrond^t de Cognac, pour* 1866. B. Bérauld, éditeur.

Prix : 2 fr., chez l'auteur (*sic*), rue de Pons, 11. 1866. in-12.

Ce conte (p. 222) est précédé de quelques lignes signées : Ben. Ber. [Benjamin Bérauld], mais le vrai rédacteur de cette petite notice est Marc Marchadier.

Le même *Annuaire* donne, p. 225 : *Le renard et la grôle.*

Le diâbe et la crénoline a été reproduit dans les n^{os} des 6 et 13 mai 1883 de l'*Echo de Jarnac*, et dans les *Addenda* aux *OEuvres de Marchadier*, de L.-Ph. Couraud.

51. Notes de A. Oihenart pour le glossaire basque de Pouvreau, publiées d'après le manuscrit de la Bibliothèque impériale avec l'autorisation de S. E. le Ministre de l'Instruction publique, et suivies d'observations, par H. Burgaud des Marets.

Paris, librairie de Firmin Didot frères, fils et Cie, Imprimeurs de l'Institut, rue Jacob, 56. — 1866. Paris. Typographie de Ad. Laîné et J. Havard, rue des Saints-Pères, 19. La couverture imprimée sert de titre.

8° de 16 pages à 2 colonnes. Voy. le n° 16 de l'Appendice, 1247 et 1248. Tiré à quelques exempl. non mis dans le commerce. Un ex. broché vendu 3 fr. à la vente de 1873 (n° 235).

Bibl. nat^{le} : X. 35.050.

Collect. C. Beaulieu : un ex. d'épreuve, avec corrections de la main de B. des M.

1867

52. Lettre en prose patoise, signée : *Pierre Chipoteau.* [Burgaud des Marets]. *Jean qui pleure et Jean qui rit,* journal littéraire non périodique. 0 fr. 25, poste restante à Jarnac. Imprimé par Nadaud, à Angoulême ; in-4°. n° 5 [de février 1867]. p. 55.

Ce journal, fondé en 1866, par M. Eutrope Lambert, de Jarnac, ne vécut qu'un an.

53. Jeanne Malette, femme Chipoteau, a Jean qui pleure et Jean qui rit signé : *Jeanne Malette, femme Chipoteau.* [Burgaud des Marets]. Pièce patoise de 38 vers.

Ibid. n° 7 [1867].

Cette dernière poésie a été reproduite dans la *Gazette des Bains de mer de Royan* du 6 juillet 1884, et dans l'*Almanach de Cognac* de 1910. p. 147.

<h3 style="text-align:center">1869</h3>

54. Parabole des ouvriers vignerons. [Extr. de l'Evangile de St-Matthieu, Chap. XX.] non signé. [par Burgaud des Marets].

Almanach vinicole et commercial des Deux-Charentes, année 1869. Noguès, édit. Cognac. in-12 de 48 p. (p. 44). Prix 0 fr. 15 cent.

55. Le louc et l'igna. — Lés chat a ma nièce.

Annuaire commercial et administratif de l'arrond^t de Cognac, par B. Bérauld, Cognac, chez l'auteur (*sic*). 1869. in-12 (p. 230 et 231).

<h3 style="text-align:center">1870</h3>

56. La pérote et le jau.

Almanach vinicole et commercial des Deux-Charentes, à l'usage de tous les propriétaires et négociants d'eau-de-vie, pour 1870.

Niort, Clouzot ; Cognac, Noguès. 1869. Tirage à 5.000. — in-12 de 47 pp. Vignettes.

Le 21e vers de cette fable dut être modifié ainsi :

« *Comb'n et combe de gâs qu'ol at.* »

Le manuscrit portait : « *Dés empéroux, dés rouas qu'ol at.* »
C'est ainsi que l'Empire entendait la liberté de la presse.

57. OEuvres de Rabelais, *collationnées pour la première fois sur les éditions originales, accompagnées d'un commentaire nouveau par MM. Burgaud des Marets et Rathery. Seconde édition revue et augmentée. Tome 1er.*

Paris. Librairie de Firmin Didot frères, fils et Cie, Imprimeurs de l'Institut, rue Jacob, 56. 1870.

in-18 jésus, XII-768 pp. Prix : 4 fr.

La préface, la biographie, plusieurs notes du commentaire, ont reçu. dans cette nouvelle édition, d'assez nombreuses corrections et augmentations.

Voici ce qu'en dit le *Supplément au Manuel du libraire :* « Voir, sur cette excellente et très savante édition, un article inséré dans la *Revue critique* du 1er juin 1870, et un autre publié le 24 oct. 1874.

Nous n'ajouterons qu'un mot, c'est que le regrettable Burgaud des Marets a consacré vingt années de recherches à cet admirable travail.

Il a été tiré quelques ex. en grand papier de hollande [format in-8°], épuisés et fort recherchés aujourd'hui. »

Cette seconde édition du 1er vol. fut si rapidement épuisée qu'on la réimprima en 1872, avant l'impression du T. II. On tira de nouveau quelques exempl. sur grand pap. de hollande, portant le millésime 1872 sur le 1er vol. Cette réimpression est souvent cause d'erreurs dans les catalogues de ventes aux enchères, dans les catalogues de libraires, et même dans plusieurs ouvrages de bibliographie, qui mentionnent l'édition de 1872 comme la seconde édition originale, alors que celle-ci doit porter sur le 1er vol. le millésime 1870, et sur le 2e vol. celui de 1873.

Bibl. nat^{le} : *Inv.* Y² 10404.
Bibl. Ste Geneviève : 8° Y. 61. sup.
Bibl. Mazarine : 37.607. Ex. légué par Th. Baudement.
M. Martineau : un ex. in-18 et un autre sur grand pap.
C. Beaulieu : *ibid.*

<h3 style="text-align:center">1871</h3>

58. A Messieurs les Secrétaires d'académie, Bibliothécaires, Biblio-philes, Libraires-éditeurs et Journalistes de l'Europe et des États-Unis d'Amérique. broch. in-8° de 8 pages. S. l. n. d. Couverture muette Au bas de la dernière page : Imprimerie de J. Dumaine, rue Christine, 2.

Cette lettre-circulaire, datée de Paris, 1er octobre 1871, est signée : *Emile Bégin, Burgaud des Marets, de Caussade*. — Elle faisait appel au concours et à la générosité de tous les amis de la littérature, pour permettre la reconstitution de la *Bibliothèque du Louvre*, incendiée dans la nuit du 23 au 24 mai 1871.

Bibl. nat^{le} : Catal. des auteurs. v° Bégin (Emile). 8° Q. Pièce 36.
M. Martineau : un ex.
C. Beaulieu : un ex.

<h3 style="text-align:center">1873</h3>

59. OEuvres de Rabelais,... *seconde édition, revue et augmentée.* T. II. Paris. Librairie de Firmin Didot frères, fils et Cie, Imprimeurs de l'Institut, rue Jacob, 56. — 1873.

in-18 jésus de 638 pp.. Prix : 4 fr. Tirage plus fort que celui du 1er vol. en raison de la réimpression de 1872.

C'est la dernière édition publiée du vivant des deux éditeurs. Les suivantes, très nombreuses, ne sont qu'une réimpression de celle-ci.

Beaucoup de réimpressions sont sans date. Nous avons trouvé les millésimes 1880, 1882, 1884, 1887, 1893. Les exempl. de 1882 portent au verso de la couvert. inférieure la mention suivante : « Le même ouvrage — édition tirée sur pap. à la forme et collé — 2 vol. in-8°. 10 fr.

Un tirage de 1893 porte : 3e *édition, revue et augmentée...*

L'édition en vente actuellement à la librairie Didot porte sur son titre : 4e *édition revue et augmentée...* sans date. Il est inutile d'ajouter que cette 4e édition n'a été ni revue, ni augmentée, et pour cause. Il en est de même pour tous les tirages effectués à partir de 1873.

Bibl. nat^{le} : *Inv.* Y². 10405.
Bibl. Ste Geneviève : 8° Y 61, sup.
Bibl. Mazarine : 37607. II. Ex. légué par Th. Baudement.

M. Martineau : un ex. in-18 et un autre sur grand pap.

C. Beaulieu : *ibid.*

Comptes rendus :

Revue critique d'histoire et de littérature. n° 25. 18 juin 1870. (p. 390-392).

OEuvres de Rabelais... art. signé : G. P. [Gaston Paris].

Ibid., n° 43. 24 oct. 1874. (p. 263-264). *OEuvres de Rabelais...* art. signé : Th. de Puymaigre.

CATALOGUES DE LA BIBLIOTHÈQUE
DE BURGAUD DES MARETS

1. Bibliothèque patoise de M. Burgaud des Marets, *dont la vente aura lieu aux enchères publiques dans le courant du mois d'avril 1873. Environ 2500 n°ˢ, la plupart reliés en maroquin par Capé et Trautz-Bauzonnet.*

MM. Maisonneuve et Cⁱᵉ, libraires, 15, quai Voltaire, se chargeront des commissions des personnes qui ne pourraient assister à la vente.

P. S. *La suite du Catalogue ne sera envoyée qu'à ceux qui nous en feront la demande.*

Paris, Maisonneuve et Cⁱᵉ, libraires-éditeurs, 15, quai Voltaire, 15. 1873. in-8° de 16 p. La couverture rose sert de titre.

Le prospectus ne comprend qu'une partie de la langue basque, p. 1 à 16 (n°ˢ 1 à 163). Le verso de la couverture contient une petite notice, non signée, sur la beauté de cette bibliothèque. Le recto et le verso de la couverture inférieure contiennent un « Extrait du Catalogue des mêmes libraires. » Bibl. natˡᵉ : Inv. Δ 42. 879.

2 Bibliothèque patoise de M. Burgaud des Marets. *Livres rares et précieux, la plupart avec reliure de Capé et de Trautz-Bauzonnet. Impressions sur peau de vélin, papier de chine et de couleur.*

Langue basque — Patois français et romans — Collection de Noëls — Dialectes espagnols — Dialectes italiens — Rhéto-Romanche ou Grison — Langues celtiques — Patois anglais — Patois allemands — Argot des voleurs — Langue des Cigains.

Paris, Maisonneuve et Cⁱᵉ, libraires-éditeurs, 15, quai Voltaire, 15. 1873. Couverture imprimée reproduisant le titre, rouge et noir.

8° de vii-222 pp. « Paris. J. Claye, Imprimeur, 7, rue Saint-Benoît. » Le verso du faux-titre mentionne (en rouge et noir) que « La vente aura lieu le 5 mai 1873 et les onze jours suivants, à 7 h. 1/2 du soir, salle Sylvestre, rue des Bons-Enfants, 28, salle n° 1, au premier étage, par le ministère de Mᵉ Delbergue-Cormont, commissaire-priseur, rue de Provence, n° 8, assisté de M. Maisonneuve, libraire, etc... »

Pages v-vii, Notice sur la bibliothèque, signée : C. L. [Charles Leclerc]. Le Catal. proprement dit occupe les pages 1 à 215 (2.275 n°ˢ) : la table des divisions les pp. 217 à 220 ; l'ordre des vacations les pp. 221-222.

Il y a eu des ex. en grand pap. vergé de hollande.
Bibl. nat^{le} : *Inv.* Δ 32454-32455 (2 ex.)
Bibl. Mazarine : 40.881 [1re et 2e parties].
Bibl. Ste Geneviève : Q^b 8°. Suppl^t 109.
M. Martineau : 2 exempl.
C. Beaulieu : 1 ex. avec les prix (Ex. du libraire Joly).

3. *Variétés bibliographiques.* BIBLIOTHÈQUE PATOISE DE M. BURGAUD DES MARETS. article de trois pages, signé : Albert de La Fizelière. *Bulletin du Bouquiniste.* A. Aubry, libraire à Paris, 1873. in-8° (p. 243-245).

4. BIBLIOTHÈQUE PATOISE DE FEU M. BURGAUD DES MARETS. *Livres rares et précieux, la plupart avec reliure de Capé et de Trautz-Bauzonnet. Impressions sur peau de vélin, etc., etc. Deuxième partie.*

Langue basque — Langues romanes et leurs dialectes — Langues italique anciennes — Langues celtiques — Patois de l'Angleterre et de l'Allemagne — Argot (France, Angleterre, Allemagne, Italie) — Langue des Cigains (Bohémiens). Paris. Maisonneuve et Cie, libraires éditeurs. 15, quai Voltaire, 15. 1874.

Couverture imprimée reproduisant le titre.

8°. 2 feuill. non chiffr. et 130 pages.

La feuille qui suit le titre contient, au recto, un *Avis*, non signé.

Le Catalogue, à prix marqués, occupe les pp. 1 à 124. (les n^{os} continuent ceux de la 1re partie, du n° 2276 au n° 3561). Les pp. 125 à 130 sont occupées par la « Liste et prix des numéros de la première partie du Catalogue de la Bibliothèque de M. Burgaud des Marets. Ouvrages encore en vente. » [1367 n^{os}].

Dans cette 2e partie, M. Maisonneuve a fait figurer plusieurs ouvrages qui n'appartenaient pas à B. des M.

Bibl. nat^{le} : *Inv.* Δ 42306-42307 (2 ex.)
Bibl. Mazarine : 40881.
M. Martineau et C. Beaulieu, un ex.

REPRODUCTIONS DE PIÈCES PATOISES

Après la mort de Burgaud des Marets, un grand nombre de feuilles périodiques des deux Charentes ont publié un choix de ses œuvres patoises. Ces publications sont, dans la plupart des cas, sans grande valeur. Les erreurs, les fautes, les interpolations y fourmillent. Nous ne les citons donc que pour mémoire. Voici les principales :

La Cigale, Pons. Impr. Noël Texier, du 9 mai au 10 sept. 1874 (n° 5, 6, 8, 9, 10, 11, 12, 14, 15 à 19, 21 et 23).

La Gazette des Bains de mer de Royan. Direct.-fondat. Victor Billaud, a publié, avec l'autorisation de la famille, la majeure partie des œuvres patoises de B. des M. principalement du n° 158, 16 avril 1882, au 4 sept. 1884).

Bulletin du Syndicat agricole des cantons de Jarnac, Segonzac... [mensuel]. 4°, a publié par les soins de M. L. Comandon, ami de la famille Burgaud, une grande partie de l'œuvre patoise du poète, y compris *La Maleisie à Piarre Bounichon,* (du n° 1, 1ᵉʳ janvier 1911, au n° 1, 1ᵉʳ janvier 1913).

Enfin, des pièces détachées ont paru, çà et là, dans les périodiques suivants : *Les Affiches de Saint-Jean-d'Angély ;* l'*Almanach de Cognac ;* l'*Almanach vinicole et commercial des Deux-Charentes ;* l'*Annuaire de l'arrond* de Cognac ; Le Charentais ; La Chronique charentaise ; L'Echo de Jarnac ; L'Indépendant de la Charente-Inférieure ; L'Indicateur de Cognac ; Le Nouvel Almanach du bon agriculteur, Angoulême ; Le Nouvelliste de Pons ; Le Bulletin de la Revue de Saintonge et d'Aunis ; La Saintonge ; Les Tablettes des Deux-Charentes ; Le Ventre rouge ;* etc., etc...

Fin de la Bibliographie.

APPENDICE

N° 1

Le lecteur aura vu, au cours de l'ouvrage, pourquoi Burgaud des Marets ne publia pas, dans le journal *Le Polonais*, la IV° partie des *Dziady*. Voici cette traduction inédite : le manuscrit autographe se trouve au Musée de Rapperswill, en Suisse.

***

Les Dziady

I. Fragments de la IV° partie [1]

La scène se passe dans la maison d'un prêtre ; la table est encore tendue, après souper ; un prêtre, des enfants.

Le prêtre.

Mes enfants, levons-nous de table ; après le pain quotidien, agenouillez-vous autour de moi, rendons grâce au tout puissant ; ce jour est consacré par l'Eglise aux âmes chrétiennes que la mort a livrées aux supplices du purgatoire ; prions pour elles. (*il ouvre un livre*). Voici la leçon du jour.

(*Les enfants lisent*) : Dans ce temps-là...

Le prêtre.

Qui est là ? qui frappe ?

---

(1) La IV° partie des *Dziady* est trop étendue pour qu'on l'insère en entier dans un journal ; j'ai dû me résoudre à n'en donner que des fragments : j'aurais pu les lier entre eux par de courtes explications, mais c'est un moyen insuffisant et glacial ; il m'a paru qu'il valait mieux encore tronquer qu'analyser un poète. Sans doute le lecteur ne saisira pas dans ces fragments le plan et la pensée de l'auteur : il y reconnaîtra du moins, malgré le peu de mérite de ma traduction, de grandes beautés de détail. (*Note de Burgaud des Marets*).

(*Un hermite s'avance, bizarrement vêtu*[1].)

Les enfants.

Oh, mon dieu !

Le prêtre, *surpris*.

Qui es-tu ? Que veux-tu ?

Les enfants.

Un cadavre ! un spectre ! au nom du père, disparais.

Le prêtre.

Qui es-tu, frère ?

L'hermite.

Cadavre, cadavre, oui, mon enfant !

Les enfants.

Cadavre, cadavre, ne touchez point papa ;

L'hermite.

C'est un mort !... oh non !... c'est seulement un mort pour le monde ; je suis un hermite, me comprenez-vous ?

Le prêtre.

D'où viens-tu si tard ? qui es-tu ? mais oui, je t'ai vu autrefois ici ; réponds, mon frère, quelle est ta famille ?

L'hermite.

Oh oui, oui ! j'ai habité ces lieux... il y a longtemps... dans ma jeunesse... avant la mort, il peut y avoir trois ans ! mais que t'importent ma famille et mon nom ? quand le sacristain sonne le glas d'un mort, la foule lui demande : qui a quitté ce monde ? et pourquoi cette curiosité ! dites seulement des prières.

Eh bien !... moi aussi, je suis mort pour le monde, pourquoi ta curiosité ? dis seulement des prières.

Mon nom ! je ne puis le dire encore... je viens de loin... que sais-je ? de l'enfer, du paradis, et je retourne vers la même contrée... prêtre, si tu la connais, montre-moi le chemin.

Le prêtre.

Le chemin de la mort ? je ne le voudrais montrer à personne. Nous autres prêtres, nous redressons seulement les sentiers de l'erreur.

L'hermite, *avec tristesse*.

Bon prêtre, d'autres s'égarent dans leur course !... toi, — que dans le grand monde règnent la paix ou les combats, qu'une nation s'anéantisse ou qu'un amant expire, rien ne t'inquiète quand

---

(1) C'est encore le spectre qu'on a vu apparaître à la fin de la IIe partie, qui se montre ici sous la forme d'un ermite. (*ibid.*)

avec tes enfants tu es assis autour de ton foyer. Et moi, je souffre
par ce temps d'orage... entends-tu l'ouragan ? vois-tu les
éclairs ?...

Le prêtre.

Il te faut du repos, assieds-toi, chauffe-toi.

L'hermite.

Chauffe-toi ! prêtre !... le bon !... l'excellent conseil !...
(*En montrant son sein.*) Tu ne sais pas quel feu brûle ici !
malgré la pluie, malgré le froid, toujours il brûle ! parfois je
saisis de la neige, de la glace, je la presse sur mon sein brûlant :
la neige fond, la glace fond ; de mon sein se dégage la vapeur ;
le brasier me dévore ! il fondrait des rocs et des métaux plus durs
que cela mille fois ; (*en montrant la cheminée*), un million de
fois. (*il réfléchit...*) Prêtre, connais-tu la vie d'Héloïse ? connais-
tu la flamme et les pleurs de Werther ? j'ai enduré tant de souffrances, tant de tourments, que la mort seule apaisera mes dou-
leurs !... Si je l'ai offensée par mon amour téméraire, j'expierai
ma faute par mon sang !... (*il tire un poignard*).

Le prêtre, *le retenant.*

Arrête, insensé ! arrachez-lui ce fer ! es-tu chrétien ? connais-
tu l'Evangile ?

L'hermite.

Et toi connais-tu le malheur ? (*il cache son poignard*), mais
bien !... l'heure n'a pas encore sonné...

Le prêtre.

Tu as enduré d'affreux tourments ! Dieu te les comptera dans
l'autre monde, quels que soient ici-bas tes péchés !

L'hermite.

Mes péchés ! et je vous prie, quels sont mes péchés ? un inno-
cent amour mérite-t-il des supplices éternels ! le Dieu qui a créé
la beauté a aussi créé l'amour. C'est lui qui a lié pour l'éternité
nos deux âmes ; avant de les créer et de les voiler du deuil char-
nel, déjà il les avait unies... si aujourd'hui la main des hommes
nous sépare, la chaîne s'étend et ne se rompt pas, notre amour
grandit avec les obstacles et nous décrivons chacun un même
cercle, tracé avec un rayon du même foyer.

Le prêtre.

Si le Seigneur les a liées, les hommes ne les délieront pas !...
vos tourments auront un terme.

L'hermite.

Là seulement... quand nous nous envolerons au-dessus de ce
monde de boue ; ici je me suis à jamais séparé de ma bien aimée.
(*après un repos.*) Le tableau de cette séparation est encore dans

ma pensée. Je me le rappelle... au milieu de l'automne... à la
fraîcheur du soir... le lendemain je devais partir... j'errais dans
le jardin. Par la méditation, par la prière, je cherchais à fortifier
mon cœur contre le dernier trait de son regard... que la nuit était
belle, je m'en souviens aujourd'hui encore !... après une légère
pluie, toute la terre resplendissait de gouttes de rosée ; un
brouillard enveloppait la colline, pareil à une mer de neige ;
d'un côté un nuage épais précipitait ses sombres laves; de l'autre,
la lune se montrait pâlissante. Les étoiles, au terme de leur
course nocturne, se replongeaient dans l'azur ; je regarde... je
vois briller au-dessus de ma tête l'étoile du matin... oh depuis
lors, je la connais bien, nous nous saluons chaque jour !...
J'abats les yeux sur les charmilles... je l'aperçois tout à coup !...
Sa robe apparaissait blanche à travers les sombres arbres... elle
était là, immobile comme une colonne sépulchrale. Soudain elle
s'élance comme un léger souffle du zéphyr. Ses yeux fixés sur la
terre ne se relevaient point vers moi. Que son visage était pâle !...
Je m'incline, je regarde de côté, je distingue une larme sous sa
paupière. Demain, lui dis-je, je pars !... Adieu, répond-elle ; à
peine l'entendis-je !... oublie !...

Moi l'oublier ? oh, il est facile de l'ordonner ; ordonne, ma
chérie, à ton ombre de disparaître à l'instant et d'oublier de
courir après ton corps !...

Elle cueille une branche, me la présente... voici ce qui nous
reste... Adieu, dit-elle, et à travers la longue allée, elle s'éclipse
comme une étincelle.

Le prêtre.

Jeune homme, je sens profondément ce qui t'afflige, mais
écoute : on compte par milliers les plus malheureux que toi. Moi-
même j'ai pleuré à plus d'un enterrement ; je prie déjà sur la
tombe de mon père et de ma mère ; deux de mes enfants sont de
petits anges, dans les cieux. Ah ! la compagne de mon bonheur
et de mes peines, mon épouse que je chérissais tant... mais qu'y
faire : Dieu les donne, Dieu les prend. Qu'en tout sa sainte volonté s'accomplisse.

L'hermite.

Ton épouse ?

Le prêtre.

Ah ! ce souvenir me fend le cœur.

L'hermite.

Ecoute, je te consolerai de ta perte : ton épouse avant d'expi-
rer était déjà morte.

Le prêtre.

Comment ?

L'hermite.

Quand on donne à une vierge le nom de femme, on l'enterre

vivante !... pour elle il n'y a plus d'amis, de parents, de frères ; pour elle il n'y a plus de monde dès qu'elle a passé le seuil étranger.

N° 2

Le prince Louis-Lucien Bonaparte s'était adjoint Burgaud des Marets pour la publication de différentes traductions patoises, entre autres celle de l'*Evangile selon saint Matthieu*. Pour chacune des traductions, Burgaud fit un rapport détaillé, d'après lequel l'éditeur princier jugeait de l'opportunité de l'impression. Tous ces rapports ont été dispersés ou ont disparu, sauf celui consacré à la traduction bourguignonne de M. Mignard qui fait partie de notre collection.

Ce rapport occupe les quatre pages d'une double feuille de papier de grand format (0,36 × 0,23). Il est entièrement de la main de Burgaud et sans ratures. Des observations à l'encre rouge figurent en marge, à hauteur des passages qu'elles concernent ; elles sont du prince Bonaparte, et Burgaud les a recopiées en marge de sa minute.

Le traducteur, M. Mignard, n'ayant pas voulu se prêter aux modifications exigées par l'éditeur, son travail ne fut pas publié.

Dans la transcription *in extenso* du rapport de Burgaud que nous donnons ci-dessous, nous avons imprimé les observations du prince Bonaparte à la suite de celles de Burgaud et en caractères italiques.

***

« NOTES NÉCESSAIRES A L'ÉDITEUR DE L'EVANGILE SAINT-MATTHIEU EN PATOIS BOURGUIGNON.

Il n'y a de vocabulaire bourguignon que celui de La Monnoye à la suite de son édition des Noëls, année 1776 particulièrement, et les vocabulaires donnés par M. Mignard dans son *Histoire de l'idiôme bourguignon*, Dijon, Lamarche, 1856, et dans les éditions des noëls inédits d'Aimé Piron, Dijon, Lamarche, 1858.

C'est à l'orthographe de La Monnoye et d'Aimé Piron qu'il faut s'attacher ; mais ces deux poètes du genre sont loin d'avoir épuisé dans quelques bribes tous les mots du dialecte. De cette pénurie est née quelque indécision dans l'orthographe de certains mots non employés par eux et faisant partie de la langue parlée. Outre cela, il existe une façon *macaronique* de langage qu'on retrouve dans tous les dialectes de France plus ou moins.

Les poètes dont je parle ont écrit indifféremment les finales des imparfaits par *oo* ou par *o* avec un accent. L'édition de La Mon-

noye de 1776 emploie l'accent aigu ; mais c'est l'accent grave qui
a prévalu, et cela est fondé, puisque l'o simple accentué rempla-
çant l'*oo* double doit être long comme ce dernier.

Ainsi on écrit : *i disoo, i fezoo ou i disò, i fezò*, (je disais, je
faisais) *ad libitum*. Un principal motif a souvent décidé pour
l'*oo* double, c'est que la lettre *o* n'est jamais accentuée dans les
caractères d'imprimerie.

*L'accent grave n'est guères propre à représenter la longueur
d'une voyelle : c'est le circonflexe qu'il faut. Les deux voyelles
au contraires expriment fort bien cette longueur.*

*Je n'adopterai que aa et oo. à et ò sont admissibles, mais à et ò
sont contraires à toute analogie, soit française, soit phonétique,
soit étymologique.*

<table>
<tr><td>fezoo
eaa</td><td>}</td><td>fort bien.</td></tr>
<tr><td>fezô
eâ</td><td>}</td><td>Je ne m'y oppose pas.</td></tr>
<tr><td>fezò ou
fezò, fezà
eà</td><td>}</td><td>impossible.</td></tr>
</table>

On ne peut pas tout à fait en dire autant de l'*a* final, à cause
de la préposition *à* qui est accentuée pour la distinguer de la troisième personne indicative du verbe avoir : cependant les auteurs
emploient indifféremment l'*aa* double ou l'*a* simple avec l'accent
grave. C'est aussi à tort que La Monnoye a employé l'accent
aigu au lieu de l'accent grave puisque le son de l'*a* simple sup-
plée celui de l'*aa* double qui est essentiellement long.

On écrit indifféremment :
l'éaa (l'eau) ou *l'éà ; in baiteaa* (un bateau) ou *in baiteà ; çaa
seroo* (ça serait) ou *ça serò ; lés ozéaa du cier* (les oiseaux du ciel)
ou *lés ozéà du cier.*

Le traducteur bourguignon a employé indifféremment les deux
manières dans sa traduction de l'*Evangile S*[t]*-Matthieu.*

*Cette indifférence fait mon désespoir. J'aurai soin d'uniformer
le tout. Toujours* aa, *toujours* oo *; c'est ce qu'il y a de plus
simple.*

Quelques auteurs ont adopté le *z* devant les voyelles afin d'éviter un hiatus. Ils ont écrit par exemple : *léz anvian ai Betléan*
(les envoyant à Bethléem).

Cependant il vaut mieux ajouter l'*s* au pronom *lé* (les), de cette
manière : *lés anviant.* Il faut écrire : *lés ainge* (les anges) plutôt
que *lé-z ainge ; lés anfan* plutôt que *lé-z enfan.*

Même usage à observer pour le pronom relatif *lor* ou *lo.* Il
faut dire : *ai los écode* (il leur accorde) plutôt que *ai lo z'écode.*

Une très innocente licence du traducteur c'est de transporter
quelquefois çà et là le lieu de la scène en Bourgogne ! La Mon-
naye, Aimé Piron et les auteurs du *Virgile virai* n'y ont jamais

manqué. Une autre licence innocente c'est d'écrire *Parisien* pour *Pharisien*.

Pas si innocente que l'on pense. Si St Jérôme avait trans-formé les noms des villes de la Judée en noms de localités 'ro-maines, et s'il avait appelé les Pharisiens *des Romains ou des Latins, ou que sais-je ; sous prétexte que sa traduction était latine et qu'il voulait se moquer des* Romains *ou des* Latins, *ceux-ci lui auraient rendu la pareille en se moquant de lui. Je ne désire nullement que les Parisiens se moquent du dialecte bourguignon. C'est réellement une chose fâcheuse que ceux qui connaissent le mieux les dialectes français (et Monsieur Mignard est certainement la meilleure autorité vivante en fait de bourguignon) continuent à contribuer à tourner en ridicule ces pauvres dialectes. En Allemagne on ne veut pas les prendre au sérieux à cause de toutes ces niaiseries dont se compose la littérature patoise, telles que noëls et autres écrits sans mérite, soit au point de vue religieux, soit au point de vue philosophique et littéraire. Les Allemands ont tort, car ils ne devraient pas confondre l'esprit facétieux et bouffon de ces auteurs avec l'importance de quelques unes des formes grammaticales des dialectes français. C'est assez dire que les Parisiens redeviendront des Pharisiens, que la Bourgogne se transformera de nouveau en Judée, que le Lanturlu, à moins que ce mot ne signifie père de famille, devra disparaître, que les vignerons ne resteront vignerons qu'autant que le texte français de de Sacy présentera des vignerons, et qu'enfin la Bourgogne sera mise entièrement de côté, quoique la traduction soit parfaitement bourguignonne. Je me déclare très satisfait pour tout le reste.*

Le manuscrit tel qu'il est me sera d'une grande utilité pour mes études particulières, mais je ne me déciderai jamais à le faire imprimer, si M. Mignard n'approuve pas la restitution exacte des idées du texte français.

Les noms de nombre ou pronoms *un, une,* s'écrivent indifféremment *in* ou *ein, ène* ou *eine.* On dit aussi indifféremment *jeuqu'ai tam* ou *jeusqu'ai tam. Vo fate* au lieu de *oo faite,* est dans quelques auteurs comme *el anli* au lieu de *el ali* (il alla). Pour la conjonction *car,* quelques-uns suppriment l'*r.*

On a écrit *éte* pour *ètre* (être) ; mais c'est une licence moins générale. Il vaut mieux risquer l'hiatus en certains cas et écrire par exemple : *su ène montaigne ; i vo di an veritai,* plutôt que *i vo di z'an véritai ; lé bone ôvre* (les bonnes œuvres) plutôt que *lé bone z'ôvre.*

Le dialecte bourguignon est plutôt naturellement dur qu'autrement et les écrivains l'ont peut-être trop adouci.

On écrit plus généralement fraise que freise.

Le traducteur de St Matthieu en bourguignon a aussi employé quelques onomatopées d'origine bourguignonne tantôt énergiques, tantôt plaisantes, dont on trouvera la clé dans les vocabulaires ci-dessus cités.

Il y a dans la diversité du texte évangélique et dans sa concision mystique des passages qu'il est impossible de rendre littéralement ; il faut alors trouver les tours qui sont dans le génie du dialecte, ou pour mieux dire dans la liberté de ce langage grivois si naïf par essence. Il n'est pas facile de se soustraire à cette combinaison sans encourir non seulement le reproche de monotonie, mais celui de n'avoir pas compris la lutte qu'on entreprenait.

Par exemple le traducteur bourguignon a personnifié le père de famille par les titres donnés communément aux vieux vignerons comme *Lanturlu, vieil écharre*, etc.

Comme bourguignon, il a adopté les vignerons (ouvriers de la vigne) plutôt que les moissonneurs, et liquide pour liquide, le vin plutôt que l'eau, la cave plutôt qu'un bassin ou tout autre terme général.

En somme, il se met complètement à la disposition de l'éditeur, pour répondre à ses remarques et observations et même pour la correction des épreuves, si l'éditeur le juge nécessaire et veut honorer le traducteur de sa haute confiance. »

*
* *

M. Mignard n'ayant pas voulu se plier aux observations du prince Bonaparte, sa traduction ne parut pas dans la collection patoise de ce philologue. Il la publia près de vingt ans après dans les *Mémoires de l'Académie de Dijon*[1]. Dans l'avant-propos, le traducteur ne fait aucune allusion au mésaccord survenu en 1864, entre le prince Bonaparte et lui. M. Mignard dit seulement (p. 54): « quant à moi je m'obstine à les suivre [Aimé Piron et La Monnoye] et c'est dans cette pensée que je crois utile de laisser un spécimen de ce culte dans l'essai d'une traduction de l'*Evangile de saint Matthieu*. »

M. Mignard, malgré tout, ne s'est pas obstiné jusqu'au bout, car *pharisien* n'est plus écrit *parisien*, mais bien pharisien. Il emploie plus généralement l'accent circonflexe et les voyelles doubles. On y rencontre *lés anfan*, au lieu de *lé z'enfan* ; il n'a laissé subsister, çà et là, que quelques *à* et *ô*, qui seuls appuient l'obstination dont il se flatte.

On se rend compte ainsi que M. Mignard avait tout de même reconnu la justesse des observations du prince Bonaparte et de Burgaud des Marets.

----

(1) *Mémoires de l'Académie des Sciences, Arts et Belles-Lettres de Dijon*. Dijon, 1883-1884. in-8° (p. 49 à 167). Il y eut un tirage à part. Dijon, Lamarche, 1884, 8° de 119 pages.

N° 3

Burgaud des Marets avait été très intrigué par les dernières lignes de la lettre de Frédéric Dübner, où celui-ci voyait avec raison quelque chose de l'époque dans l'allusion à « Plutus ».

Burgaud chercha le mot de l'énigme et le trouva. C'est alors qu'il résolut de faire connaître cette trouvaille, en développant la lettre qu'il avait écrite jadis à M. Caen ; mais le savant mourut avant d'avoir pu mettre son projet à exécution.

Le manuscrit que nous publions ici est composé de feuilles volantes, sans pagination suivie, et comportant de nombreuses variantes. Elles étaient accompagnées de feuillets portant les titres suivants : « *Cinq lettres de M° Rabelais.* » — « *Première pantagruélique du Dr Jean Burg.* » et en travers l'adresse suivante : Guiffrey, 86, r. N^ve des Mathurins. » — « *Est-elle de LUI ? Première du Dr Jean Bur. aux nobles Pantagruélistes.* Paris 1872. » — « *Est-elle de lui ? Première aux Pantagruélistes*, par Burgaud des Marets, Paris, 1873. » En travers se lit la mention suivante, en gros caractères : « Ceci n'est qu'une première ébauche, à refaire. » La couverture inférieure contient en plus : « sous presse: « *Est-il de Lui ? deuxième de J. Burg. aux Pantagruélistes.* » sous presse : « *Le Livre cinq est-il de lui ? 2° de J. Burgaud aux Pantagruélistes.* » et au-dessous on lit les noms de : P. Paris, G. Paris, Royer, Baudement, Thierry, Hine, Génevraye. » Une page du manuscrit porte aussi les noms suivants : « J. Janin, D. Nisard, Th. Baudement, Rathery, Thierry, Génevraye, Roger, M. Laveaux. » et au-dessous, entouré d'arabesques, le nom du docte et prolifique Tiraqeau. Enfin, on lit ce dernier titre : « *Pantagruel. Livre 5. Lettres à Th. Baudement, de la Bibl. Imp.* par H. Burgaud des Marets. Paris, Didot, 1870. »

Aucun de ces ouvrages projetés n'a vu le jour, et nous le déplorons, car il eût été intéressant de connaître l'opinion définitive de Burgaud des Marets, au sujet de l'authenticité du V° livre et des autres lettres de Rabelais, parmi lesquelles la fameuse *Epistola ad Bernard Salignacum.* [à Erasme].

Voici cette pochade rabelaisienne que nous avons fait suivre de la lettre de Rabelais à Guillaume Budé, telle qu'elle parut dans le *Bulletin du Bibliophile belge.* Les n^os placés au commencement des lignes correspondent aux lignes mêmes du *Bulletin.*

*
* *

« Cher Monsieur Caen, vous êtes frais et vif comme beau carpillon. Oh ! loué soit Dieu qui daigne veiller sur mes amis, tous hommes de goût, tous hommes de bien !

Moi, je périclite. Un de ces matins il me faudra faire le saut. le saut de vie à trépas, pour parler la langue de nos pères : je vous en avise, et pour cause. Eh quoi ? vous semblez étonné plus que fondeur de cloche ! Ne vous souvient-il pas qu'avant les hontes de la patrie, je fus par vous prié, sommé de résoudre un problème de haute futaie, un problème qui depuis dix ans tient en émoi la gent pantagruéline ?

« La lettre de Mᵉ François à Budé, mise au jour dans le temps par le *Bibliophile belge*, est-elle de Rabelais ou d'un autre ? »

That is the question.

Comme un pauvre étourdi, j'acquiesçai à la demande[1] ; vous me tenez dans vos lacets : je ne cherche pas à les rompre. Réglons nos comptes ; épargnons aux chicanous la corvée de se lancer sur ma piste, alors que j'habiterai le royaume des taupes.

A vos ordres, Monsieur mon Maître. Mais, pardon, deux mots, que je ne vous fâche. Quelle mouche vous avait poind, quand vous songeâtes à moi pour une si lourde tâche ?

Vous dites... que je suis clerc en ces matières... et comment l'entendez vous ? Il y avait autrefois un enragé huguenot, maniant assez bien la plume et l'épée... — d'Aubigné ? — oui, précisément. Vous me voyez venir. Le dit d'Aubigné reconnaissait deux sortes de clercs, les clercs qui le sont, et les clercs qui ont l'air de l'être.

In moribundo ut in vino veritas.

Oyez ma confession : je suis de la seconde école, et je dis qu'elle vaut bien la première, si mieux elle ne vaut.

Monsieur mon ami, un petit parallèle s'il plaît à votre seigneurie. Le vrai savant, le savant teint en graine, (quand il y en avait), c'était un bipède sans plume et emperruqué, vivant toujours le même âge : l'âge de vieux, raquoqueviIlé (*sic*) dans une carapace de porc-épic, sourd ou aveugle, souvent l'un et l'autre ; nuit et jour se tabustant l'entendement, s'arrachant les ongles à dénouer le gordien, calomnié, déchiré, persécuté par les ignorants, victime et martyr des plagiaires. Voyez Budeus, *emmigrainé* de la tête aux pieds[2], disputant à un pillard castillan son beau livre *de asse* ; Montaigne périgourdin et coliqueux ; Erasme, le géant Erasme, grand avaleur de poussière de bouquins, s'inoculant ainsi la goutte, dont il est mort, *cruciatibus membrorum interfectus*, si son plus ancien biographe a dit vrai[3].

(1) Burgaud des Marets fait ici allusion à sa lettre du 10 oct. 1864. Voy. *suprà.*

(2) *Annis jam quatuordecim, noctes treis vacuas capitis dolore non habui.* (Budeus ad Erasmum). Note de Burgaud.

(3) *Des. Erasmi incomparabilis vita*, Antverpiæ, an. 1536. (Note de Burgaud).

Nous autres, les savants Ruolz, les clercs de Thélème, nous n'étudions jamais, de peur des oripeaux. Nous mangeons bien, nous buvons bien, nous dormons encore mieux, point n'engendrons de mélancolie ; *coram populo*, nous prenons un air distrait et pensif. Quand pendant vingt années les badauds ont parlé de nos vastes recherches sur la quadrature, sur le mouvement perpétuel, sur l'art de rendre le monde heureux *sans l'empêcher de crier*, nous passons grands hommes, nous arrivons en ballon à la renommée sans aucun mal, comme le falerne qui après avoir dormi trois lustres dans son cruchon passait nectar.

Voici notre code en deux lignes :

> Si vous voulez passer pour clercs,
> Ayez soin de n'être pas clairs.

Montaigne le disait bien : « Ils m'estimeront d'autant plus qu'ils ne sauront pas ce que je dis. » Oh ! que c'est parlé cela !

Voyez les philosophes germaniques, les grands sont ceux que nous ne comprenons pas, les sublimes ceux qui ne se comprennent pas eux-mêmes. Et savez-vous, Monsieur mon ami, quand nous obtenons nos plus brillants triomphes, toujours, sans conteste... c'est quand nous expliquons des choses inexplicables. Onques nous ne barguignons, nous tranchons le gordien d'un coup de rasoir. Plongés dans le plus noir des nuages, nous avons l'air d'expliquer. Par amour-propre, nos clients ont l'air de comprendre. Nous sommes tous enchantés les uns des autres et notre grand maître affirme qu'à la rigueur quand on tient si bien l'air on peut se passer de la chanson.

A la cause, dites-vous ; plaise à votre seigneurie ouïr mon patelin jusqu'au bout.

Un homme aussi recommandable par son caractère que par ses travaux, un homme qui a plus d'esprit et de science dans son petit doigt que je n'en aurai jamais, Monsieur Scheler, croit à l'authenticité de l'épître en question.

Vous dites que deux avis valent mieux qu'un : c'est selon. Moi, j'aime mieux un bon avis que cent mauvais.

Bref, c'est le mien que vous demandez.

Monsieur mon ami, je vous réponds : une lettre n'est jamais de Rabelais. En vîtes-vous onques ? moi, je n'en ai jamais vu ; mais j'en ai vu vendre.

Oh ! les rouges faces d'autographophobes, se disputant à belles dents... quoi ? une hypothèse !

Monsieur, disais-je, sauf votre respect et l'honneur de la compagnie, voilà des formes graphiques de cent ans plus jeunes que Rabelais. Voilà des confusions de noms propres et de lieux impossibles... voilà... voilà...

Cinq cents francs pour la lettre et pour moi un regard qui m'eût rappelé Cerbère défendant son antre, si je l'eusse jamais vu [1].

Achetez, Messieurs, la passion me va, la prodigalité encore : mais l'ânerie, mais l'encouragement aux faussaires... grand merci !

L'épistole en question est-elle, comme ses sœurs aînées, affublée de formes graphiques incongrues ? — Elle doit l'être. Exhibez-moi l'original que je le prouve. Sous l'imprimé, je ne puis voir aucune trace du délit.

En bon topiqueur bien affecté à ma cause, je me demande tout d'abord d'où nous vient cette épître, quelles sont les preuves de son antiquité ? par quelles mains elle a passé ?

Si nous en croyons le savant éditeur, elle est d'une authenticité incontestable, car elle sort des mains d'un Allemand qui la tenait de son beau-père.

Oh ! la belle démonstration ! avis m'est que les Montmorency établiraient mieux que cela leur généalogie. Le gendre est allemand. Mais le beau-père ? Ah ! voilà. Et si le beau-père était gascon ou cracovien.

La première babouinerie, celle de cinq cents francs, a été fabriquée à la bonne franquette ; elle est très facile à lire. L'autre babouinerie est tellement hérissée d'abréviations qu'un moins habile que lui [l'éditeur] y eût perdu son latin.

Cette énorme différence d'écritures prouve, ou Barême ment, que l'une des lettres est fausse ; mais elle ne prouve pas que l'autre soit vraie.

Ne voit-on pas tous les jours des bêtes qui ne se ressemblent point et qui pour cela ne sont pas moins bêtes ?

Monsieur Scheler, sans avoir l'air *tenax propositi*, comme dit Horace, penche, jusqu'à preuve du contraire, pour l'authenticité de l'épistole.

Moi, le clerc pour rire, je tranche et je jure que la lettre est un poisson d'avril éclos sous les mousses de l'Allée verte [2].

Souffrez que je vous exhibe l'extrait de baptême rédigé par M. Scheler en belge, c'est-à-dire dans une langue beaucoup plus belle que le français, mais qui en diffère quelque peu : moi aussi j'écris parfois le belge, sans le vouloir et même sans m'en vanter.

M. Scheler débute ainsi :

« C'est une chose *fort périlleuse* que de venir révéler au monde littéraire une lettre inédite du curé de Meudon ; et *ce qui l'est encore davantage*, c'est de qualifier cette pièce d'autographe. »

____

(1) Burgaud fait ici allusion aux ventes auxquelles il avait assisté, et où des autographes, soi-disant de Rabelais, furent adjugés pour des sommes assez rondelettes.

(2) Nom donné à une belle avenue plantée de quatre rangées de tilleuls, qui est pour Bruxelles ce que les Champs-Elysées sont pour Paris. (C. B.)

Plus bas il dit :

« La lettre que nous avons *la bonne fortune* de révéler au public, est écrite sur quatre-vingt-quinze lignes, etc. »

Si c'était là du français, ça voudrait dire que la bonne fortune de M. Scheler est une chose fort périlleuse, ou plutôt, ça ne voudrait rien dire du tout. Voici, je crois, la traduction du belge :

« C'est une chose fort périlleuse de donner comme autographe une pièce qui ne l'est pas. »

Parbleu, le critique compromet ainsi sa réputation de fin limier, puis il doit parfois se reprocher d'avoir, sans s'en douter, engagé un badaud d'autographophile à payer mille francs un chiffon de deux sous.

« Mais c'est une bonne fortune de révéler une pièce authentique, d'être un Christophe Colomb, même lilliputien. »

Très juste !

Passons à l'argumentation : je n'en retrancherai pas un iota. C'est M. Scheler qui parle :

« 1° Nous ne saurions croire que la falsification soit parvenue au degré de raffinement qu'il faudrait admettre, si la pièce en question n'était point authentique. »

Vraiment, M. Scheler est naïf à ce point. Il ignore, à son âge, le progrès de la science des faussaires. Quand il lui plaira, je le convierai à des expériences qui le feront changer d'avis.

« 2° En effet, la vétusté du papier, le filigrane de ce dernier, les plis et les traces du cachet, l'adresse et surtout la *nature des ratures*, témoignent irrécusablement en faveur d'un texte original. »

La vétusté du papier, le filigrane *de ce dernier*, ne prouvent rien du tout. Le vieux papier se trouve encore et au besoin il se fait.

Quant à imiter les vieux plis, les traces d'un cachet, une adresse, des ratures, c'est chose aisée. Le dernier des apprentis peut accomplir la besogne.

« 3° La conformité d'écriture entre les traits de la suscription, de la signature et l'adresse, attestent qu'il est attribuable au signataire, Franciscus Rabelœsus. »

Oh ! voilà qui est bien rentré de piques noires ! après ce syllogisme, on peut tirer l'échelle... *Est bonum Achilles,* eût dit Joannes de Bragmardo.

Donc quand une pièce est toute écrite de la même main, elle fait foi de la signature, quelle qu'elle soit ! oh, la belle trouvaille !

Avis m'est cependant que si je présentais à M. le baron de Rotschild un billet d'une écriture parfaitement identique de la tête aux pieds et que j'aurais ainsi formulé : « A présentation je paierai au porteur un million ou deux. Baron de Rotschild. »

Avis m'est, dis-je, que notre grand financier refuserait de me payer cette bagatelle. Si je plaidais, je n'aurais gain de cause ni devant les tribunaux français, ni même devant les tribunaux belges.

Voyons l'argument final :

« Les idées, le style, le contenu, viennent en outre pleinement confirmer cette attribution. »

Les idées !... et *ubi prenus ?* — Pour chaque idée que découvrira M. Scheler, je lui donne un merle blanc. Si mon maître et mon excellent ami F. Dübner était encore de ce monde, il prendrait volontiers le même engagement que moi :

« Je n'admettrai jamais, m'écrivait-il à ce sujet, que le grand esprit de Rabelais se soit plu à composer un thème pareil et qu'il y ait montré si peu d'habileté : même en considérant cette mosaïque de phrases vides comme l'œuvre d'un collégien, il y aurait beaucoup à redire. On ne peut malheureusement pas ajouter, sauf les idées. »

Il faut à mon avis, n'avoir jamais lu quatre lignes des lettres latines de Mᵉ François, pour le reconnaître dans le baragouin de l'allée verte.

Quant au style qui, suivant M. Scheler, *confirme son attribution* de la babouinerie à Mᵉ François, n'en parlons pas encore.

Monsieur mon ami, sauf votre agrément, chaussons nos besicles de pion et corrigeons le chef-d'œuvre ; je le crois d'un élève de sixième ; ne soyons pas trop sévère. Qu'il nous suffise de signaler une faute sur dix.

lig. 5-6. *vehementer cuperem me in amicitiam tuam penitus aliquo insinuare. Aliquo !...* tudieu, le beau lapin ! de quelque façon qu'on essaie de l'interpréter, *aliquo* est absurde.

lig. 7-8 *Subverebar tamen ne, si id genus officio quam observabam benevolentiam demereri,* etc. *Observabam* n'a aucun sens ici. Notre élève précoce a-t-il fait un hellénisme de sa façon ? a-t-il pensé ἐθέλκενον qui signifie à la fois observer et viser à, guetter, chercher à avoir, à posséder ? — Je n'en crois rien.

lig. 9-10. *poterit*, et plus bas, encore *poterit*. Quel mauvais écolier ! la logique latine veut *poterat*.

lig. 11. πρὸς ἀνδρός, oh ! le gros rat ! παρ' ἀνδρός, s'il vous plaît.

lig. 13. *facinori supersedendum*. Quelle gaucherie dans la conception.

lig. 15. *inire numerum eorum* veut dire marquer, désigner, compter les... et nullement, comme il est entendu ici, entrer dans le nombre, faire partie de.

lig. 18. *contigerat*. Absurde. Il veut dire *licebat*.

lig. 22. *semel*. Probablement faute d'impression, il faut lire *simul*.

lig. 29. Pour *porro*, il faudrait *immo*.

lig. 31. ῥᾳδίως εὐθάνοι. l'un ou l'autre, s'il vous plaît, non les deux. J'imagine que le fabricateur de la lettre avait écrit ῥᾴδιος, puis qu'il a préféré εὐθάνοι, sans songer à effacer ῥᾴδιος. Le copiste aura tout écrit de confiance.

lig. 32. Il est évident que le brave homme a voulu dire le contraire, μὲν οὐ et non οὖν.

lig. 33. μέσει n'a jamais été grec. Le copiste a-t-il lu ainsi au lieu de μίσει ?

lig. 34. τῶν est de trop devant ὑμῶν.

Monsieur mon ami, vous dites que c'est assez. Moi je trouve que c'est dix fois trop... de fautes.

La cause est entendue sur ce point.

Permettez que je vous narre une historiette d'une incontestable vérité. Deux moines, Amy et Rabelais, vivaient dans une étroite union, passionnés l'un et l'autre pour les mêmes études. Le premier entretenait avec Budé une correspondance grecque et latine. Le second souhaitait ardemment le même honneur. Sur les instances de son Pylade, Rabelais avait plus d'une fois écrit au grand helléniste qui faisait la sourde oreille. Pour lui forcer la main, savez-vous ce qu'imagine le rusé moine ? Il adresse à Budé un réquisitoire des plus violents contre son compagnon d'études, qu'il accuse de manquer à toutes les lois de l'amitié et aux engagements de l'honneur, en lui promettant toujours une réponse de Budé, réponse qui n'arrivait jamais.

Vous comprenez la finesse : d'ailleurs pour qu'elle fût plus transparente, Rabelais annonçait son intention de poursuivre *Amicus* conformément à la loi romaine... par l'action de *dolo malo*, une plaisante impossibilité.

Cette lettre qui devait être ravissante est perdue et c'est elle qu'a voulu remplacer l'audacieux barbouilleur de l'allée verte.

Dieu soit loué ! nous avons la réponse de Budé, et... *si stulta licet componere magnis*, comparons, monsieur mon ami.

Parlons un peu du style, des idées, du contenu de la fameuse épistole.

Monsieur mon ami, plaît-il ? vous dites que je suis un peu long ; qu'à bon entendeur demi-mot suffit. — Grâce pour deux petits points, et j'achève mon sermon. Pourchassez cet indiscret Morpheus qui vous taquine... deux minutes encore, et vous dormirez après.

Venons au *style* : au style du citoyen de l'allée verte ? — J'aimerais mieux chercher une aiguille dans une charretée de foin. — Le diable vous emporte ! Je ne vois pas de style du tout. Notre savant éditeur reconnaît là celui de Mᵉ François.

Oh, mon ami ! comme vous riez. Est-ce de moi ? — non, c'est de l'attribution. Ce que vous citez n'est plus du même tonneau. Vous savez donc par cœur les lettres de Rabelais ? citez, citez, je ne me lasserai pas. J'écoute. Celle-ci, c'est l'épître à Salignac, d'autres disent à Erasme [1].

***

(1) Dans son beau livre : *Villon et Rabelais, op. cit.* p. 276-277, M. Louis Thuasne reproche à Burgaud des Marets de n'avoir pas approfondi l'avis d'Herminjard qui désigne formellement Erasme comme le

Lubens itaque ansam hanc arripui, etc. [2].

C'est correct comme du Cicéron, coquet comme du Pline junior. Comme vous la dites bien... — c'est charmant. Toutes sont ainsi.

Pour savoir si deux choses se ressemblent, avis m'est qu'il convient de les comparer. Comparons.

Voici parler l'humaniste de l'allée verte :

« *Cum ad te ut scriberem jussisset P. Amicus noster... etc.* »
Ouf !... Je reconnais le style d'une grenouille de sixième, et qui s'est enflée jusqu'à la dernière puissance.

J'aime mieux que nous jasions sur le contenu. L'expression me plaît. La métaphore me séduit.

L'épître est un cruchon : le contenu pourrait être ambroisie olympienne, vin pineau de la Devinière ; ce n'est qu'affreuse drogue d'apothicaire. Il n'est pas de grimace qui tienne. Dégustons, ou plutôt analysons.

Je tiens avant tout à constater les dates. La réponse de Budé est datée de Villeneuve, en Bourgogne, où nous savons, par l'itinéraire de François 1ᵉʳ, que le *secretarius regius* se trouvait en 1522.

Budé, dans sa réponse à Rabelais, atteste qu'il a reçu sa lettre depuis un mois. Donc si la *babouinerie* que je combats était authentique, elle serait de 1522.

Or, d'après l'opinion accréditée, Rabelais né en 1483, avait alors trente-sept ans passés, et son secrétaire posthume lui fait écrire ceci : « *quid esse spei poterit* (Rabelais eût dit *poterat*) *homini obscuro et ignoto ex epistola inculta, agresti, barbara ? quid sibi promittere poterit* (*poterat*, fichtra !), *adolescens* (de trente-sept ans au moins) ἄμουσός τε καὶ σκοτεινός. »

Les secrétaires posthumes de Mᵉ François ne s'inquiètent guère de se mettre d'accord entre eux. En voilà un qui n'en fait pas un génie précoce. Tel autre lui fait demander par Charles-Quint (il aurait dû dire l'Empereur) de lui envoyer par la *via ferrata* une solution de la quadrature du cercle. Or à la date de la demande, savez-vous l'âge que pouvait avoir Rabelais ? huit à neuf ans.

Grâce à nos juges de paix, l'Académie des sciences ne discute plus sur les moyens de concilier ces anomalies[2].

ἄμουσός, ἄμουσός... oui le secrétaire, mais le vrai Rabelais !

Ce n'était pas l'opinion de Tiraqueau, le savant jurisconsulte

---

destinataire de cette lettre ; et M. Thuasne le prouve de manière irréfutable. On voit cependant qu'en 1873 Burgaud faisait un pas vers la vérité en paraissant hésiter entre les deux attributions. (C. B.)

(1) A cet endroit du ms. Burgaud avait collé le feuillet 579-580 de son édition de Rabelais : Epistola ad B. Salignacum, et marqué à l'encre le passage à citer : à partir de *Lubens...* jusqu'à *propugnator invictissime.*

(2) Allusion à l'affaire Vrain-Lucas. (C. B.)

qui pendant vingt-deux ans s'était entendu avec Madame, pour qu'ils accouchassent le même jour, elle d'un bel enfant, lui d'un in-folio.

A propos d'une citation d'Hérodote, Tiraqueau mentionne une traduction du 1er livre par Rabelais, qu'il vante au-dessus de celle de Laurentio Valla :

« hunc librum elegantissime traduxit Franciscus Rabelœsus, utriusque linguæ omnifarieque doctrinæ peritissimus... »

Tiraqueau imprimait cela en 1524. La traduction de Rabelais devait remonter plus haut, à l'époque où est censé né le chef-d'œuvre de l'allée verte.

Si (ce qui serait absurde) on admettait qu'un génie comme Rabelais eût été assez niais pour montrer de gaîté de cœur son ignorance à un écrivain dont la renommée emplissait le monde, je certifie que cet écrivain ne lui aurait pas répondu comme il l'a fait. D'abord Budé vante la merveilleuse connaissance du grec et du latin dont Rabelais a fait preuve. Puis il fait des allusions évidentes à certaines expressions de la lettre de Rabelais, que nous ne retrouvons pas dans le barbouilleur belge. La moitié de cette dernière est consacrée à une plate et amphigourique allégorie dont Plutus est le héros.

« Epistola tua utriusque linguæ peritiam singularem nedolem ut mihi jucunda fuit et grata... etc. »

Monsieur mon ami, je gage que vous avez retenu dans la *gibbessière* de votre mémoire toute la lettre responsive de Monsieur le secrétaire du Roi grand-nez.

Voyez-vous notre helléniste rouge de colère, apostrophant ainsi le petit François : « *ubi igitur illa vestra charitas sodalitia vinculum cœnobiorum : columen religionis, glutinum unanimitatis ? Proh dive Franscisce, auctor conditorque sodalœlii, quo tua jam fides abiit ?*

Amicum tuandum habeo qui criminose arcessitur et atrociter [1]. »

Et atrociter !.. oh ! l'affreux Rabelais ! quel mauvais coucheur ! Malheureusement pour lui, tous les biographes s'étaient arrêtés là, quand un écrivain d'une vaste érudition et d'un *acumen* à toute épreuve, s'est avancé à la découverte. On lui disait que le grec de Budé était obscur comme lanternois. Nous le verrons bien, disait notre savant ami, M. Rathery. Le grec ne l'eût guère embarrassé. Il n'a rencontré là que du latin. « *Hactenus jocatum me putata, fariœque facere voluisse cum iis que tu (ut opinor) jocabunda scripsisti, elicere a me epistolam cupiens.* » Et la lettre finit ainsi « *Amicum saluta non magis tuum quam meum.* »

____

(1) G. Budœi... *Epistolarum latinarum*, lib. VIII Paris, J. Bade, 1526, in-fol. p. LXXXI. (C. B.)

La plaisanterie est-elle claire ? — J'ai commandé un bonnet d'âne à trois cornettes, et je préviens tout un chacun, que je le clouerai sans pitié sur le front de celui qui dorénavant osera répéter le vieux conte, à moins que d'ici là je n'aye l'emploi du bonnet pour moi-même.

Le barbouilleur de l'allée verte s'était peu soucié d'étudier la question. Quand Budé, qui devait le savoir, nous affirme que Lami *criminose et atrociter arcessitur (quamvis jocabunde)*, voici ce que le dit barbouilleur fait dire de Lami par Mᶜ François, dans sa lettre : « *P. Amicus noster* ἀνήρ νὴ τὰς χάριτας ἀξιέραστος εἴπερ τες πώποτε καὶ ἄλλος. » Un merle blanc, un phœnix unique, qui n'avait pas son pareil, même dans Budé ? Oh ! le pauvre artiste ! comme c'est logique et adroit.

Comparez le poisson d'avril avec la lettre de Budé, vous ne découvrirez aucun trait commun, sauf l'action de *dolo* présentée du reste dans ladite épistole tout autrement que dans la réponse.

L'épître incriminée s'étend sur un certain Plutus, dont il n'est pas dit un mot dans la réponse de Budé. Quel est donc ce personnage ? s'écrie ici notre savant éditeur, et il jette sa langue au chat.

Mon bon Dübner me disait : « prenez garde : la lettre parle longuement d'une *personne* que Rabelais et Budé connaissaient en termes qui montrent que l'original posait, et qui ne pouvaient être employés que pendant que l'objet vivait et agissait. Ce Plutus vexait l'écrivain de la lettre, et il n'y avait ni intérêt ni possibilité d'inventer cela après coup.

Ces traits contre Plutus, je suis dans l'impossibilité de les juger. *Si je les comprenais*, peut-être me montreraient-ils quelque chose de Rabelaisien. »

O Montaigne, mon sublime périgourdin ! comme tu dis vrai ! « Ils m'estimeront d'autant plus qu'ils ne sauront pas ce que je dis. »

Voilà mon maître Dübner pris au piège.

Les grands et les petits s'y font donc pincer, et Montaigne qui en parle si bien eût pu sans doute ajouter : *Experto crede Michœli!*

Monsieur mon ami, oyez ma belle découverte. Je ne vous la donne pas en cent à deviner. Je vous la donne gratis, sans condition.

Plutus, ce personnage mystérieux, n'est point le dieu des enfers et de la fortune, ce n'est point le zoïle castillan qui fit passer à Budé de si mauvais quarts d'heure.

Plutus, pas plus que le Pirée, n'est un homme.

Ce Plutus, dont le barbouilleur de l'allée verte s'est servi pour faire de la couleur locale, sans s'inquiéter de ce que c'était ; ce

Plutus, (la chose est dite en termes formels dans Erasme) c'était le nom donné par Budé à sa bougette [1] !.. à son saint Frisquin.

Budé qui depuis quelque temps semblait vivre à l'écart, écrivait à Vivès : « *En tibi rationem frugalitatis meæ, quam trienno ego secutus. Plutum illum meum, quem mihi aliquando Erasmus invidere videbatur* [2], *funere tandem extuli, non latrocinio, non alea, non vi aut casu sublatum, sed lapidatione confectum, peremptinc et obrutum.* »

Comme c'est joli. Le philosophe semble se consoler par une phrase fine et bien faite de la perte de sa fortune.

Onques mon ami Dübner ne rit comme à l'annonce de ma découverte. J'ose espérer que le savant et spirituel M. Scheler fera de même. Quant au propriétaire de l'épître, puisse un plus malin que moi lui prouver, au prochain passage des coquecigrues, que je me suis trompé.

Bonsoir, Monsieur Caen [3]. »

*
* *

Transcription de la lettre de Rabelais à Guillaume Budé publiée par M. Aug. Scheler dans le *Bulletin du Bibliophile belge.* T. XVI (2° série, T. VIII), Bruxelles, 1860 ; 8°, p. 171 à 176. [Bibl. nat[le] : 8° Q. 108].

(1) **Bas-latin** *bulga ;* mot resté dans le patois saintongeais, cher à Burgaud des Marets : Bougette : petit sac, bourse. Il a passé en Angleterre (*budget*) avec la même signification, avant de revenir en France. (C. B.).

(2) Erasme n'était point jaloux de la fortune de Budé ; mais il pouvait lui reprocher ses contradictions. Le *secretarius regius* écrivait à son ami : « Nous courtisons la même femme, dame Pennie », et en même temps il lui parlait de ses splendides constructions. Erasme était bien en droit de lui répondre : « Comment me ferez-vous croire que vous ayez affaire à Mad[e] Pennie, *cum eodem tempore duas œdifices villas : easq., ut ipse fateris Lucullianas*[a]. (Note de Burgaud).

(a) Cette citation de Burgaud des Marets est extraite d'une très longue lettre d'Erasme à Budé : *Epistolarum... Basileæ, ex officina Frobeniana*, 1538 (p. 21). La lettre est datée de Bruxellœ, 5 nov. 1516. (C. B.).

(3) Cette dernière ligne était suivie de la phrase suivante, biffée dans le manuscrit : « Signalez-m'en une autre à démolir, avant mon grand voyage. »

« Franciscus Rabelœsus Franciscanus[1] Dño Gulielmo Budœo Salutem P. D.

1 Cum ad te ut scriberem iussisset P. Amicus noster ἀνήρ νὴ τὰς χάριτας ἄξιέ-
2 ραστος, εἴπερ τις πώποτε καὶ ἄλλος. egoque hominis rationibus adductus, quas
3 densas ille et frequentes inculcabat, dicto me audientem præstitissem, illud
4 imprimis feci, ut superos omnes orarem et obsecrarem, darent aleam illam
5 feliciter cadere. Quamquam enim vehementer cuperem (cur enim non fatear ?)
6 me in amicitiam tuam penitus aliquo insinuare, καὶ τόδε περὶ πλείονος ἄν ἐποι ούμην
7 πρὸ τοῦ ἀπάσης τῆς ἀσιάς βασιλεύειν, subverebar tamen ne, si id genus officio quam
8 observabam benevolentiam demereri in animum inducerem, merito votis meis
9 exciderem. Nam quid esse spei poterit homini obscuro et ignoto ex epistola
10 inculta, agresti, barbara ? Quid sibi promittere poterit adolescens ἀμουσός τε
11 καὶ σκοτεινός, καὶ ἀτεχνῶς μάλα δὴ ξένως ἔχων τῆσδε τῆς καλλιλογίας, πρὸς ἀνδρός, ἐν λόγοις
12 εὐδοκιμωτάτου καὶ πάντας ἀνθρώπους ὑπερ βε βηκότος ἀρετ η τε καὶ εὐφυία. Proinde huic
13 facinori supersedendum mihi esse censebam, dum stylum aliquatenus exacue-
14 rem. Sed cum vehementius urgeret Amicus, libuit tandem, vel cum existima-
15 tionis periculo, eorum inire numerum qui plus aliis de se quam sibi credere
16 malunt. Scripsi itaque idque menses abhinc plus minus quinque. At sic
17 ἀπειροκάλως, ut parum absit quin scripsisse tum pudeat tum pœniteat, cum
18 certior fieri non potuerim quorsum res abierit : quam ominari contigerat non
19 valde feliciter casuram. Budœum e diuerso hominis vnius ex multis humili-
20 tatem atque animum fastidisse literasque vix semel idque vellicatim lectas,
21 etiamsi ineptissimas, abiecisse, id vero ne crederem faciebat constans quœdam
22 semel omnium fama quibus ipsis datum est aliquando Budœi consuetudine
23 uti, asserentium Budœo ad cœteras virtutes luculentam quandam et ingenuam
24 insidere gratiam, erga eos quidem certe qui literarum sint vel callentes vel
25 studiosi, tametsi nonnihil insit authoritatis καὶ τῆς σπάνης [2] in eos, quos suis
26 coloribus tam graphice vestitos in Asse [3], traduxit per oculos hominum eru-
27 ditiorum, cum in aulicos incurreret. Faciebat item et Amici prædicatio, apud
28 quem identidem queritabar tanquam qui nescirem utram in partem hæc alea
29 cecidisset, cum ipse mihi animos ad eam rem fecisset tam alacres, porro etiam
30 feroces. Indidem γραφή τις νὴ τὸν Δία δεινή, ἤν ἔγωγε τὸν ἄνδρα γράψασθαι ἐν νῷ εἶχον
31 ἧς δὴ οὐκ ἐν (sic !) ῥαδίως φθάνοι ἀπαλλάξαι, μὴ οὐχὶ δίκην, ἤν τιν ἄν τάττω, ἐκτετικὼς,
32 ἴσως μὲν οὖν πάντων τῶν αὐτοῦ κτημάτων τὸ ὀλίγιστον ἀποστερηθείς, οἰδὲ γὰρ πολλος τη μόριον
33 τοῦτο, ὧν χρῆναι αὐτὸν παθεῖν κγουμενός τις ἐν μέσει κρίνοι ἄν. Καὶ δὴ καὶ ἔγωγε ἄν ποτε
34 εὐθυμησαίμην ἄν ἔρχεσθαι εἰς τὸ τῶν ὑμῶν τῶν σεμνῶν δικαιοδότων δικαστήριον τήν δε δίκην
35 διωξῶν, οἰκ ἄν ἐξαρνῶς ἔξετε (ὡς ἐγῶμαι) ἄνδρα ὀρθῶς ἔχειν παντελῶς ἐμμένειν ταῖς δίκαις
36 ἄσγε δε δωκότες κατάδηλοι γίγνονται οἱ τῶν ἀνθρώπων ἄπλους ἐξαπατοῦντες καὶ μηδὲν διηρμα-
37 τηκότας [4] παραδειγματιζόμενοι καθ' ὅσον μὲν δὴ ἤν δυνάμεως παρ'αὐτοίς. Quid si dixero
38 atque probauero id inter nos convenisse ! Habeo penes me synthecam, legisti
39 et ipse. Neque enim iam tibi excidisse puto, quod scripseram. Omnino si
40 summo iure agere cum homine libeat, nullas video latebras, nulla cresphy-
41 geta, in quœ possit sese ille abdere. Hic non dicam quam multos testes laudare
42 possem eosque ἀξιοπίστους omnique exceptione maiores, qui prolitebuntur id

(1) Ce mot *Franciscanus* est mis en surcharge.
(2) que veut dire σπανη en cet endroit ?
(3) Le traité *de Asse* de Budé a paru en 1514, quelques mois après l'avènement de François Ier.
(4) Il y a ici un lapsus calami répondant peut être à un lapsus linguæ de l'auteur δίηρμπτηκότας pour διημαρτηκότας. La liquide ρ est voyageuse de sa nature.

43 mihi ab illo cautum, ut si res præpostere euaderet, possem de dolo malo actio-
44 nem dare. Sed multus in hoc sum profecto, cum veritas sese ipsa libere expro-
45 mat, visendamque ac palpandam præbeat. Enimvero iam inde ex quo literas
46 ad te nostras peruenisse resciuimus, dici facile non potest quam certa illum
47 nostrum magnæ cujuspiam pœnæ expectatione torqueri noctes atque dies
48 explorarim. Nam indicium (1) diffundi sustinueram, dum iterum ad te scribo.
49 Habe tu igitur nunc alteras a me literas, quibus veniam precari volo, quod
50 tam nulla religione fores tuas pulsem atque neniis te (2) meis exercere non
51 verear, quem scio aulicis tumultibus circum undique obrutum esse. Pluto-
52 que (3) illi expoliendo operam navare. Pudet enim eum (ut obiter hic tibi
53 congratuler), pudet inquam ipsum, universis prope mortalium rebus priscum
54 nitorem assecutis, deformem unum videri atque ridiculum. Quo nomine per-
55 multum mihi placere soleo atque apud amicos gloriari, cuius vota deus tam
56 benigne obsecundarit. Nosti quœ in calce literarum mearum versibus aliquot
57 grœcis precabar. Neque nunc quoque ego non precor, Plutum etiam illum
58 frequens compello, siquidem incidere contingit (contingit autem aliquando) in
59 eos quos ille more suo adeo nobis politos sesquianno reddit, ignauos quidem
60 illos, rerum imperitos, socordes, indoctos, flagitiosos, τό τοῦ ὁμήρου ἐτώσιον ἄχθος
61 ἀρούρης. At hos solitus ille est obseruare, eis se rerumque nonnumquam sum-
62 mam pessimo publico tradere. Soleo ergo, cum hanc indignitatem oculis deuo-
63 rare cogor, aduersum Plutum illum profligatissimis convitiis et maledictis
64 velitari, infaustasque in eum voces iactare, qui, cum cœcum esse, ut est, se
65 sentiat (4), mentique nonminus quam oculis captum furiosoque ac dementi
66 proximum prouideque regendæ œconomicæ minus idoneum, patitur tamen
67 sibi tutores dari qui maxime sint ad agnatos deducendi. Nam qui fieri poterit
68 ut pupillaria prædia fideiue commissa religiose adservent, qui bona aiuta et
69 quæ sibi iusta hœredidate obuenerunt... (5) si non ex asse dilacerent. Quod
70 si colligat sese ille placatumque se prœbeat, si tedere videam errorum, lumi-
71 nisque officia flagitare, ego tum plaudere, ego urgere, ego Budæum inculcare
72 nitoris ac luminis vindicem, verbula etiam aliquot græcanica auriculis instil-
73 lare, quœ hic assuerem sed digna non sunt quœ Budæi oculos subeant; adscri-
74 bam tamen, ne talia esse suspiceris, quod genus impostor ille suis pedibus
75 medebatur (6).

76   καὶ σὺ τέ φὴς, ὧ πλοῦτε θεῶν μιαρώτατε πάντων,
77   σοὶ μῶν νὸν φροντὶς κάλλεός ἐστι πέρι;
78   τόν Βουδαῖον ἴοις ἐπ' ἔκεινόνγ' ὦκα θ' ἤξεις
79   Ἄμμι φάους κεν ἔχων εὖχος ἀπειρεσίον.
80 Sed hœc satis. Vale et me ama. Fonteniaci, quarto nonas Martii.
81   Tuus si suus Franciscus Rabelæsus.
     L'adresse porte : Domino Gulielmo Budœo Regio secretario
                    Parisii (sic).

(1) Ou judicium ? Nous ne saisissons pas le sens de cette phrase.
(2) Ce *te* est mis en surcharge.
(3) Qui peut être caché sous ce nom allégorique de Plutus ?
(4) L'auteur avait d'abord mis *se* après *esse,* mais il l'a biffé, pour le reproduire après la phrase parenthétique « ut est ». Le mot *sentiat* se trouve écrit en marge répondant à un mot biffé qui se lit encore fort bien comme étant *ceseat.*
(5) Une déchirure qui se trouve ici cache peut être le mot *multum.*
(6) Nous ne comprenons pas ces derniers mots.

N° 4

La Bibliothèque nationale possède dans la Collection Payen un carnet in-12, [Z. Payen, 730] du modèle de ceux dont se servent les ménagères pour y marquer leurs dépenses. Il est composé de 40 feuillets réglés, non compris le titre ; 24 feuillets sont occupés, au recto seulement, par les notes de Burgaud des Marets, les 16 autres feuillets sont blancs.

Sur le titre on lit, à la main, « Montaigne », puis en caractères d'imprimerie : « Carnet de mémoire ». Les amorces imprimées ont été complétées à la main : « Commencé » *le 1er juillet* 1867 — « Terminé » *le 3 juillet* 1867 — « Appartenant » *à Monsieur Payen ; « demeurant » à Paris, rue Saint-Honoré, n°* 115.

Au verso du titre se trouve la note suivante de l'écriture du docteur Payen : « M. Burgaud des Marets qui me donne ce livret me dit que pendant son professorat au Collège de France, M. Ampère a fait une série de leçons sur Montaigne. Je l'ignorais. »

Puis, du feuillet 1 au feuillet 24, se trouvent les notes suivantes recopiées par Burgaud des Marets à l'intention du docteur Payen :

« Leçons d'Ampère sur Rabelais.

Extraits concernant Montaigne.

La première chose à faire quand on veut étudier un livre et le faire connaître, c'est d'en donner l'analyse. *Je n'ai pu le faire pour Montaigne,* parce que les *Essais* sont entièrement dénués d'un plan suivi ; ce ne sont que sauts et que bonds de l'imagination de l'auteur...

*
* *

Au xvie siècle, l'alliance entre la plaisanterie, l'ironie, la satyre [*sic*], le comique et le sérieux, s'accomplit et se produit dans les plus grands esprits de ce temps.

Ce mélange est aussi dans Montaigne.

Je ferai pour Rabelais ce que j'ai fait pour Montaigne (l'examen du style et de la langue). Cette étude est encore plus nécessaire pour lui que pour Montaigne, car Rabelais a écrit cinquante ans avant Montaigne.

*
* *

La langue de Rabelais, par cela seul qu'elle est plus ancienne que celle de Montaigne, nous montrera plus de vestiges de la langue du moyen-âge. Cette langue qui avait sa grammaire, ses règles à elle, a laissé des vestiges dans Montaigne et bien plus dans Rabelais.

En fesant [*sic*] le même travail sur Montaigne, j'ai dit qu'il fallait, en considérant dans ses débris le français du moyen-âge, conservé dans les auteurs du 16e siècle, examiner trois choses :

1. Ce en quoi il tient à la langue latine et par conséquent aux plus anciennes origines du français.

2. Ce en quoi il diffère du français actuel.

3. Et ce en quoi il rend raison de certaines locutions existant aujourd'hui et dont on ne pourrait se rendre compte sans cela.

Ce qui marque nettement qu'il y a entre Rabelais et Montaigne un degré que franchit la langue française de l'un à l'autre, c'est qu'il se trouve encore dans Rabelais quelques traces de l'ancienne déclinaison qui existait dans la langue romane.

La phrase de Rabelais est jusqu'à un certain point grecque ; il semble avoir appliqué à la langue française quelque chose du mouvement naturel, facile, de la phrase grecque, plutôt que la phraséologie latine. Montaigne au contraire qui parlait latin dans son enfance, est bien plus latin par le tour et la construction de sa phrase.

Nous avons dit qu'il y avait du poète dans Montaigne : il y en a aussi dans Rabelais ; ce n'est pas de la même manière. Ce n'est plus ce luxe d'expressions qui abondent chez Montaigne, qui fait étinceler son style. C'est une remarque qu'on a faite que les grands prosateurs étaient rarement grands poètes en vers.

Montaigne sentait admirablement la poésie : il était poète en prose ; mais, comme nous le voyons, par ce qu'il dit lui-même, il ne voulut jamais publier ses poésies, tant il les sentait inférieures à sa prose.

Le mérite du style de Rabelais, c'est la richesse et la propriété de l'expression, la vivacité, le naturel, l'aisance, la souplesse des tours. Ce sont des qualités assez différentes de celles de Montaigne considéré comme écrivain.

Montaigne était un causeur admirable, un causeur inspiré et son langage a la vivacité, la promptitude, la chaleur de son esprit ; mais le sentiment, l'art du style pour lui-même est bien plus dans Rabelais.

Montaigne est un improvisateur, Rabelais est un artiste.

Comme je l'ai dit en parlant de Montaigne, il y a dans le style des écrivains, comme dans l'œuvre des peintres, le dessin et la couleur. Montaigne est plus coloriste que dessinateur : il a une palette merveilleusement riche et brillante, mais sa touche n'est pas toujours aussi juste et son dessin n'est pas toujours aussi correct que celui de Rabelais.

Enfin les *Essais* et le Pantagruel qui ont des qualités de style si différentes, se ressemblent par la composition ou plutôt par l'absence de composition.

Chez Montaigne, c'est un pur caprice ; il n'y a aucun lien entre les diverses parties de l'œuvre : chez Rabelais, elle ne se rattache que par un prétexte, ce sont les aventures de Gargantua et de Pantagruel, mais au fond ce sont des saillies de gaieté, des sorties d'imagination, d'esprit, de science, à côté les unes des autres, sans lien véritable.

Ces deux ouvrages ont donc ce caractère commun de n'avoir pas de plan, de n'avoir pas de marche suivie, de n'être pas un livre sur quelque chose en particulier, de n'avoir pas de but principal ; de raconter une histoire, d'examiner une question ou de traiter un sujet ; [mais] de traiter de tout, de parcourir en tout sens, avec une vivacité et une promptitude incroyables, tout le domaine de l'esprit humain.

Eh bien ! cette manière aventureuse, cette absence de plan et de marche suivie, c'est le premier exemple qui en soit donné au monde. L'antiquité n'avait rien vu de pareil...

*
* *

Quand les anciens auteurs, quand les auteurs du moyen-âge traitaient un sujet ou racontaient une histoire, ils n'allaient pas capricieusement d'un sujet à un autre, d'une fantaisie à une autre : ils se permettaient tout au plus un écart dans l'ivresse du dithyrambe.

Eh bien, les ouvrages de Montaigne et de Rabelais sont comme de perpétuels dithyrambes de l'imagination et de l'esprit.

Cette liberté d'allure, cette absence de plan et de but autre pour l'esprit que de s'exercer et de se jouer dans toutes les régions et dans toutes les sphères de la pensée, est le siège extérieur, le reflet visible de la pensée intérieure, de l'inspiration qui a dicté l'œuvre, et que la forme extérieure de l'ouvrage, comme toujours, reflète et manifeste.

Et cette inspiration intérieure, c'était l'indépendance, l'indépendance souvent immodérée, illimitée, effrénée de l'esprit humain.

*
* *

Sans affirmer que Rabelais soit l'auteur du premier canevas de Gargantua, je pense que la chose est probable. C'est un exemple de la manière dont les ouvrages naissent, arrivent dans le monde, se forment sans aucune préméditation de leurs auteurs.

Montaigne voulant faire une compilation, arrive à un ouvrage entièrement différent. »

Nº 5

Ci-dessous quelques extraits de lettres de la Collection Payen, relatifs à Burgaud des Marets.

*
* *

« Izon, 28 juillet 1866.

Cher Monsieur [1],

.....Permettez-moi de vous demander un petit service que pourra vous aider à me rendre la présence à Paris de M. Gustave Brunet.

Connaissez-vous M. Burgaud des Marets, bibliophile émérite et possesseur d'une bibliothèque spécialement pourvue de toutes [sic] ce qui concerne les *patois*. Or, dans les archives d'un vieil huguenot, grand ramasseur de papiers, dans le voisinage du château de Montagne, j'ai trouvé dans le premier volume des 17 de sa collection, une pièce de théâtre intitulée : *L'Hausano per lo siur de Lafuliado, gentilhomé Limousi.*

M. Burgaud des Marets, vous, ou d'autres, connaîtriez-vous cette pièce ou quelque renseignement sur le sieur de Lafeuillade...

Jules DELPIT. »

*
* *

« Saint-Maurice de Beynost [1].

Mon cher ami,

... Si j'allais à Paris, je ferais comme vous, je ne mettrais pas les pieds à l'Exposition, mais je vous demanderais de m'admettre

---

(1) Cette lettre et les deux suivantes sont adressées au docteur Payen. Sur celle-ci, M. Payen a écrit en haut de la lettre, à gauche : « Ecrit à M. Burgaud des Marets à Jonzac [Jarnac], Charente-Inf^{re}, le 5 août 1866. » et à droite : « Répondu le 12 août. »

(2) Départ^t de l'Ain. Timbre de la poste : 28 sept. 1867.

à vos conférences avec M. B. des M. Puisqu'il connaît si bien Rabelais, je vous prie de lui demander s'il sait quelque chose du Bossu de Suabe, personnage qui figure aussi dans le Formulaire fort récréatif de Benoist du Troncy... Encore une question à l'adresse de M. B. des M. Je crois avoir lu dans un commentaire de Rabelais le proverbe genevois, *quand je te vois, rien de bon je ne vois*, mais je n'ai pas su l'y retrouver[1]...

Péricaud [2]. »

*
* *

Voici une anecdote bibliographique qui n'a pas trait à notre sujet, mais que nous citons parce qu'elle est amusante. Elle est écrite, de la main de Péricaud, sur un petit carré de papier collé sur une lettre portant le n° 401, du volume Z. Payen, 656 (Bibl. nationale ; Coll. Payen). Cette lettre du dimanche 13 est sans date (vers 1860) et sans cachet de la poste, car elle avait été confiée aux bons soins de M. Léon Rostain qui devait la remettre au docteur Payen :

« Un bibliomane que vous connaissez sans doute, le baron de La Roche de La Carelle, est devenu la fable de notre ville [Lyon] depuis le procès qu'il a intenté à M. Durieu de La Carelle afin qu'il fût défendu à ce dernier de s'appeler autrement que s'appelait son père, c.-à-.d. Durieu tout court. (voy. *Le Progrès* du 30). Lorsque M. de La Roche publia, il y a qques années une Hist. du Beaujolais en 2 grands in-4[03], on le régala de cette épigramme :

> *Maître Loys Perrin, grand roi des typographes,*
> *De tes productions tous les yeux sont charmés :*
> *Tes livres recherchés par les bibliotaphes,*
> *S'ils sont fort mal écrits, sont très bien imprimés.* »

*
* *

On a vanté assez souvent les *Lettres Charentaises* de L. Babaud-Laribière, mais à tort selon nous, car il suffit de lire les lignes suivantes relatives à Burgaud des Marets, pour être à même de juger combien cet ancien préfet maniait lourdement l'encensoir :

---

(1) Ce proverbe est cité dans l'édition de Rabelais, donnée par Esmangart et Eloi Johanneau, Paris, 1823. T. V. Liv. IV., p. 144.

> *« Genevois, quand je te vois,*
> *Rien de bon je ne vois. »*

(2) Savant bibliothécaire de la ville de Lyon (1782-1867).

(3) *Hist. du Beaujolais et de la province de Beaujeu, suivi de l'armorial de la province,* par le baron Ferd. de la Roche-Lacarelle. Lyon impr. de Louis Perrin, 1853, 2 vol. gr. in-8 . Beau livre tiré à petit nombre, avec blasons coloriés.

« M. Burgaud des Marets est tout simplement un des premiers philologues de l'époque. Il a édité Rabelais en 1854 conjointement avec M. Rathery ; il possède une magnifique bibliothèque comprenant environ 20.000 volumes, sur tous les dialectes du monde ; c'est l'ami du prince Lucien Bonaparte, le savant ornithologiste et philologue, et ses divers ouvrages et opuscules en patois de la Saintonge sont toujours édités par Didot [1]. »

Il était impossible d'accumuler plus d'erreurs dans ces quelques lignes, où la langue et la vérité sont si maltraitées.

N° 6

Nous donnons ci-dessous une traduction en patois messin du conte intitulé : *Lés chat à ma nièce*, qui parut pour la première fois en 1860 dans *In p'tit pilot d'achet* (p. 11-13). Cette piquante traduction d'Albert de La Fizelière est très rare. Nous ne l'avons trouvée qu'à la Bibliothèque nationale (Y° 5509). C'est un simple feuillet in-quarto, imprimé des deux côtés, sans adresse et sans date.

« *Les Chaittes de mei niesse.*
Fable
Traduite du Saintongeais de M. Burgaud des Marets
en Patois messin.

L'at dans Jairnac eune janesse,
(J'lai connâ beun, je sus s'nonon),
Que don maitin au seur, sans deihessiet cairesse
So rau, sei chatte et so chaisson.
Vo n'maingerins-me on inc moé les poéd'seuc qu'ey zous beiye.

Po-z-êt' bonne et genty meigneye
Ai mei p't'iat' niesse lo pompon.
M'â, m'at aivî qu'ey s'reut co pus meugnatte,
S'elle n'éveut-me, nom de nom !
Tojo ses chaitt', peudawe aiprès sei catte.

Breuf, qn'airet mekeurdi quinz'jos, lo diâl' me fratte,
Ine des pus foch' net (c'at incrau
que s'nom de beitome at Pierrau)
N'ait-m' tanseûlment prins l'temps d'enforchet sei quelatte,
Esse drâ l'ar don jô l'ait d'chandu on grand trat :
Moi niesse, l'ai bonne âme, y' ait beiyet don gigat,

(1) Babaud-Laribière (L.) 1819-1873. *Lettres Charentaises*, Angoulême, Baillarger, 1865-1866, 2 vol. 8° (2° vol. p. 203-204).

Evieu, pien de lacé, sei pu belle quoueilatte,
Sans lo far pair exprès, lo Chan qu'paissent tolet,
Dessus l'bout d'sei cawe ait treup'let,
Lo bougre d'enveulmet, pus coret qu'eun'sotrasse,
En jeurian comme in poussédet,
N'ait-me t'y d'grimonet lai jaowe ai sei mâtrasse !
Juch qu'enconte les euils y gn'ait fâ so grinfgnon.

Si j'aiveus, l'diâl' mo breule ! étu tans'ment pu prache
L'aireut sévu qu'y at-ç'de m'chausson
Qu'aireut fendu l'preumin, ou beun de sei caibache,
Aivant qu'l'aiveuss' tans'ment pelu fare in halâ !
Je l'aireu beun, seumon ! creuchiet comme in cholâ,
Je vo fiche mo biyet que j'n'en fâs-me dotance.

Ai quet diâl que l'y serv' tortos les beil' que l'ait ?
Gn'ait rien que je hayeusse austant que les ingrait ;
Y m'ferint fouyet l'aissistance.
Deurins-je nut et jo-z-êt' ronget pai les rait,
Se j'atends don boé Dié, je nayreus teile enjance.

Mâ deheus-m' donc étot que s's'reut eun' grousse aivance ?
Ai Jairnac on ait vu, comme en tortos païs
Des chreutiens que sont chait' en lai, si ce n'at pis.

A. de La Fizelière. »

N° 7

Conpgliman qu'at été adeursé
a S'n Altésse le prince Loïs Lucien Bounapare
peur le jor anniveursaire de sa neissance.

1857.

Ne seû qu'ain Saintonjoé, bounejan ! to bourrut ;
De mè jôr je n'ai reun appris ni queneuçut.
Mon p'pâ ne peuvait poin me fair'baillé d'élève.
Mais peur ce qu'è d'au tieur, le pourte sus mes lève.
Ol é-t aneut le jor que vous avez naissut,
Le pû biâ jor, ma fi ! qu'o se seuje pas vut.
Guieu marcit au bon Guieu ! vous avez boune mine !
Voé q'vous vous pourtez beun. Me pourte beun, moétout.
Prince, en vous raspectant, seû bête keume tout.
Et n'seû d'més jôr fichut, bein que je zou reumine,
De dire ain conpgliman qu'alle beun dusqu'au bout.

Queu'l bon Guieu vous fasse la grace
De vive keum Mathieu salé ;
Qu'i vous baye mille milliace
De live basque en émolé,
Et qu'i garde in' peutite piace
D'dan n'ain recoin de vout' kieur,
Peur le pauv' Saintonjoé, qui se dit, Mon Sanieur,
Vout amit et vout sarviteur.

H. B. D.

Traduction. — Compliment adressé au Prince Louis-Lucien Bonaparte pour le jour anniversaire de sa naissance. 1857.

Je ne suis qu'un Saintongeais, bonnes gens ! tout bourru ; — Je n'ai jamais rien appris. — Mon père ne pouvait point me faire donner d'éducation. — Mais pour ce qui est du cœur, je le porte sur mes lèvres. — C'est aujourd'hui le jour anniversaire de votre naissance, — le plus beau jour, ma foi ! qui se soit jamais vu. — Dieu merci ! vous avez bonne mine ! — Je vois que vous vous portez bien. Je me porte bien aussi. — Prince, en vous respectant, je suis bête comme tout, — Et je ne suis pas capable, bien que je le rumine, — De dire un compliment qui aille bien jusqu'au bout. — Que le bon Dieu vous fasse la grâce — De vivre autant que Mathusalem ; — Qu'il vous donne mille milliers — De livres basques, — Et qu'il garde une petite place — Dans un coin de votre cœur, — Pour le pauvre Saintongeais, qui se dit, Monseigneur, — Votre ami et votre serviteur.

Nº 8

Vers adressés à S. A. le Prince L.-L. Bonaparte
à l'occasion de l'envoi de mon « Fabeulié Jarnacoais. »
(1858)

I disan q'seû l'pu for poueite de cheû nou.
Monsanieur, veuris poin passé pr'in vanitou ;
Mais dam' ! s'i zou disan, peurkoé ne pas zou croére ?
...Ol é vrai qu'o n'en at poin oyut d'aute encoére.
M'é-t-avis que Veurgile et le Dante et Byron
M'arian pas moinprisé peur leû peurmié garçon.
Lés var, tout keume à zeu, me siman de la nuque,
Meû fait que de la breiche et pu doux que dau suque.
Vous baye tiellés-là coum' frappé dau bon coin.
Créyez-me ; mais vaut meû que vous lés lisez poin,

Sauve, s'ou piait, les troè qu'allant ségre... (j'y songe).
« Voûte pu boun amil, Prince, é de la Saintonge,
» Et peursoune, ma fi ! n'at meû que li soyut
» Qu'ol é vous qu'eit' le pu savan qu'o y' ège oyut. »

H. Burgaud des Marets.

Traduction. — On dit que je suis le meilleur poète de chez nous. — Monseigneur, je ne voudrais pas passer pour un vaniteux ; — Mais dame ! si on le dit, pourquoi ne pas le croire ? — ...Il est vrai qu'il n'y en a pas eu d'autre encore. — Il me semble que Virgile, Dante et Byron, — ne m'auraient pas renié pour leur meilleur élève. — Les vers, comme à eux, me sortent de la tête, — Mieux faits que des rayons de miel et plus doux que du sucre. — Je vous offre ceux-ci comme frappés au bon coin. — Croyez-moi ; mais il vaut mieux que vous ne les lisiez pas, — sauf, s'il vous plaît, les trois qui vont suivre... (j'y songe) — « Votre meilleur ami, Prince, est de la Saintonge, — Et personne, ma foi ! ne sait mieux que lui — Que c'est vous qui êtes le plus savant qu'il y ait jamais eu. »

N° 9

Compliment
*qu'at été adreussé à Mme *** peur le jor de son mariage*

— Eh bein l'bon jor, ma chér' madame,
Ma fi, j'étis au tail avé Jeanne ma femme.
Peur gagner, boune gen ! queuque goulé' de pain,
Quant i nous avant dit qu'vous vous mariez demain.
J'on, agare,
Caurut daredare,
Pr' aller bein vit'ment vous teurcher
Tous les pus biâ bouquet que j'ons poyut treuver.
Vous ête, ol é bein sûr, si freiche et si mignoune,
Et surtout vous ête si boune,
Que peur vous o n'a reun, ma fi, que ne fassions,
Et s'o fallait passer la mar, la passerions.
Mais, fiche ! qu'é qu'ol é de tiellés jacas'rie ?
Dans tous tiellés biâ compliments
Qu'é qu'o sart de parde nout'temps ?
Au fond de tieû doubiet vous treuvrez nos prasents,
Qu'avant causé chez nous bein de la jalausie.
« Tu li portes donc tout, que m'avant dit nos gens ? »

Oh ! fait point, n'en résarve encoére ine partie,
Peur li pourter, ma fi, dans quate-vingt-dix ans.
... Et vous, mon cher Monsieu, fasez à voute dame
Coum'je vas tout comptant fair' moétout à ma femme.

Traduction. — Eh, bien le bonjour, ma chère madame, — Ma foi, j'étais à faucher avec Jeanne ma femme, — Pour gagner, bonnes gens ! quelque bouchée de pain, — Quand on nous a dit que vous vous mariiez demain. — Nous avons, ah, mais, — Couru dare dare, — Pour aller bien vite vous chercher — Toutes les plus belles fleurs que nous avons pu trouver. — Vous êtes, c'est certain, si fraîche et si mignonne, — Et surtout vous êtes si bonne, — Que pour vous, il n'y a rien, ma foi, que nous ne fassions, — Et s'il fallait passer la mer, nous la passerions. — Mais, fichtre ! qu'est-ce que c'est que ces bavardages ? — Dans tous ces beaux compliments, — A quoi sert de perdre notre temps ? — Au fond de ce sac vous trouverez nos présents, — Qui ont causé chez nous bien de la jalousie. — « Tu lui portes donc tout, m'ont-ils dit ? » — Oh ! non, j'en réserve encore une partie, — Pour lui porter, ma foi, dans quatre-vingt-dix ans. — ...Et vous, mon cher Monsieur, faites à votre femme — Ce que je vais tout comptant faire moi aussi à la mienne.

N° 10

M. Fr. Desrivières ayant fait un article pour louer le recueil intitulé : *Encoére ine trâlée d'achet...* (*Tablettes des Deux-Charentes* du 1ᵉʳ juin 1861) B. des M. lui répondit par la pièce ci-dessous. L'autographe, entièrement de la main de Burgaud, occupe le recto d'une feuille de papier pet. in-4°, de couleur mauve, sans date et sans signature. Cette pièce est inédite.

« *Monsieur Fr. Desrivières, à Rochefort.*

Mon sieu,

Ol é reinsèque aneut que dan mé patte a chet
Voute si biâ jornau, qui vante mé-s âchet.
J'ari d' mé jôr créyut que dé gen de vout' race
Eussian v'lut acouté, quant in pésan javace.
Si vous avez risut, eh b' nout' borjoais, tan meû,
Mais, ma fi, vous m'fasez pu malin que je seû.
M'y queneu pas granman en fait de biâ langage,
Parle coume i parlan tretous dan mon village.

Fouquette, seû conten ; me sens tout acrété,
Quant ' je songe à l'asprit que vous m'avez prêté.
Sais b'qu'o vous gêne pas ; n'en avez prouc encoére.
Vous le rendrai, s'o faut, dans in an pe nout'foire.
Disez, si j'attendis qu'en eussiez de besoin,
M'é b'n avis, mon borjoais, que vous le rendris poin. »

Traduction. — Monsieur, C'est seulement aujourd'hui, **que dans** mes mains est tombé—Votre si beau journal, qui vante **mes vers.** — Je n'aurais jamais cru que des personnes de votre **qualité** — Eussent voulu écouter le bavardage d'un paysan — Si vous avez ri, eh bien ! notre bourgeois, tant mieux.— Mais ma foi, vous me faites plus malin que je ne le suis. — Je ne m'y connais pas beaucoup en fait de beau langage, — Je parle comme ils parlent tous dans mon village. — Sapristi, je suis content ; je me sens tout fier, — Lorsque je songe à l'esprit que vous m'avez prêté. — Je sais bien que cela ne vous gêne pas, vous en avez beaucoup encore. — Je vous le rendrai, s'il faut, dans un an pour notre foire. — Dites-moi, si j'attendais que vous en eussiez besoin, — Il m'est avis, mon bourgeois, que je ne vous le rendrais point.

N° 11

La lettre patoise de Burgaud des Marets à Marc Marchadier a été réimprimée tant de fois et si mal, que nous croyons utile de la donner ici d'après l'exemplaire de M. Maurice Martineau.

Lette
que
H. Beurgau at écrit a mon sieu Marchadié
(de Cougnat)
le 19 de septembe 1860.

Mon biâ mon sieu,

Si j'ai pas r'pon encoére à vout' jolit écrit,
Ol é que de tié temps, bounegen ! seû sasit.
Sauv' vout' raspec, o m'at efissé dan l'échigne ;
Seû tout en doube, agar, coume in béchour de vigne.
Lés silugein m'avan magasiné leû souc,
Faut que j'eusse la piâ pu dure qu'at in louc.
Tieu qu'ol a de pu pis, fouquette ! ol é més patte :
E-t-ou que j'en ai pas troè d'méchante sus quate !
I m'avan fait supé dés purge à pien pichet.
Diab' m'essarte ! ol é l'cas de fére dés âchet.

Vous v'lez pas d'Bounichon et de sa Maleisie,
Eh beun, cher boun amit, à voûte fonteisie !
Qu'é qu'o vous faut ? disez, s'ou piait, vous zou baron :
Je cré pas qu'en affeire o s'en voéje in pu ron.
Velez-vous le Mounié, son p'tit et sa bourique ?
In de tiellés matin, prenrai d'la sansenique,
Et je vous envoaraî mon p'tit pilot d'âchet,
Si, coume j'ou cré beun, meun amit, o n'en chet.

Traduction. — Lettre que H. Burgaud a écrite à Monsieur Marchadier (de Cognac) le 19 septembre 1860.

Mon beau Monsieur,

Si je n'ai pas encore répondu à votre jolie lettre, — C'est qu'en ce moment, bonnes gens, je suis malade. — Sauf votre respect, il m'est sorti une douleur dans le dos ; — Je suis tout en double comme un bécheur de vigne. — Les médecins m'ont manié tout leur saoûl. — Il faut que j'ai la peau plus dure que celle d'un loup. — Ce qu'il y a de pis, sapristi, ce sont mes jambes. — N'en ai-je pas trois de malades sur quatre ! — Ils m'ont fait prendre des purges à pleins pots. — Que le diable me rompe ! c'est le cas de faire des vers. — Vous ne voulez pas de *Bounichon et de sa femme*, — Eh bien, cher bon ami, à votre fantaisie ! — Que vous faut-il ? dites-le, s'il vous plaît, nous vous le donnerons : — Je ne crois pas qu'en affaire, il s'en trouve un plus rond. — Voulez-vous *le Meunier, son fils et l'âne ?* — Un de ces matins, je prendrai une purge, — Et je vous enverrai mon petit tas de vers, — Si, comme je le crois bien, mon ami, il en tombe.

N° 12

Les quate renar. [inédit].

Qu'é-t-ou qu'a vut, long des Chabane,
tié cag' vour ol at tant d'osiâ ?
   des pire, des tourtre, des cane,
   des jau, des perot... et des biâ !
   yat b'n otout des osiâ des île
   et peux encoère, qu'i disan
Qu'ol é... des... qu'é-t-ou donc ? des.. mon dieu ! des fissan.
   o luche, o chante, o suble, o sile...,
   o beurnuge, mon boun amit
   keum' des miyace de feurmit !

Si beun que tielle année, au mîtan des métive,
(diab' m'essarte si sais qui le leuz avait dit,
  mais ol était b' des chétit
  sauve qu'o sege des chétive).
  Quate renar bein avenan
Su le cot de mineut, sans souné leu pibole
l'uré 'du mur dan n'in rigole
   se ratellan
  bein doucemen... bein doucemen.
deux étian nés-natifs dau canton de Burie,
  in était agriet, le darié Jarnacoès,
   et fin matois.
il avisit bentoù toute tié compagnie.
et keume i n'était poin la moitié d'in gorman
  o ne l'arrangit poin grammen.
   Finalemen
nout' Jarnacoès qu'avait oblié d'eite beite,
  en quenan, bounegen, s'arreite,
  et dodelinan de la teite,
« ah ! sti, dit-i, qu'i leû dissit
   « mes bons amit,
 « J' vivon b'n en in temps de misère,
 « mais ne son-ji pas tretous frère,
   « ne me restit-ou qu'in morciâ
    « de tourtiâ,
    « côte que côte,
    « avé vous aute
    « le partag'ris.
    « mais tieû pays
é l'pu mauvais que j' keuneusse ;
dau despeux quate jor qu'o y at
boun' gen ! je vive avec in' keusse
et le rastant de la quou' d'in rat.
avec ça que j'ai la diarrée
tant qu'ol é qu'i n' seu pas quain
J'avis bein pour dau cholrat.....   [inachevé]

Traduction. — Les quatre renards.

Qui a vu le long des Chabanes — cette volière pleine d'oiseaux ?
des oies, des tourterelles, des canes, — des coqs, des dindons...
et des beaux ! — Il y a bien aussi des oiseaux des îles. — Et puis
encore, qu'il disent, que ce sont... des... qu'est-ce donc ? des...
mon dieu ! des serpents. — Cela crie, chante, siffle, — et se re-
mue, mon bon ami, — comme des milliers de fourmis ! — si bien
que cette année, au milieu des moissons, — (que le diable me
rompe, si je sais qui leur avait dit, — mais c'étaient bien des méchants, — à moins que ce soient des méchantes.) — Quatre renards de bonne mine — sur le coup de minuit, sans sonner leur

musette, — le long d'un mur, dans une rigole, — Rampaient —
bien doucement... bien doucement. — Deux étaient natifs du canton de Burie, — Un était d'Aigre, le dernier Jarnacais — Et fin
matois. — Il avisa bientôt toute cette compagnie — Et comme il
n'était point la moitié d'un gourmand, — cela ne l'arrangea pas
beaucoup. — Finalement — Notre Jarnacais qui avait oublié
d'être bête, — En geignant, bonnes gens, s'arrête, — Et dodeli-
nant de la tête : — « Ah ! dit-il, qu'il leur dit, — mes bons amis,
— Nous vivons bien en un temps de misère, — Mais ne sommes-
nous pas tous frères ? — Ne me resterait-il qu'un morceau — De
tourteau — Coûte que coûte, — Avec vous autres, — Je le parta-
gerais. — Mais ce pays — est le plus mauvais que je connaisse :—
Depuis quatre jours — Bonnes gens ! je vis avec une cuisse —
Et le restant de la queue d'un rat. — Avec ça que j'ai la diarrhée ;
— Tant y a que je me porte mal — J'avais bien peur du choléra...

———

N° 13

La grole et la vièye ajace. [inédit]

ine grole dau..... [manuscrit déchiré]
avait mantié péri de raque.
alle était encoer si patraque

Qu'a v'nit prenre consulte au silugein.
mais qu'a fusse en peniye, agare, et bein minabe,
i la fazit assire en son pu biâ fauteuil.
follait la voér rouyé des euil.
i li tatît le pouls avé seun air amable,
te li fazit tiré la langue tout son long,
li bayit in étiu peur aj'té dau bonbon.
i parlan d'houme chéritable,
cré pas que dan Jarnat s'en set vut in pu bon.
i li dissit qu'i dit, mignoune,
S'rat reun de tieu ; faut poin, agar, qu'o vous étoune,
fazez quéque causette avé tous vos amit,
faut rire tout vout souc, m'a-t-encoère été dit,
vous dirai pas s'ol é-t in conte
Que tieu cher bon mon sieu..... [ms. déchiré].
La pourmenit troê jôr dans son cabeuriolet,
Quant n'on fait ben, peurkoé qu'ol é qu'n'on arai d'onte ?
au bout de quéque temps, sais b'qu'a s'en fut trejau
devers la motte à pellejau
de son pié visité sa pau vièye mérine,
ine ajace qu'avait encoère boune mine !

La klie était duvarte et la grole rentrit.
Sav'ous tieu qu'a fasait tielle vièye mâtine :
A venait de couvrî vingt pot de gigourit
       deux de grillon, quate d'âtille,
trente deux de perot, vingt d'ouet, sus la grille
       o keusait in demi quartron
de boudin qui sentian, fouquette, bein à bon.
       la grolle bisit sa mérine
       sus lés deux jote dix-huit cot
s'émoyit de Nanon, de Jeanne sa cousine,
et de Piarre et de Jean, de Louis et de Janot.
       alle argadait tous tiellés pot !
J'ai l'astoumat bein bas que la grole dit stelle
       cré q'j'ai meurienne en mon carot,
J'ai la goule aussi seuche encoère, ajotii-t-elle
       qu'é-t in bénikié d'Huguenot.
La meni repounit : Qu'é-t-ou que tu vas dire,
       tu peuvis pas choisi pus pire.
heum ! j'ai rein à t'offri... tieu qui s'apeule rein
       « seû pas fouyante dau boudin,
       qui li repliquit tielle grolle..
dau boudin que dissit l'ajace à sa fiyole,
       i sont farcit de mort au rat.
ol é pas ma pu boune ami qui z'y cotrat.
       et qu'é qu'o fait tieu, ma mérine,
       eh ! b' o faut pas qu'o vous chagrine,
rein ne me chousse meû que le bon gigorit.
bodiac ! dis don qu'ol é d'la brene de sourit.
sais pas tieu que j'ai fait au bon guieu, ma mignoune.
       peur tout le détour qu'i me doune ;
mais tandis qu'i keusait au fon de mon chaudron
       n'en a'chet mais de troê quartron.
in gigier de perot me s'rat suffit, agare.
seu fringallière aneut, tirez-lou daredare.
       o te f'rait be grissé lés dents
       a-t-ou pas chet dedans
       que le diâbe me gruge,
mais que j'lés fasis tieûre in piein boissâ de suge
reinsèque d'y tâté, j'ai b'oyut l'cholérat,
m'en sarvirai tansman peur feir péri lés rat.
J'ai dau pain choumenit et dés cacau avére,
       Je te lés offe de bon tieur,
       seu bé chagrine, tu peux crére,
       d'avoér iki rein de méyeur.

Traduction. — La corneille et la vieille pie.

Une corneille du...... — avait failli mourir d'épuisement — elle était encore si patraque — qu'elle alla consulter le médecin

— Bien qu'elle fût en haillons, hélas, et bien minable, — celui-
ci la fit asseoir dans son plus beau fauteuil. — Il fallait la voir
rouler des yeux. — Il lui tâta le pouls, avec un air aimable, —
lui fit tirer la langue tout au long, — et lui donna un écu pour
acheter des bonbons. — On parle d'homme charitable, — je ne
crois pas que dans tout Jarnac, il s'en trouve un meilleur. —
Mignonne, lui dit-il, — cela ne sera rien ; il ne faut pas que cela
vous étonne, — faites la causette avec tous vos amis, — riez tout
à votre aise. Il m'a encore été dit, — je ne sais pas si c'est un
conte, — que ce cher bon monsieur....— la promena trois jours
dans son cabriolet. — Quand on fait le bien, pourquoi est-ce
qu'on en a honte ? — Je sais toujours bien qu'elle alla, au bout
de quelque temps, — vers le jardin à Pellejeau, — rendre
visite à sa pauvre vieille marraine, — une pie qui avait encore
bonne mine. — La porte était ouverte, et la corneille entra. —
Savez-vous ce qu'elle faisait cette vieille mâtine ? — Elle venait
de couvrir vingt pots de ragoût, — deux de rillettes, quatre de
prunes ; — trente-deux de dindon, vingt d'oie ; sur le gril —
rôtissait un demi-quart — de boudin qui sentait, sapristi, joli-
ment bon. — La corneille embrassa sa marraine — sur les deux
joues dix-huit fois. — s'informa de Ninon, de Jeanne sa cousine, — et de Pierre et de Jean, de Louis et de Janot. — Elle
regardait tous ces pots ! — J'ai l'estomac bien bas, dit la corneille, — Je crois que j'ai la tête vide. — J'ai la bouche aussi
sèche, ajouta-t-elle, — qu'un bénitier huguenot. — Qu'est-ce
que tu vas dire, répondit la marraine, — tu ne pouvais tomber
plus mal. — Hum ! je n'ai rien à t'offrir... ce qui s'appelle rien.
— Je ne dédaigne pas le boudin, — lui répliqua la corneille... —
Du boudin, dit la pie à sa filleule, — il est farci de mort au rat,—
et ce n'est pas ma meilleure amie qui en goûtera. — Qu'est-ce
que cela fait, ma marraine, — hé, il ne faut pas vous chagriner,
— rien ne me plaît mieux que le bon ragoût. — Pouah ! dis donc
que c'est de la crotte de souris. — Je ne sais pas ce que j'ai
fait au bon Dieu, ma mignonne, — pour tout le mal que j'en
reçois. — Tandis que le ragoût cuisait au fond de mon chaudron
— il en est tombé plus de trois quartrons. — Un gésier de dindon me suffira, allez. — J'ai la fringale aujourd'hui ; allons,
donnez-le vite. — Cela te ferait grincer les dents. — N'est-il pas
tombé dedans, — que le diable m'écrase, — tandis que je les
faisais cuire, un plein boisseau de suie. — D'y goûter à peine,
j'en ai eu le choléra. — Je m'en servirai seulement pour tuer
les rats. — J'ai du pain moisi et des noix avares, [creuses] —
Je te les offre de bon cœur. — Je suis bien chagrine, tu peux
le croire, — de n'avoir ici rien de meilleur.

N° 14

Le gorman cònit. [inédit].

> *La foule poursuit un chien fuyant*
> *vers une rivière, emportant un gros*
> *morceau de viande en la gueule.*

In troué de feverié (forche ! m'an sovin beun,
'Té keu jor que j'oyu, fòt-ou, la fontésie
    de m'ampétré d'ma Malésie,
É k'o m'an-n'a bin keul !) brév in bigre de cheun
ancouére pu futé k'in cartron de fuméle,
feugnan, goulut, chétit é terchour de quéréle,
    k'été, cré beun, cousin breton
        ô démon,
aripit à Lambar, (que le diabe me mache !)
in morçâ de bonbon pu groù que mon chapiâ.
Qu'étét-ou ? dò cabrit ? de l'ouéye o b'de la vache ?
    couman velan-t-i que zou sache ?
persoune m'avan fét la monte de la piâ[1].
Peur keû cheun, sê teurjô k'i péyi pâ sa note :
    i velté coum in' galipole ;
Le monde, agar, luchian : ò cheun, ô cheun, ò cheun !
    l'apparitour bayi l'alarte...
i s'mélit à côri : 'l'é vrê k'i côri beun !
    il atttrapit, diâbe m'essarte !...
Keû cheun ? fé pouin... 'l'é-t-in... rime k'il atrapit
    Astour not' gorman s'échapit.
    i se lanci dans la chérante :
é kant ol é k'i fut à l'andré le pu fon,
ante deux éve, ôyeur d'in morçâ de bonbon.
    li sambit k'i n'an vouéyé trante,
    i lâchi le seun to d'in cot
        Keu S...ot !
Lé gouéyon, lé bro'het, lé trute é lé par'hode[2],
    n'an fiyan bin dé gorje 'hode.
    o folé vouér noute nigô
    se démené son souc pr'agripé son fricô.

(1) *Var.* « é-t-ou que lé bouché no fasant vouér lé piâ. »
(2) Dans une autre copie manuscrite Burgaud a mis le *c* aux mots
brohet, parhode, hode, het, hétit, souhot, hérante, etc.

te brasse, te verlute, é te pionje é te vire !
in diabe k'aré 'het dedan in béniké
arét, agar, pâ fé pu pire.
Le monde k'étian là se creviyan [1] *de rire :*
peursoune an-n oyu de piké,
'l'é vrê que le 'hétit oyu b' sa récompanse,
i bevi mê de trante cot.
é-t-ou de tisan' de sou'hot
que le bigre ampissi sa panse ?
nanni !... de tisan' de carpot.
       Fé pouin ! [2]
i se nijit, fé pâ doutance.
o li folu pouin de sitron,
son semantière é la 'hérante.
son 'hâfe ét azor-le-fripon.
astoûr, si n'on créyét lé langue môdisante
bin dé krékin qu'ol at, ayan de boune rante,
mériterian le [3] *même nom.*
Que le bon guieu me zou pardoune
'l'é pâ moué ki zou di, parle an mô de peursoune ;
mè peu b'n acérténé que teurjau lé chétit
in jor o l'ôte son punit.

Traduction. — Le gourmand puni.

Un trois de février (fourche ! je m'en souviens bien, — c'est
le jour où j'eus, faut-il ? la fantaisie — de m'empétrer de ma
femme, — et il m'en a bien cuit !) bref, un bigre de chien —
encore plus fûté que vingt-cinq femmes, — fainéant, goulu,
méchant et chercheur de querelles, — qui était, je crois bien,
cousin à la mode de Bretagne — du démon, — déroba à Lam-
bart, (que le diable me rompe !) — un morceau de viande plus
gros que mon chapeau. — Qu'était-ce ? de l'agneau ? du mouton
ou bien de la vache ? — Comment veut-on que je le sache ? —
Personne ne m'en a montré la peau. — Quant au chien, je sais
toujours bien qu'il ne paya pas sa note. — Il bondissait comme
la male-bête. — La foule, ah ! criait : au chien, au chien, au
chien ! — Le garde-champêtre donna l'alerte... — Il se mit à
courir : il est vrai qu'il courait bien ! — Il attrapa, que le
diable me déchire !.. — ce chien ? non point... c'est un,...
rhume qu'il attrappa. — Et notre gourmand s'échappa. — Il
se lança dans la Charente, — Et lorsqu'il fut à l'endroit le plus
profond, — entre deux eaux ; au lieu d'un bon morceau, — il

(1) *Var.* « s'époufiyau »
(2) Ce petit vers a été supprimé dans la copie destinée sans doute à
l'impression.
(3) *Var.* « keû ».

lui sembla en voir trente. — Il lâcha le sien tout d'un coup, —
ce s...ot ! — Les goujons, les brochets, les truites et les perches.
— en firent bien des gorges chaudes. — Il fallait voir notre
nigaud, — se démener pour attrapper son fricot, — et se dé-
battre, se renverser, plonger, et replonger ! — Un diable qui serait tombé dans un bénitier, — Ah ! n'aurait pas fait davantage.
— La foule se tordait de rire. — Personne n'en eut pitié. — Il
est vrai que le méchant eut bien sa récompense, — Il but plus
de trente coups. — Est-ce de vin que le bigre emplit sa panse ?
Nenni ! de tisane de carpe ? [d'eau] — Point davantage ! Il se
noya, il n'y a aucun doute, — et n'eut pas besoin de cercueil.
— Sa tombe fut la Charente. — Azor-le-fripon est son sobriquet. — Maintenant, si l'on en croyait les médisants — bien des
hommes, possédant de bonnes rentes, — mériteraient le même
nom. — Que le bon dieu me pardonne... — Ce n'est pas moi qui
le dit, je ne parle en mal de personne.—Mais je puis certifier
que toujours les méchants — un jour ou l'autre sont punis.

N° 15

Envoi autographe, en patois, de Burgaud des Marets au baron
Eschasseriaux, sur un exemplaire de la traduction de l'*Evangile
selon saint Matthieu*, qui se trouve aujourd'hui à la Bibliothèque
municipale de Saintes.

      « à M^r le b^{on} et à Mme la b^{ne} E.

> *Mon biâ mon sieu, ma boune dame,*
> *Sais b'que moinprisez pas le dârié dés pésan.*
> *'l'é peur tieu que j'avons conv'nut avé ma femme*
>   *Que vous barions in p'tit prasan.*
> *Je teurchis, je teurchis, boun'gen ! dans ma caboche.*
> *Asoer, sauv' vout'respect, j'ai signé noule coche,*
> *Velis vous envo[é[yer deux pot de gigourit !*
> *Astoûre Janeton, ma fumelle, m'a dit :*
> *Vaut meux, stelle, envoéyer ta petite évangile ;*
> *Mais ont'trouvérons-ji nos borjoès dans tié ville ?*
> *— Ol é tieu qu'é malin ma fi, que j'ai repon :*
>   *Ma mignoune, leur écriron.*
>   *Sus l'enveloppe de la lette*
>   *O faurat mette :*
> *« à Monsieu le baron, tieû qu'é si bein instrut,*
> *» à la pus belle otout qu'o se sége pas vut.*

                B. des M. »

Traduction. — A M. le baron et à Mme la baronne Eschassériaux.

Mon beau Monsieur, ma bonne dame, — Je sais bien que vous
ne méprisez pas le dernier des paysans. — C'est pour cela que
nous avons convenu avec ma femme — que nous vous offririons
un petit présent. — Je cherchais, je cherchais. bonnes gens !
dans ma tête. — Ce soir, sauf votre respect, j'ai saigné notre co-
chon. — Je voulais vous envoyer deux pots de ragoût ! — A ce
moment, Janneton ma femme, m'a dit : — Il vaut mieux, dit-
elle, envoyer ton petit évangile — mais où trouverons-nous nos
bourgeois dans cette ville ? — C'est cela qui est malin, ma foi,
ai-je répondu. — Ma mignonne, nous leur écrirons. — Sur l'en-
veloppe de la lettre, — il faudra mettre : — A Monsieur le baron,
celui qui est si instruit, — à la plus belle aussi qui se soit jamais
vue. Burgaud des Marets. »

N° 16

Liste des ouvrages de Burgaud des Marets qui se trouvaient
dans la collection du prince Louis-Lucien Bonaparte, achetée par
la Bibliothèque Newberry, à Chicago.
Communication de M. Georges B. Utley, bibliothécaire de la
Newberry. — Les n°ˢ qui précèdent chaque ouvrage sont ceux
du catalogue de la bibliothèque du prince Bonaparte, dressé par
Victor Collins[1].
1247. Notes de A. Oihenart pour le glossaire basque de Pouvreau,
   publiées d'après le manuscrit de la Bibliothèque impériale par
   H. Burgaud des Marets. Paris-1864. 8°.
   Cet ex. contient des notes marginales de la main du prince
Bonaparte, notes de critique et corrections, avec des proposi-
tions pour une nouvelle édition de cet ouvrage. Ces notes relatives à l'orthographe variée de Oihenart étaient destinées à
l'éditeur [Burg. des M.], qui paraît en avoir tenu compte dans
l'édition de 1866).
   [Cette édition de 1864 nous était inconnue ; aucune des bibliothèques que nous avons explorées ne la possèdent. Il est
probable que Burgaud des Marets ayant eu l'intention de publier ces *Notes*, se sera adressé au prince Bonaparte en lui sou-
mettant son manuscrit, et celui-ci aura fait tirer, selon son
habitude, un ou deux exemplaires de cet ouvrage avec des
marges propres à recevoir ses observations].

(1) Attempt at a catalogue of the library of Prince Lucien Bonaparte.
Sotheran. April 1894 - in-4°.

1248. Le même — Paris. 1866. (Voy. le n° 50 de la Bibliographie).

3719. Fables en patois charentais (Dialecte du canton de Jarnac) Paris, 1849.

3720. Noveau Fabeulier jarnacoais... Paris, 1852. in-12. ex. sur pap. jaune.

3721. Fabeulié jarnacoais... Paris [1858]. 8°, en maroq.

3722. Recueil de fables et contes en patois saintongeais... 3e édit. 1859. 8° en maroq.

3723. In p'tit pilot d'âchet... Paris. Didot, 1860, in-12 ; ex. sur pap. bleu.

3724. Le même, 2e édit. Paris, Didot, 1860, ex. unique sur vélin.

3725. Encoére ine trâlée d'achet... Paris, Didot, 1861.

3726. Le même — Ex. sur pap. brun.

3727. La Maleisie à Piarre Bounichon... Paris, Didot, 1864.

3734. Molichou et Garçounière, coumédie... Paris, 1853, 4° [Tirage spécial, unique, pour le prince Bonaparte].

3735. Le même — sur papier teinté. « Je crois que c'est l'unique ex. sur papier teinté. » (Note de V. Collins dans son catalogue imprimé).

3737. Parabole de l'enfant prodigue... Paris, Didot, 1853.

13.720. Le saint Evangile selon s. Matthieu... Londres, 1864. »

N° 17

La description du n° 518 du Catalogue de Burgaud des Marets contient une erreur : « A M. Burgaud des Marets, auteur des fables et contes en patois saintongeais. Paris. Didot, 1859 ? in-4°, cart. [vendu 7 fr.].

Pièce en vers patois vosgiens, signée Jouve. — Exemplaire imprimé sur peau de vélin. — Tiré à quelques exemplaires seulement. »

Cette poésie n'est pas du tout écrite en patois vosgien, mais bien en patois saintongeais, comme le prouve la transcription que nous en donnons ci-dessous. Jouve, de Gérardmer, pastichait assez bien le saintongeais de son ami Burgaud.

*« A. M. Burgaud des Marets
auteur des Fables et Contes en patois saintongeais.*

*Peur montré si telman d'élève et d'entendoére,
Et dire, en leû jargon, de si piaisante histoére,
O faut, agare, avé lés beite de Jarnat,
Au milan de la prée et dans lés champs de foére,
Vive trejau catit keume in cheun ob'in chat.*

S'a supian quéque cot, en vout'teurçon d'asprit,
Lés beit' manquerian pas de s'ébrazé, j'ou gage :
« 'L'a reinséque lés gens neissut dans noû parage
« Peur arrimé d'si biâ z-écrit. »

Moé que j'seû, bounegen ! pu feugnan qu'in' cigale,
Moé que j'vive trejau sans chanson et sans ale ;
Qu'aî de l'asprit tout jus' coum' n'en at in perot.
Je saris pas, diâbe me galle,
Tansman mett' peur écrit in mot
A ceul fin de vous feir' sâsi
Combe vous m'avez fait piaisi.

En lisant tout' vos historiette,
J'ai risut, risut tout mon souc !
Me sâris le bezot, et je luchis, fouquette,
Prouc ! prouc ! prouc ! prouc !

Dans Jarnat et dans lés Chérente,
I devan rire encoér', cré beun,
Keume fasan lés guieux d'Houmére,
Tieûl ancien poueite qu'é reun
Cont' voûte biâ live d'histoére,
Et qu'arait fait ses guieux bein pu divar encoére,
En acrivan sés conte en voute saintonjoais.
Peur ç' qu'é de moé, dans mon patoais
(De Giromoué, s'entend) si je peuris, ma fine,
Arrimé coum'vous quéque mot,
Me créris pu malin qu'Hugot,
Que Mickiewicz et Lamartine.

L. Jouve. »

Traduction. — A M. Burgaud... etc. Pour montrer tant d'instruction et d'entendement, — et dire, en leur langue, de si plaisantes histoires, — il faut vraiment, avec les bêtes de Jarnac, —
vivre toujours tapi comme un chien ou bien comme un chat, —
au milieu des prairies et dans les champs de foire. — Si elles
suçaient quelques coups, en votre tonneau d'esprit, — les bêtes
ne manqueraient pas de s'écrier, je le gage : — « Il n'y a que les
gens nés dans nos parages — pour faire de si beaux écrits. » —
Moi qui suis, bonnes gens ! plus fainéant qu'une cigale. — Moi
qui vis toujours sans chansons et sans ailes ; qui ai de l'esprit
tout juste autant qu'un dindon. — je ne saurais pas, que le diable me rompe, — mettre seulement un mot par écrit, — afin de
vous faire saisir — combien vous m'avez fait plaisir. — En lisant toutes vos historiettes. — j'ai ri. ri tout mon saoûl : — Je
me serrais le ventre, et je criais, sapristi. — Prou ! prou ! prou !
prou ! — Dans Jarnac et dans les Charentes. — ils doivent, je

crois bien, rire encore, — comme font les dieux d'Homère, — cet ancien poète qui n'est rien — à côté de votre beau livre de fables, — et qui eût fait ses dieux plus aimables encore, — en écrivant ses contes en votre saintongeais. — Pour ce qui est de moi, si je pouvais, ma foi, dans mon patois, — (de Gérardmer, s'entend) aligner comme vous quelques mots, — je me croirais plus malin que Victor Hugo, — que Mickiewicz et Lamartine. L. Jouve[1]. »

———

N° 18

Notes bibliographiques de Burgaud des Marets.

« Axular (Pedro d') Gueroco guero,... etc., par Axular curé de Save ; seconde édition, etc. Bordelen, equina G. Millanges, Erreguer en imprimatçaillea, haithan, petit in-8° de 623 pp. plus 8 pour la table. Un 3° exemplaire sous un titre différent (guero by partetan partitua...), sous la date de MDCXLIII, et composé de 642 pp. est porté à 73 fr. dans le catalogue de Pressac...

On suppose que l'édition de 1643 est la première, et que celle qui ne porte pas de date au frontispice est la deuxième, à laquelle on aurait conservé l'approbation datée du 25 déc. 1642. L'exemplaire de l'édition de 1643... porté à 13 livres sterl. dans le Catal. Libri de 1859, y est décrit comme ayant des sign. de A-RR, par cah. de 8 ff., excepté A qui n'en a que quatre. » [Brunet, *Manuel*].

[Corrections de Burgaud]. Axular (de), non (d'), de Sare.

Bigarren edicionea (seconde édition), c'est écrit sur le titre.

Le mot *equina* est de l'invention de M. Brunet. Milanges est écrit avec une seule *l*.

Erregueren est un seul mot. Au lieu de *haithan*, lisez *baithan*. Il fallait ajouter que le titre comptait pour deux pages, que le

(1) Jouve (Louis), né à Epinal en 1814, mort à Paris en 1896 : littérateur et ancien bibliothécaire à l'Arsenal. M. L. Jouve a publié plusieurs ouvrages se rapportant à notre sujet, entre autres : *Noëls patois anciens et nouveaux, chantés dans la Meurthe et dans les Vosges*, Paris, 1864, in-18. *Coup d'œil sur les patois vosgiens*, Epinal, 1864, in-12. *Bibliographie des patois lorrains*, Nancy, 1866, in-8°. *Lettres vosgiennes*, Epinal, 1866, in-12 : etc., etc. — La bibliothèque d'Epinal possède de cet auteur, outre ses ouvrages imprimés, de nombreux manuscrits relatifs à des questions littéraires, historiques, archéologiques : et une liasse de correspondance émanant de sa famille et de ses amis. Il ne s'y trouve pas de lettres de Burgaud des Marets.

second feuillet était paginé 3 au recto, et portait au bas le signe *aij*. On verra pourquoi. Lisez *bi* et non *by*.

Composé de 621 pp. et de 8 pp. de tables, s'il vous plaît.

On suppose avec raison, on peut même affirmer, que l'édition de 1643 est la première. L'approbation étant du 25 déc. 1642, il est clair que le livre n'a pu être imprimé avant 1643, et qu'on n'a pas fait deux éditions dans la même année. Mais pour supposer que l'édition qui porte en toutes lettres : *bigarren edicionea* [est la première] on est de la force de M. de la Palisse. Il n'y a pas besoin de supposition. L'exemplaire de M. Pressac et l'exemplaire du catalogue Libri n'en font qu'un. Je l'affirme en connaissance de cause.

La description du catal. Libri est inexacte. L'exempl. a des sign. de A2 à RR4, et le cahier A2 est de 8 feuillets.

Il serait à propos d'indiquer une nouvelle édition que M. Brunet n'a pu connaître en 1860, puisqu'elle porte la date de 1864. »

Voici le titre de cette édition : *Gueroco guero edo arimaren eguitecoen* gueroco utzteac cenbat calte eta çorigaitz dakharquen. Gogomenac, escritura saindutie, eliçado dotorretarie eta çuhurreu liburentarie Axulad. Eduberria Bayon, 1864, in-12.

Le supplément au *Manuel* donne la note suivante : « Axular (Pierre d') *Guero bi partetan partitua eta Berecia*. Bordeleu. 1643, 8°. M. Julien Vinson, bibliographe autorisé, cite, de ce livre si rare, cinq exemplaires : deux chez Burgaud des Marets (nous n'en avons pu passer qu'un seul en vente) ; un à la bibliothèque de Pau ; un à la bibliothèque de Saint-Sébastien, et le cinquième (défectueux) appartient à M. Julien Vinson lui-même. »

Burgaud possédait bien deux exemplaires de ce livre, mais l'un était de la 2ᵉ édition, presque aussi rare que la première. M. Julien Vinson a omis de compter l'exemplaire du prince L.-L. Bonaparte, qui porte à six le nombre des exemplaires connus.

*
* *

« D'Echepare (Bern.) *Linguæ vasconum primitiæ per Bernardum Dechepare, rectorem sancti Michælis Veteris.*
Burdigalæ, Franciscus Morpain. 1545, pet. in-4° de 28 feuillets. » (Brunet). [Corrections de Burgaud]. Ici, M. Brunet s'est plu à faire une petite amplification latine qui prouve son talent d'humaniste. Le vrai titre est celui-ci :
Linguæ vasconum primitiæ per Dominum Bernardum Dechepare rectorem sancti Michaelis veteris. Suit une vignette représentant un titre en croix, mais voilà tout. Burdigala, Fr. Morpain, 1545, est de l'invention de M. Brunet. Au recto du dernier feuillet, on trouve, il est vrai, un privilège (en français) du parlement de Bordeaux, du dernier d'avril 1545. Mais la date d'un privilège ne doit pas être confondue avec celle de la publication.

*
* *

« Oihenart. *Proverbes basques, recueillis par le sieur d'Oihe-nart*, plus les poésies basques du même auteur. Paris, 1656 ; 2 part. en 1 vol. pet. 8°. Livre rare, etc. » (Brunet).

[Corrections de Burgaud] M. Brunet confond ici le faux-titre et le titre. Voici le faux titre : *Les proverbes basques recueillis par le s^r d'Oihenart plus les poésies basques du même auteur.*

Quant au titre, le voici : *Atsotizac* || *edo* || *Refraüac.* || *Pro-verbes ou adages basques recueillis par le s^r d'Oihenart, à Paris,* M.DC.LVII.

La 1re partie de 94 pp. ce n'est pas tout à fait cela. Le titre et la préface forment 14 pp. non numérotées. Le texte est numé-roté 1 à 80.

« Dans un appendix en 14 feuillets. » (Brunet).

M. Brunet n'annonce pas la traduction de ces proverbes. L'ap-pendix basque n'est pas en 14 feuillets, mais en 6, dont le der-nier blanc.

Une particularité à noter, c'est que les 4 premiers feuillets sont numérotés de 1 à 8, et que le 5e recommence la pagination 1. 2. A la suite se trouve la traduction du supplément des proverbes basques en 8 feuillets, dont le dernier blanc ainsi que la page qui le précède.

*
* *

« *Iesus Christ gure javnaren Testamentu berria...* par Jean de Licarrague... Rochellan, P. Hautin, 1571, in-8°, lettres rondes...

L'exemplaire du duc de la Vallière annoncé comme incom-plet,... » (Brunet). [Corrections de Burgaud]. Pourquoi M. Bru-net décrit-il un exempl. qu'il dit incomplet, quand il avait à la bibl. impér. le magnifique exemplaire de Huet, parfaitement complet.

Titre, dédicace à Jeanne d'Albret, en français, à La Rochelle, 22e d'aoust 1571 ; 3 feuillets non numérotés, puis vient la tra-duction en basque de cette dédicace. 3 feuill. non numérotés. Avertiss^t en basque, etc., 13 feuillets non numérotés...

N° 19

C'est par erreur que le Catalogue de la vente Burgaud des Ma-rets qualifie d'unique l'exemplaire sur chine du *Recueil de fables et contes en patois saintongeais.* Paris, Didot, 1859, qui figure sous le n° 635.

En effet, dès 1859, Burgaud des Marets avait offert de cet ou-vrage un exemplaire en feuilles, sur chine, sans dire qu'il était unique, comme en témoigne la lettre suivante :

« Monsieur,

Vous recevrez par la poste un exemplaire sur *papier de chine* de la dernière édition de mes fables.

Il est irrégulièrement plié, mais si je l'avais fait brocher, j'aurais dû vous le faire attendre plusieurs jours et je tiens à vous prouver mon empressement à *payer mes dettes* et à vous être agréable.

Recevez, Monsieur, l'assurance de mes meilleurs sentiments.

H. Burgaud des Marets.
21, rue Labruyère. »

(Lettre sur papier rose à l'adresse de « Monsieur Calixte Saudau, au moulin de Comportet. Saint-Jean-d'Angély. » Cachet de la Poste « Paris. 12 août 1859 »).

Calixte Saudau appartenait à une famille de libraires et d'imprimeurs. Un de ses cousins, Louis-Claude Saudau (1827-1912) a été archiviste de la ville de Saint-Jean-d'Angély et a publié plusieurs ouvrages relatifs à sa ville natale.

ADDITIONS ET CORRECTIONS

Page 42, note 1. — Nous n'étonnerons personne en disant que du fait de la grande guerre et de ses suites, les Bibliothèques polonaises ont subi de nombreuses vicissitudes.

Deux de celles-ci nous intéressent plus particulièrement pour l'instant : la Bibliothèque polonaise de Paris (6, quai d'Orléans), et la Bibliothèque du Musée de Rapperswill, près Zurich, en Suisse.

Cette dernière, de même que le Musée historique, vient d'être tout récemment transportée à Varsovie, et rattachée à la Centralna Bibljoteka Wojskowa. (Inauguration du 29 nov. 1927). Mais le château de Rapperswill demeure en la possession de l'Etat polonais qui y installera — pour ne pas faire mentir les *Guides* — un autre musée, moderne celui-ci, et d'un intérêt tout à fait différent.

Le lecteur voudra bien se souvenir de cette note chaque fois qu'il sera parlé de la Bibliothèque de Rapperswill au cours de cet ouvrage.

Quant à la Bibliothèque polonaise de Paris, elle a été l'objet de remaniements et de réparations, qui ne sont pas encore terminés au moment où ce livre paraît. Toute recherche un peu sérieuse est donc momentanément suspendue.

On sait que cet Etablissement conserve de nombreux manuscrits de Niemcewicz et autres écrivains polonais, et que c'est dans ceux-ci qu'on aurait des chances de trouver la traduction de la tragédie *Zbigniew*, par Burgaud des Marets, (voy. le n° 7 de la Bibliographie) et peut-être aussi d'autres traductions du même, comme l'*Ode à la jeunesse*, de Mickiewicz.

*
* *

Page 59 et note 1. — *Le remarin* [Le romarin] n'est pas positivement de Pierre Jônain. Mais c'est lui qui nous a conservé cette légende saintongeaise. Il la fixa par l'imprimerie et en nota la musique.

Pierre Jônain a été en relation avec de nombreuses personnalités de son époque, entre autres J. Michelet. M. Paul Dyvorne, auteur de plusieurs ouvrages relatifs à la Saintonge, a eu la bonne fortune de retrouver la correspondance de P. Jônain, qu'il se propose, croyons-nous, de publier. Il apportera ainsi une importante contribution à l'histoire littéraire de notre province.

Si Jules Michelet n'a pas, au sens propre du mot, écrit *La Mer* à Saint-Georges-de-Didonne, il reçut dans ce village de pêcheurs une impression si grandiose de la tempête d'octobre 1859 qu'il y conçut son livre et le médita longuement.

*
* *

Page 145. — *La Mérine à Nastasie* [La marraine d'Anastasie]. *Les Amis du Pays d'Ouest*, société parisienne qui groupe les originaires des deux Charentes et du Poitou, avaient pris, à la fin de l'année dernière, l'initiative d'une nouvelle représentation, à Paris, de la comédie de M. le Dr Jean, de Rouffiac.

Cette représentation a eu lieu le 27 février 1928 au théâtre Albert 1er, prêté obligeamment pour la circonstance, par son aimable directeur, M. Irénée Mauget, Charentais.

L'œuvre de M. Jean obtint le même succès que jadis, bien que la troupe d'amateurs qui la joua fut moins homogène qu'en 1902. Mais les deux principaux rôles, ceux de la *Mérine* et de son mari, *Cadet Bitounâ*, ont été tenus au-delà de tout ce qu'on pouvait espérer.

M. Savary, créateur du rôle de la *Mérine*, venu tout exprès du fond de la Saintonge, mérite mieux que des compliments, si brillants fussent-ils. On ne saurait dire qu'il a joué admirablement, un tel éloge ne pouvant s'adresser qu'à un bon acteur. M. Savary a fait mieux. Il a incarné la paysanne d'il y a environ soixante ans, et son jeu, son accent, ses tics, sa parfaite connaissance du patois, ont donné le portrait exact de ces vieilles finaudes, dont la langue bien pendue laisse tomber, parmi tant de scories, des centaines de perles qui sont le trésor du folklore saintongeais.

En écoutant M. Savary débiter si naturellement son rôle, nous avons eu l'impression d'entendre quelque grand'mère, la nôtre aussi bien, du temps de notre enfance.

M. le Dr Jean peut être fier de sa comédie. C'est un petit chef-d'œuvre qui fait honneur à notre Saintonge, dont il représente les types modernes avec une rare exactitude, et nous ne parlons pas des enseignements qu'on peut tirer d'un tel ouvrage.

*
* *

Page 203, ligne 27, *lire* Roget de Belloguet *au lieu de* Roger de Belloguet.

P. 224, l. 38, *lire* Dr Haguette *au lieu de* Dr Huguette.

P. 224, l. 39, *lire* Bruguière du Cayla *au lieu de* Brugnière du Cayla.

P. 229, l. 38, *lire* Reinwald *au lieu de* Beinwald.

P. 261, l. 24, *lire* Royer *au lieu de* Roger.

P. 261, l. 26, *lire* Tiraqueau *au lieu de* Tiraqeau.

P. 273. — Après la transcription de la lettre de Rabelais à Guillaume Budé ajouter : Il existe à la Bibliothèque de Nantes une traduction française de cette lettre par Jules Quicherat, qui a été publiée pour la première fois dans la *Revue des Etudes Rabelaisiennes* (1905. 4ᵉ fasc. p. 339 et suiv.)

***
** **

NOTA. — Tous les manuscrits et autres documents signalés dans cet ouvrage comme étant en notre possession ont été, depuis, offerts à notre ami, M. Maurice Martineau, et se trouvent aujourd'hui dans la collection de ce bibliophile, à Saintes. Ajoutons que cette riche bibliothèque ne sera pas dispersée, son possesseur ayant décidé de l'offrir à sa ville natale.

Voy. à ce sujet : Camille Beaulieu. *Une grande bibliothèque régionale. La collection saintongeaise de M. Maurice Martineau, à Saintes.* Extr. à 25 exempl. de *Congrès international des Bibliothécaires et des Bibliophiles, tenu à Paris du 3 au 9 avril 1923. Procès-verbaux et Mémoires...* Paris. Jouve et Cᶦᵉ. 1925. in-8° (p. 485-492).

5 mars 1928.

INDEX DES NOMS CITÉS

Abbadie (Ant. d'). 44. 96. 130. 151 à 154. 198 à 201. 207. 235. 242.

*Affiches de S*t*-Jean-d'Angély*, revue. 235. 240. 249.

Agnel (Em.). 96. 213.

Aguirre y Alava (don J. de). 238.

Aleson (Père F. de) 239.

Almanach de Cognac. 59.60. 75. 100. 102. 103. 105. 107 à 110. 112. 116. 127. 128. 145. 228 à 231. 233 à 235. 237. 239. 243. 245. 249.

Almanach vinicole et commercial des Deux-Charentes. 245. 249.

Amaury-Duval (E.-E.). 164.

Ampère (J.-J.). 63.169.274.

Amy (Pierre) 267. 268. 270. 272. 273.

Anders. 224.

Angoulême (duch. d'). 28.

Angrand (Léonce). 182. 183. 192.

Annuaire de l'Arrondissement de Cognac. 59. 125. 244. 245. 249.

Anquetil-Duperron. 196.

Archives histor. de la Saintonge et de l'Aunis, 22.

Archives suisses des Traditions populaires. 74.

Argenson (famille d'). 173.

Arioste (l'). 172.

Armaingaud (Dr). 170.

Artiste (L'), revue. 103.

Asselineau (Ch.). 11.

Assézat (J.). 10.

Aubigné (A. d'). 67. 76. 95. 124. 262.

Aubry (Aug.). 156.

Aujac (Ch*te*-Inf*re*). 22. 23.

Auvray (Louis). 182. 184.

Auxerre (ville)). 193.

Avranchin (L'), journal. 185.

Axular (P. de). 197. 296.

Babaud-Laribière (L.). 101. 278. 279.

Babinet de Rencogne (G.)). 101.

Bacchus, pseud. de B. des M. 229. 230.

Bachelin-Deflorenne. 136. 137. 230.

Bailleux (F.). 69.

Ballanche (P.-S.). 33.

Ballet (F.-Ch.). 26. 27.

Barbé (J.-J.). 95.

Barbier (A.-A.). 32. 226. 229. 230. 239. 241.

Barbier (L.-N.). 92. 173. 180. 186.

Barbieri (Ch.). 42.

Barckhausen (H.). 158.

Barrot (C.-H. Odilon). 42.

Bastide (J.-B.). 158.

Bastien (J.-F.). 137.

Baudelaire (Ch.). 11.

Baudement (Th.). 87 à 91. 207. 236. 246. 261.

Baudrillart (Henri). 173. 175. 187. 189.

Bazard (A.). 35. 77.

Beaulieux (Charles). 18.

Beaupré-Lorrain. 125.

Bégin (A.-E.). 92. 94. 95. 121. 173. 176. 179 à 181. 183 à 186. 188. 189. 190. 192. 193. 207. 209. 211. 214. 246.

Bégin (Mme A.-E.). 17. 95. 173. 179. 180. 186. 192. 207 à 210.

Belapeyre (A.). 197.

Beloire, ruisseau. (Ch*te*). 72.

Benoist du Troncy. 278.

Béraldi (Henri). 120.

Berauld (B.). 244.

Beresniewicz (Mlle Christ.). 55. 221. 222. 223.

Berger-Levrault. 182.

Bergeret. 69.

Berlioz (H.). 64.

Bernard de La Monnoye. 61. 62. 82. 130. 175. 196. 228. 229. 257. 258. 260.

Berthélemy (F.-C.). 142.

Berthier (Ch.). 212.

Bibicki. 37.

Bibliothèque de l'Arsenal. 173. 191. 192. 233.

Bibliothèque de l'Institut. 151.

Bibliothèque du Louvre. 46. 48. 51. 80. 88. 92. 93 à 95. 115. 126. 155. 173 à 193. 195. 246.

TABLE DES MATIÈRES

*Achevé d'imprimer
en mars 1928
sur les presses de
l'Imprimerie de l'Ouest
à
La Rochelle*